Forschung und Praxis an der FHWien der WKW

Die Schriftenreihe der FHWien der WKW richtet sich an Fach- und Führungskräfte in Unternehmen, an ExpertInnen aus Wissenschaft und Wirtschaft sowie an Studierende und Lehrende.

Zu den vorrangigen Themengebieten zählen Unternehmensführung, Finanzwirtschaft, Immobilienwirtschaft, Tourismuswirtschaft, Journalismus und Medien, Kommunikationsmanagement, Marketing und Sales, Personal und Organisation ebenso wie Unternehmensethik und Hochschuldidaktik. In den einzelnen Bänden werden neue Entwicklungen und Herausforderungen der wirtschaftlichen Praxis mit innovativen Ansätzen untersucht. Aufbauend auf den Ergebnissen der vielfältigen Forschungs- und Entwicklungsaktivitäten werden wissenschaftlich fundierte Handlungsempfehlungen und Werkzeuge für die Praxis vorgestellt.

Durch die systematische Verbindung von Wissenschaft und Praxis unterstützt die Reihe die LeserInnen in der fundierten Erweiterung ihres Wissens und ihrer Kompetenzen in aktuellen Handlungsfeldern der Wirtschaftspraxis.

Weitere Bände in dieser Reihe http://www.springer.com/series/13442

Judith Schmid

Entrepreneurial Marketing

Konzeption, Messung und Erfolgswirkung
in wirtschaftlich krisenhaften Zeiten

Judith Schmid
Institut für Tourismus-Management
FHWien der WKW
Wien, Österreich

ISSN 2510-2281   ISSN 2510-229X   (electronic)
Forschung und Praxis an der FHWien der WKW
ISBN 978-3-658-15171-3   ISBN 978-3-658-15172-0   (eBook)
DOI 10.1007/978-3-658-15172-0

Die Deutsche Nationalbibliothek verzeichnet diese Publikation in der Deutschen Nationalbibliografie;
detaillierte bibliografische Daten sind im Internet über http://dnb.d-nb.de abrufbar.

Springer Gabler
© Springer Fachmedien Wiesbaden GmbH 2017

Lektorat: Claudia Hasenbalg
Coverfoto: © FHWien der WKW/Andreas Balon

Gedruckt auf säurefreiem und chlorfrei gebleichtem Papier

Springer Gabler ist Teil von Springer Nature
Die eingetragene Gesellschaft ist Springer Fachmedien Wiesbaden GmbH
Die Anschrift der Gesellschaft ist: Abraham-Lincoln-Str. 46, 65189 Wiesbaden, Germany

Geleitwort

Entrepreneurial Marketing (EM) wurde in den vergangenen Jahren in der Wissenschaft verstärkt thematisiert, ohne jedoch Klarheit bezüglich seiner Inhalte zu erzielen. Vor allem war unklar, ob EM ein Konstrukt ist, dessen Eigenständigkeit über seine Wirkungen auf andere Unternehmenskonstrukte belegt werden kann, oder ob es sich lediglich um eine „akademische Konstruktion" handelt. Schon die Definitionsvarianten bewegen sich zwischen den beiden Polen von Gründungs- oder Wachstumsmarketing und einer unternehmerischen Grundhaltung, die bereit ist, mit innovativen Marketingmaßnahmen gegebene Spielregeln zu brechen, und zwar unabhängig von der Lebenszyklusphase und der Größe eines Unternehmens.

Als Resultat daraus fehlte bislang auch eine anerkannte Skala zur quantitativen Messung von EM. Parallel dazu hat die Unternehmenspraxis mehrere Marketingansätze (wie etwa Buzz-, Ambush-, Guerilla- oder Community-Marketing) hervorgebracht, die als innovativ gelten und dem EM zugerechnet werden, sich aber gleichzeitig in einigen Aspekten überschneiden und darüber hinaus in mancherlei Hinsicht als Neuinterpretationen klassischer Marketingvarianten gesehen werden können. Daher stellt sich die Frage, ob Entrepreneurial Marketing tatsächlich ein reales Phänomen, das auch entsprechende Wirkung entfaltet, oder nur eine künstliche geschaffene Worthülse ist.

Vor diesem Hintergrund liefert die Dissertation von Judith Schmid durch das Zusammenführen von unterschiedlichen Sichtweisen und Konzeptionen von Entrepreneurial Marketing, durch die Entwicklung eines quantitativen Messinstruments für EM und durch dessen Einsatz zur Prüfung der Erfolgswirkung von EM in mehrfacher Hinsicht einen wichtigen Beitrag zur Erweiterung des Wissensstandes in Bezug auf Entrepreneurial Marketing.

Judith Schmid entwickelte in ihrer Arbeit auf Basis einer Definition von EM als lebenszyklusphasenunabhängige, innovativ-unkonventionelle, risikoakzeptierende und ressourcenschonende Grundhaltung im Marketing unter Integration unterschiedlicher diesbezüglicher Konzeptionen von EM ein Messmodell mit vier reliablen Faktoren (marktorientiertes Auslösen von Verhaltensänderungen der Marktteilnehmer; Kundenorientierung; Nutzung von Beziehungen zur Ressourcenstreckung; Akzeptanz von kalkulierbarem Risiko). Damit konnten in weiterer Folge sowohl die Vermeidung als auch die

Bewältigung von Unternehmenskrisen in österreichischen KMU teilweise erklärt, also eine positive Wirkung von Entrepreneurial Marketing in wirtschaftlich krisenhaften Zeiten bestätigt werden.

Als Betreuer der Dissertation gratulieren wir Judith Schmid herzlich zur ihrer eindrucksvollen Gesamtleistung in einem jungen und dadurch durch Unsicherheiten gekennzeichneten Forschungsfeld. Wir wünschen der Arbeit eine positive Aufnahme in der Scientific Community, vor allem im Sinne des Aufgreifens der entwickelten Entrepreneurial-Marketing-Skala in anderen Ländern und Branchenkontexten, um die Skala weiterzuentwickeln und ihre externe Validität zu prüfen.

Judith Schmid persönlich wünschen wir alles Gute für ihren beruflichen und privaten Werdegang und weiterhin viel Freude und Erfolg in der Forschung und Lehre im Hochschulbereich.

Wien, Österreich   Priv.-Doz. Dr. Alexander Keßler
im Juli 2016   a.o. Univ. Prof. Dr. Dietmar Rößl
                                                    WU Wirtschaftsuniversität Wien

Danksagung

Eine Reise namens Dissertation, die durch Berg- und Talfahrten, Gratwanderungen, Höhen und Tiefen geprägt ist, benötigt nicht nur Durchhaltevermögen, Know-how etc., sondern vor allem auch treue, erfahrene „WegbegleiterInnen", damit das Ziel erreicht und die Reise unvergesslich wird.

Auf unterschiedlichste Weise wurde ich begleitet, wofür ich mich nun bedanken möchte.

Ich danke meinen Betreuern, Priv.-Doz. Dr. Alexander Keßler und Univ. Prof. Dr. Dietmar Rößl für die Unterstützung im fachlichen und wissenschaftlichen Prozess und die zahlreichen Diskussionsrunden. Ebenfalls bedanke ich mich bei Priv.-Doz. Dr. Rainer Harms und Prof. Dr. Andreas Zins für das Feedback im Rahmen der Betreuung. Der wissenschaftliche Diskurs, der mir durch meine Betreuer und der Scientific Community ermöglicht wurde, erweiterte meine Sichtweise und gab mir die Möglichkeit, Entrepreneurial Marketing aus unterschiedlichen Blickwinkeln zu betrachten.

Auch möchte ich mich bei meinen (ehemaligen) ArbeitskollegInnen vom Institut für Unternehmensführung für die wertvolle Unterstützung bedanken. Vor allem Mag. (FH) Nadine Zollpriester, Mag.(FH) Erwin Graf, MMag. Dr. Katharina Stummer und FH-Prof. Dr. Christina Schweiger standen mir ständig mit Rat und Tat zur Seite.

Obwohl mich meine Freunde im Erstellungszeitraum nur selten „live" sahen, wurde ich stets mit offenen und hilfsbereiten Armen empfangen, wofür ich mich ebenfalls bedanken möchte.

Mein ganz besonderer Dank gilt jedoch meiner Familie – meinen Eltern Heidi und Franz und meinem Lebensgefährten Michael. Besonders Heidi und Michael haben die Höhen und Tiefen nicht nur miterlebt, sondern auch mitgelebt. Vielen Dank für eure großartige Unterstützung, eure Ausdauer und den Zuspruch!

Wien, Österreich   FH-Prof. Mag.(FH) Dr. Judith Schmid
im Juli 2016

Inhaltsverzeichnis

Einleitung

1

1.1 Ausgangssituation

Unternehmen sind mit einer dynamischen Umwelt konfrontiert (vgl. Freiling und Kollmann 2008, S. 7), daher müssen sie einen kreativen, innovativen Marketingansatz nutzen, um mit diesen Veränderungen umgehen und Veränderungen bewirken und so erfolgreich am Markt agieren zu können (vgl. Chell et al. 1991, S. 72; Crane 2010, S. 4 f.). In diesem Zusammenhang wird Entrepreneurial Marketing (EM) von Praxis und Wissenschaft immer häufiger ins Treffen geführt (vgl. Simmons et al. 2009, S. 65; Nyström 1998, S. 124). EM wird nämlich die Eigenschaft zugesprochen, die Unternehmensressourcen besser nutzen und die Wettbewerbsfähigkeit steigern zu können und so zu einer verbesserten Ressourcenlage und zum Unternehmenserfolg beizutragen (vgl. Matsuno et al. 2002, S. 26). Dies ist besonders in Krisenzeiten essenziell (vgl. Hill et al. 2002, S. 362). So hatte die in den Jahren 2007/2008 beginnende Finanz- und Wirtschaftskrise große Auswirkungen auf die Realwirtschaft (vgl. Michler und Smeets 2011, S. 6; Schulmeister 2011, S. 38; Ebner 2011, S. 123 f.), womit der Handlungsdruck auf Unternehmen, nicht zuletzt im Zusammenhang mit ihrem Marktauftritt, erheblich gesteigert wurde. Vor diesem Hintergrund stellt sich EM, aufgrund seiner ihm zugeschriebenen Leistungsfähigkeit, als potenziell geeigneter Marketingansatz dar. Bei einer ersten Betrachtung des Begriffs EM wird schnell ersichtlich, dass der Begriff an der Schnittstelle zwischen Entrepreneurship und Marketing zu verorten ist. Was verbirgt sich jedoch hinter diesem Begriff? Kann EM als theoretisches Konstrukt gesehen werden oder ist EM ein bloßes Kunstwort?

Die Literatur zur Entrepreneurship/Marketing-Schnittstelle der letzten 30 Jahre zeigt, dass das vorwiegende Interesse der Definition von EM galt. Ein divergierendes Begriffsverständnis ist auch heute noch vorherrschend (vgl. Kraus et al. 2008, S. 95 f.). Seit der „Entdeckung" von EM werden konzeptionelle Bezugsrahmen geschaffen.

© Springer Fachmedien Wiesbaden GmbH 2017
J. Schmid, *Entrepreneurial Marketing,* Forschung und Praxis an der FHWien der WKW,
DOI 10.1007/978-3-658-15172-0_1

Während früher theoretische Beiträge zur Entrepreneurship/Marketing-Schnittstelle verfasst wurden, werden heute vermehrt qualitative Untersuchungen durchgeführt, um das Phänomen EM und die damit verbundenen Techniken darzustellen (vgl. Collinson und Shaw 2001, S. 765). Allerdings wird in letzter Zeit verstärkt nach den Determinanten und Wirkungen von EM gefragt, um eine theoretische Verankerung zu erzielen. Dazu findet vereinzelt das quantitative Forschungsparadigma seine Anwendung (vgl. Hills et al. 2010, S. 12; Kocak 2004, S. 1). Aus momentaner Sicht kann (noch) nicht von einer Theorie gesprochen werden, in der EM klar verankert wäre (vgl. Eggers et al. 2011, S. 43). Trotz der erfolgreichen Meilensteine (vgl. Hills et al. 2008, S. 101) und zahlreicher Publikationen (vgl. Eggers et al. 2009, S. 195 f.) wird EM noch immer als junges Forschungsfeld angesehen (vgl. Gruber 2004a, S. 79). Eine mögliche Erklärung dafür und somit eine identifizierte Forschungslücke ist die fehlende etablierte quantitative Messung und die damit verbundene quantitative Überprüfung der Erfolgswirksamkeit von EM (vgl. Eggers et al. 2009, S. 207; Bettiol et al. 2012, S. 227). Aus diesem Grund stehen die Konzeption, Messung und Erfolgswirkung von EM, vor dem Hintergrund wirtschaftlich krisenhafter Zeiten, im Zentrum der vorliegenden Arbeit. Die identifizierte Forschungslücke wird in dieser Dissertation anhand österreichischer KMU im produzierenden Bereich untersucht. Einerseits, da die österreichische Unternehmenslandschaft zu circa 99 % aus KMU besteht (vgl. KMU Forschung 2011, online), und andererseits, da produzierende Betriebe von der Wirtschaftskrise besonders betroffen waren (vgl. Statistik Austria 2011, online), wie Abschn. 4.1 zeigen wird.

1.2   Aufbau der Arbeit

In diesem Abschnitt wird auf das Wesen dieser Arbeit, im Speziellen die Zielsetzung/ Forschungsfragen, das Forschungsdesign und den Argumentationsgang eingegangen.

1.2.1   Zielsetzung und Forschungsfragen

Obwohl zahlreiche Publikationen, die an der Entrepreneurship/Marketing-Schnittstelle und dem damit verbundenen Forschungsgebiet EM angesiedelt sind, in den letzten 30 Jahren veröffentlicht wurden (vgl. Kraus et al. 2012, S. 10), herrscht noch immer Uneinigkeit über die Begriffsabgrenzung von EM und dessen Messung. Das Ziel der vorliegenden Dissertation ist es, EM konzeptionell zu fassen und anschließend zu operationalisieren. Diese Vorgehensweise soll Aufschluss über den Begriff EM und dessen Determinanten geben. Daraus ergeben sich folgende Forschungsfrage und deren Unterfragen:

Forschungsfrage 1

Was ist Entrepreneurial Marketing?

- Wie kann Entrepreneurial Marketing konzeptionell gefasst werden?
- Wie kann Entrepreneurial Marketing operationalisiert werden?

Nicht Ziel ist es, die operative Ebene von EM zu erforschen. Obwohl in der Scientific Community der Begriff EM und dessen Messung noch nicht eindeutig definiert sind, beschäftigen sich AutorInnen mit der operativen Ebene und versuchen dessen Maßnahmen bzw. Umsetzungsmöglichkeiten darzulegen (vgl. Jones 2010, S. 1471–5201; Mattsson und Praesto 2005, S. 152–166). Diese Dissertation soll zur Verankerung von EM beitragen und ist folglich auf der strategischen Ebene angesiedelt.

Zur weiteren Legitimierung von EM empfehlen Eggers et al. (2009, S. 207) „[…] eine Überprüfung der Erfolgswirksamkeit von EM im Hinblick auf die aktuelle Unternehmensumwelt […], die sich angesichts der noch immerwährenden weltweiten Finanz- bzw. Wirtschaftskrise für zukünftige Forschungen [anbietet]." Obwohl die Empfehlung von den Autoren nicht näher erörtert wurde, wird folgende Erklärung für die Empfehlung abgeleitet: Unternehmen sind ständig mit einer dynamischen Umwelt konfrontiert (vgl. Freiling und Kollmann 2008, S. 7), die sich aus dynamischen Märkten und Wettbewerbern zusammensetzt (vgl. Weigand und Kreutter 2006, S. 76). Vor allem Krisenzeiten, wie z. B. die in den Jahren 2007/2008 beginnende Finanz- und Wirtschaftskrise, führen zu wirtschaftlichen Veränderungen, die durch Volatilität geprägt sind und einen direkten Einfluss auf die *business orientation* eines Unternehmens haben (vgl. Lynch et al. 2012, S. 154 f.). Es müssen daher Strategien gefunden bzw. entwickelt werden, die nicht nur in wirtschaftlich stabilen Zeiten, sondern auch in Krisenzeiten zur Sicherung des langfristen Unternehmenserfolges beitragen (vgl. Ergenzinger und Krulis-Randa 2010, S. 131). Marketingstrategien, wie z. B. die Auswahl der Märkte/Segmente, Marktbearbeitungsstrategien und das Verhalten gegenüber Wettbewerbern, zählen nach Meffert et al. (vgl. 2012, S. 21 f.) zu den langfristigen Strategien, die das unternehmerische Handeln und Verhalten am Markt festlegen. Nach Smart und Vertinsky (vgl. 1984, S. 201 ff., 210) kann hierbei zwischen einer unternehmerisch-strategischen und adaptiv-planmäßigen Grundhaltung differenziert werden. Bei EM handelt es sich um einen Ansatz, der unternehmerisches Handeln und Verhalten am Markt fordert, als strategische Grundhaltung im Unternehmen verankert ist und somit als langfristige Strategie angesehen werden kann (siehe dazu Abschn. 2.2). Der Empfehlung von Eggers et al. (vgl. 2009, S. 207) soll in dieser Arbeit nachgekommen und daher die Erfolgswirksamkeit von EM, angesichts der in den Jahren 2007/2008 beginnenden Finanz- und Wirtschaftskrise, geprüft werden. Über die Empfehlung von Eggers et al. (vgl. 2009, S. 207) hinaus, wird nicht nur der Finanz- und Wirtschaftskrise Rechnung getragen, sondern auch Unternehmenskrisen. Krisen können nämlich nicht nur durch exogene, sondern auch durch endogene Faktoren verursacht werden (vgl. Krystek und Moldenhauer 2007, S. 51 f.). In dieser Dissertation wird ein Unternehmen als erfolgreich bezeichnet, wenn im Erhebungszeitraum mögliche Auswirkungen der Wirtschaftskrise auf das Unternehmen bzw. endogen induzierte Krisen vermieden oder bereits auftretende Auswirkungen dieser bewältigt wurden. Obwohl in der Literatur Uneinigkeit über die Zuordnung der Begriffe Krisenvermeidung und Krisenbewältigung herrscht, werden diese häufig dem Oberbegriff Krisenmanagement zugeordnet. Zusätzlich findet oftmals eine eingehende Auseinandersetzung mit den damit verbundenen Krisenmanagementmaßnahmen statt (vgl. Krystek und Moldenhauer 2007, S. 138). In dieser Arbeit wird von einer Diskussion des Krisenmanagements und dessen Maßnahmen Abstand genommen, da die Konzeption und Messung von EM und in weiterer Folge die Erfolgswirkung von EM auf den Unternehmenserfolg fokussiert wird. Bevor jedoch die Erfolgswirkung von EM auf den Unternehmenserfolg (Krisenvermeidung/-bewältigung) geprüft werden kann, muss festgestellt werden, ob die in dieser Dissertation untersuchten Unternehmen von einer Krise betroffen waren. Zusätzlich wird das Krisenausmaß der betroffenen Unternehmen durch die Entwicklung der Erfolgsindikatoren Umsatz und Bilanzgewinn während der Wirtschaftskrise abgebildet.

Unklar ist aus momentaner Sicht, welche Rolle der (Unternehmens-)Zustand vor der Krise (Z. v. K.) einnimmt. Es muss daher geklärt werden, wie der Z. v. K. auf die Krisenvermeidung bzw. wie EM auf den Z. v. K. wirkt. Aus diesem Grund wird auch der Zustand vor der Krise aufgegriffen und beleuchtet.

Folgende Forschungsfragen und Unterfragen können nun abgeleitet werden:

Forschungsfrage 2

Wie wirkt Entrepreneurial Marketing auf den Unternehmenserfolg?[1]

- Welche Rolle nimmt der „Zustand vor der Krise" dabei ein?
  - Wie wirkt der Zustand vor der Krise auf die Krisenvermeidung?
  - Wie wirkt Entrepreneurial Marketing auf den Zustand vor der Krise?
- Wie wirkt Entrepreneurial Marketing auf die Krisenvermeidung?
- Wie wirkt Entrepreneurial Marketing auf das individuelle unternehmerische Krisenausmaß bzw. auf die Stärke, mit der eine Krise das Unternehmen trifft (Ausmaß der Krise[2])?
- Wie wirkt Entrepreneurial Marketing auf die Krisenbewältigung?

Die soeben aufgezeigten Forschungsfragen, inklusive Unterforschungsfragen, werden im Analysemodell (siehe Abb. 1.1) dargestellt.

---

[1]In dieser Dissertation wird ein Unternehmen als erfolgreich bezeichnet, wenn im Erhebungszeitraum mögliche Auswirkungen der Wirtschaftskrise auf das Unternehmen bzw. endogen induzierte Krisen vermieden oder bereits auftretende Auswirkungen dieser bewältigt wurden.

[2]Unter „Ausmaß der Krise" wird das Ausmaß, mit der eine Krise das Unternehmen trifft, verstanden, nicht aber die Größe der Krise an sich.

Abb. 1.1 Analysemodell (*Siehe Fußnote 1; **Siehe Fußnote 2). (Quelle: Eigene Darstellung)

Die in diesem Kapitel beschriebenen Kernelemente *Entrepreneurial Marketing* (EM), *(Unternehmens-)Zustand vor der Krise (Z. v. K.)*, *Krisenbetroffenheit* und der in dieser Dissertation festgelegte *Unternehmenserfolg*, der sich aus den Elementen *Krisenvermeidung* und *Krisenbewältigung* zusammensetzt, sind im Analysemodell abgebildet. Da in der Literatur noch Uneinigkeit über den Zusammenhang zwischen EM und *Größe* respektive *Alter eines Unternehmens* herrscht, werden diese als Kontrollvariablen festgelegt (vgl. Gruber 2004a, S. 80; Hill und Wright 2000, S. 25). Zusätzlich kommt die Kontrollvariable Umweltdynamik zum Einsatz, da vor allem in Krisenzeiten eine dynamische Umwelt vorherrschend ist (vgl. Weigand und Kreutter 2006, S. 76).

1.2.2 Forschungsdesign

Die Grundlage für diese Dissertation bildete eine Literaturstudie, die auf Journalbeiträgen, Büchern und Konferenzbeiträgen basiert. Die Auswahl von wesentlichen Journalbeiträgen erfolgte über das VHB-JOURQUAL 2 Ranking (vgl. VHB 2008, online) in den Teilrankingbereichen Marketing, Entrepreneurship und KMU. Durchgeführt wurde die Literaturstudie der Zeitschriften mithilfe einschlägiger Publikationsdatenbanken, wie z. B. EBSCO und WISO bzw. mithilfe von Herausgeber-Homepages (z. B. Emerald [vgl. 2013, online]). Als Schlagwort für die Suche fand der Begriff Entrepreneurial Marketing Verwendung. Bei EM handelt es sich um ein junges Forschungsfeld, wesentliche Beiträge wurden in den letzten 30 Jahren verfasst; daher wurde keine zeitliche Eingrenzung der Beiträge vorgenommen. Die Suche nach geeigneter und relevanter Literatur wurde im nächsten Schritt um Bücher und Konferenzbeiträge erweitert. Die Identifikation der Konferenzbeiträge bzw. Bücher erfolgte durch die Prüfung der Literaturverzeichnisse von maßgeblichen Journalbeiträgen.

Durch die Literaturrecherche konnte eine fehlende etablierte quantitative Messung von EM als Forschungslücke entdeckt werden. Es konnten 268 Quellen identifiziert werden, die als Grundlage für diese Arbeit dienen. In dieser Dissertation kommt ein quantitatives Forschungsdesign, in Form eines Querschnittdesigns, zur Anwendung. Das quantitative Forschungsparadigma erscheint angemessen, da qualitative Forschungen und konzeptionelle Beiträge vorliegen und diese die Entwicklung eines quantitativen Messinstruments begünstigen. Als Erhebungsmethode wurde eine standardisierte Online-Befragung eingesetzt. Diese wurde von UnternehmerInnen, GeschäftsführerInnen, Vorständen oder Personen in Leitungsfunktionen österreichischer Klein- und Mittelunternehmen im produzierenden Bereich ausgefüllt. Eine detaillierte Beschreibung der Untersuchungsmethode kann Abschn. 4.2 entnommen werden.

1.2.3   Argumentationsgang

Der Argumentationsgang dieser Arbeit wird in Abb. 1.2 dargestellt. Kap. 1 stellt die Ausgangssituation, die Zielsetzung, die Forschungsfragen, das Forschungsdesign und den Argumentationsgang dar. Darauf aufbauend wird in Kap. 2 das theoretische Fundament für diese Dissertation gelegt. Die vier Themenblöcke sind als Oberelemente anzusehen. Darin enthalten sind alle wesentlichen Elemente, die notwendig sind, um Hypothesen, die zur Beantwortung der Forschungsfragen essenziell sind, aufzustellen. Das theoretische Fundament mündet in Kap. 3, in dem die Hypothesen hergeleitet und im Analysemodell dargestellt werden. Kap. 4 und Kap. 5 beschäftigen sich mit der empirischen Erhebung. Während Kap. 4 die Beschreibung der Studie aufgreift, werden in Kap. 5 die Ergebnisse dargestellt. Abschließend wird in Kap. 6 die Schlussbetrachtung vorgenommen.

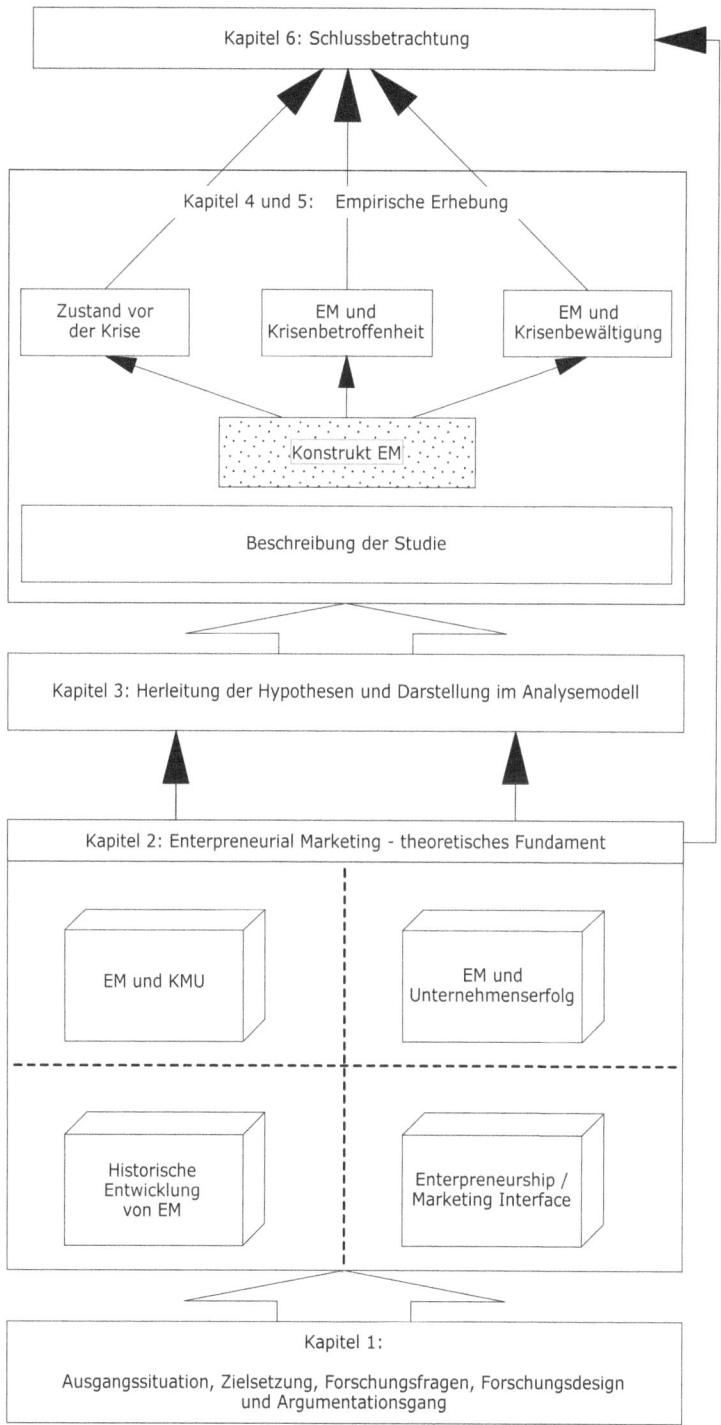

Abb. 1.2 Argumentationsgang der Dissertation. (Quelle: Eigene Darstellung)

Entrepreneurial Marketing

2

Der Begriff EM findet sowohl in der Forschung als auch in der Praxis zunehmend Beachtung (vgl. Hills und Hultman 2011,S. 1 f.; Morrish und Deacon 2011, S. 117–120). Was verbirgt sich jedoch hinter diesem Begriff?

Dieses Kapitel gibt Aufschluss über EM, beginnend bei seinen Anfängen und seiner historischen Entwicklung. Fortgesetzt wird dieses Kapitel durch die Entrepreneurship/Marketing-Schnittstelle, wobei die Teilaspekte Abgrenzung zwischen Managerial Marketing und EM, Definition von EM und bestehende Bezugsrahmen beleuchtet werden. Abschließend wird eine Verknüpfung zwischen EM und KMU und EM und dem Unternehmenserfolg vor dem Hintergrund von wirtschaftlich krisenhaften Zeiten hergestellt.

2.1 Historische Entwicklung

Betrachtet man die historische Entwicklung der EM-Forschung, wird ersichtlich, dass der Grundstein im Jahre 1982 durch die Initiierung der ersten Marketing- und Entrepreneurship-Konferenz an der Universität von Illinois (Chicago) durch den amerikanischen Forscher *Gerald Hills* gelegt wurde (vgl. Collinson 2002, S. 337). Im Zuge dieser Konferenz fand innerhalb des Forschungsbereichs Marketing ein erstmaliges Zusammentreffen zwischen den Bereichen Marketing, durch die American Marketing Association (AMA), und Entrepreneurship, durch das International Council for Small Business, statt. Drei Jahre später wurde erstmalig empirische Forschung an der Entrepreneurship/Marketing-Schnittstelle mit Fokus auf neue und kleine Unternehmen durchgeführt und im *International Small Business Journal* publiziert (vgl. Davis et al. 1985, S. 31–42). Der erste publizierte Artikel, bezogen auf Entrepreneurship, fokussierte unternehmerisches Risiko und wurde 1986 im *Journal of Marketing* veröffentlicht (vgl. Dickson und Giglierano 1986, S. 58). Zusätzlich wurde im selben Jahr das erste Forschungssymposium, bezogen

© Springer Fachmedien Wiesbaden GmbH 2017
J. Schmid, *Entrepreneurial Marketing,* Forschung und Praxis an der FHWien der WKW,
DOI 10.1007/978-3-658-15172-0_2

auf Marketing und Entrepreneurship, in Chicago abgehalten (vgl. Hills 1987, S. 3–307). 1987 erreichte EM hohe Akzeptanz durch die Veröffentlichung einer empirischen Studie, die an der Entrepreneurship/Marketing-Schnittstelle angesiedelt war und im *Journal of Business Venturing* publiziert wurde (vgl. Morris und Paul 1987, S. 247–259). Die damalige amerikanische AMA Task Force initiierte die Marketing and Entrepreneurship Interest Group (MEIG) (vgl. American Marketing Association 2013, online), die sich mit der Entrepreneurship/Marketing-Schnittstelle beschäftigte und in den Jahren 1989 bis 1991 die ersten Tracks zu diesem Thema präsentierte. Nicht nur Amerika fand an der Entrepreneurship/Marketing-Schnittstelle Interesse, sondern auch Großbritannien. Im Jahre 1995 wurde deshalb eine *Marketing/Entrepreneurship Interface Special Interest Group (SIG)* initiiert und die erste Jahrestagung in Glasgow abgehalten (vgl. Collinson 2002, S. 337; Hills et al. 2008, S. 104). Außerdem wurde in diesem Jahr von Carson et al. (vgl. 1995) ein Lehrbuch herausgegeben, mit dem Ziel, Bewusstsein für den Inhalt und die Struktur von EM zu schaffen und dies in die Lehre zu transferieren. Slater und Narver (vgl. 1995, S. 63–74) generierten durch die Veröffentlichung des Beitrags *Market-Orientation and the Learning Organization* im *Journal of Marketing,* einen wesentlichen Mehrwert für diesen Forschungsbereich. In diesem Beitrag wird die Notwendigkeit aufgezeigt, Marktorientierung mit unternehmerischer Dynamik zu komplementieren, um „lernende Organisationen" zu schaffen und somit die Performance eines Unternehmens zu beeinflussen (vgl. Slater und Narver 1995, S. 63). Im Jahre 1999 fand zwischen der *Entrepreneurship/Marketing Interface SIG Amerika* und *Großbritannien* durch die gemeinsame Veröffentlichung des *Journals of Research in Marketing and Entrepreneurship* ein Joint Venture statt. Ziel war es, eine internationale Sichtweise zu bieten und die Vergleichbarkeit von Forschungsergebnissen zu vereinfachen (vgl. Collinson 2002, S. 337). Im Jahre 2000 zeigte das *Journal of Marketing Theory and Practice* Interesse an der Entrepreneurship/Marketing-Schnittstelle und bekundete dies durch eine Sonderausgabe. Weiters wurden in den Jahren 2001 (vgl. Lodish et al. 2001), 2002 (vgl. Bjerke und Hultman 2002), 2004 (vgl. Buskirk und Lavik 2004; Gruber 2004a, S. 78–100) und 2009 (vgl. Schindehutte et al. 2009) Bücher und wesentliche Forschungsbeiträge (vgl. Morris et al. 2002, S. 1–19) zum Thema EM publiziert. Diese Publikationen setzen sich mit folgenden Themen auseinander: die Glaubwürdigkeit von EM durch die Untermauerung des Wharton's Pioneering MBA Course (vgl. Lodish et al. 2001), zusätzlichen Leitlinien für den Inhalt und den Kontext von EM (vgl. Bjerke und Hultman 2002), die erhöhte Sichtbarkeit von EM durch die Definition und Abgrenzung des EM-Konstrukts (vgl. Morris et al. 2002, S. 1–19), reale EM-Unternehmensgeschichten in der USA (vgl. Buskirk und Lavik 2004), die Eignung von traditionelle Marketingansätze für die heutige Zeit (vgl. Schindehutte et al. 2009) und eine Sammelrezension zu englischsprachigen EM-Monografien (vgl. Gruber 2004a, S. 78–100). Außerdem wurde im Jahr 2011 eine Sonderausgabe zum Thema EM in der deutschsprachigen Fachzeitschrift *Zeitschrift für Betriebswirtschaft* herausgegeben (vgl. Grichnik und Witt 2011, S. 1–136). All diese Meilensteine leisteten einen wesentlichen Beitrag in diesem jungen Forschungsbereich (vgl. Hills et al. 2008, S. 103 f.; Grichnik und Witt 2011, S. 1–136).

Die erreichten Meilensteine bekunden nicht nur die Wichtigkeit dieses Forschungsbereichs, sondern bieten die Möglichkeit, aufbauend darauf, vertiefende Forschungen
durchzuführen und neue Wege zu gehen (vgl. Hills et al. 2008, S. 100, 109; 2010, S. 8).
Als Ausgangsbasis dafür ist eine einheitliche Definition von EM zwingend notwendig.
Bis dato erfolgte jedoch noch keine Einigung in der Scientific Community (vgl. Hansen und Eggers 2010, S. 51). Die für diese Dissertation maßgebliche Definition ist in
Abschn. 2.2.2 dargestellt.

2.2 Entrepreneurship/Marketing-Schnittstelle

Bereits 1976 wurde festgestellt, dass ein verstärktes unternehmerisches Denken im Marketing notwendig ist (vgl. Lee 1976, S. 169). Im Laufe der Zeit setzte sich die Auffas-
sung durch, dass dem Marketing zwingend ein unternehmerisches Prinzip inhärent ist
(vgl. Murray 1981, S. 96; Hinson 2011, S. 13). Fillis (vgl. 2010, S. 88) empfiehlt eine
getrennte Beleuchtung von Entrepreneurship und Marketing, um die Schnittstelle
anschließend darlegen zu können.

Im Forschungsbereich Marketing zeigt sich bei der Begriffsdefinition von Marketing
ein klares Bild. Dies ist nicht weiter verwunderlich, wenn man bedenkt, dass seit 1935
die American Marketing Association (AMA) (damals National Association of Marketing
genannt) für eine einheitliche Definition des Begriffs sorgte und diese auch in Büchern,
bei Marketing-ProfessionistInnen und im universitären Bereich Verwendung fand. Der
Begriff wurde erstmals offiziell von der National Association of Marketing wie folgt
definiert: „[…] the performance of business activities that direct the flow of goods and
services from producers to consumers (Keefe 2004, S. 17)." Vergleicht man dies nun mit
der Definition von Kotler (1972, S. 49): „Marketing is specifically concerned with how
transactions are created, stimulated, facilitated and valued (Kotler 1972, S. 49)", zeigt
sich, dass in beiden Fällen die Geschäftätigkeit in Verbindung mit der Umsetzung im
Vordergrund steht. Erst 50 Jahre später fand durch die AMA eine Überarbeitung des
Begriffs statt. Daraus entwickelten sich die 4 Ps, die Marketing bis heute prägen (vgl.
Keefe 2004, S. 17). Von der ersten offiziellen Definition bis ins Jahr 2013 gab es drei
Begriffsüberarbeitungen, wovon zwei soeben dargestellt wurden. Die dritte wurde 2004
vorgenommen. Diese besitzt sowohl in Wissenschaft als auch in der Praxis immer noch
an Gültigkeit und lautet wie folgt: „Marketing is an organizational function and a set of
processes for creating, communicating and delivering value to customers and for mana-
ging customer relationships in ways that benefit the organization and its stakeholders
(Keefe 2004, S. 17)."

Im Gegensatz zur Marketingforschung, wo es einen einheitlichen Begriff des Marketings gibt, liegt in der Entrepreneurship-Forschung kein einheitliches Begriffsverständnis
von Entrepreneurship vor (vgl. Freiling 2006, S. 11; Gartner 1990, S. 28). Eine Aufarbeitung des Begriffs, beginnend bei den etymologischen Wurzeln oder mit dem Begriffsverständnis ab dem 18. Jahrhundert, in dem der Terminus Entrepreneurship das erste Mal

fest an unternehmerisches Handeln gebunden wurde (vgl. Cantillon 1931, zitiert nach Freiling 2006, S. 11), ist gegeben (siehe dazu Fallgatter [vgl. 2002, S. 12–20]), wird in dieser Dissertation aber nicht im Detail aufgegriffen, sondern es werden lediglich maßgebende Ansätze bzw. Definitionen von Entrepreneurship dargestellt.

Schumpeter (vgl. 1950, S. 81–86; Iversen et al. 2008, S. 5–8) sieht in dem Begriff Entrepreneurship eine Veränderung von bestehenden Situationen mittels Innovationen. Der/die UnternehmerIn muss Innovationen aktiv durchsetzen, um neue Kombinationen, z. B. in der Produktion, bei den Beschaffungsprozessen oder von Produkten, generieren zu können. Infolgedessen soll das Marktgleichgewicht dynamisch ge(zer)stört werden. Schumpeter (vgl. 1950, S. 81–86) spricht dabei von *creative destruction*. Kirzner (vgl. 1973, S. 30 ff.; 1973, S. 89–93) übt an diesem Ansatz Kritik, da er die Veränderung innerhalb einer bestehenden Situation sieht und nicht das Marktgleichgewicht (zer) stören, sondern dieses wiederherstellen möchte. Im Vordergrund seiner Denkrichtung steht das Ausnutzen von unvollkommenen Informationen, die erstens gewinnbringend erscheinen und zweitens von anderen MarktteilnehmerInnen noch nicht entdeckt bzw. genutzt wurden. Dadurch werden das Wissen über einzelne Situationen gesteigert, die Unsicherheit über einen bestimmten Zeitraum reduziert und Marktprozesse unterstützt (vgl. Freiling 2006, S. 83 f.; Shand 1984, S. 85; Cheah 1990, S. 342 f.). Stevenson et al. (vgl. 1989, S. 7) verstehen unter Entrepreneurship einen Prozess, in dem Opportunities, ohne Rücksicht auf momentane Ressourcen, verfolgt werden. Stevenson und Jarillo (vgl. 1990, S. 25) sehen im Begriff Entrepreneurship auch einen Prozess, bei dem die Entdeckung von Chancen im Mittelpunkt steht. Dieser Prozess zeichnet sich durch drei Aspekte aus, wobei darin *entrepreneurial behavior* verankert ist. Erstens steht das Erkennen von Chancen im Zentrum. Zweitens muss der/die UnternehmerIn motiviert bzw. bereit sein, Chancen zu identifizieren. Je mehr Bereitschaft im Unternehmen vorhanden ist, desto mehr Chancen werden wahrgenommen. Drittens muss das Vertrauen in die eigenen Fähigkeiten, etwas zu erreichen, gegeben sein. Ist dieses Vertrauen vorhanden, wird die Bereitschaft, Chancen zu verfolgen, gesteigert. Die gegenseitige Beeinflussung dieser drei Aspekte zeigt klar die Forderung nach einer unternehmerischen Kultur im Unternehmen auf. Gartner (vgl. 1990, S. 27) versucht im Zuge einer Clusteranalyse den Begriff Entrepreneurship zu erörtern. Die Ergebnisse zeigen, dass Entrepreneurship in die zwei Cluster *Charakteristika* und *Output von Entrepreneurship* aufgeteilt werden kann. Im ersten Cluster sind die Charakteristika von Entrepreneurship, wie der Entrepreneur selbst, Innovationen, Wachstum und Einzigartigkeit, maßgebend. Hingegen wird im zweiten Cluster der Output von Entrepreneurship, wie die Schaffung von Wertschöpfung und Generierung von Gewinn durch den/die GeschäftsführerIn selbst, dargestellt. Shane und Venkataraman (2000, S. 218) vereinen die bisher genannten Elemente und verstehen unter Entrepreneurship „[…] the study of sources of opportunities; the processes of discovery, evaluation, and exploitation of opportunities; and the set of individuals who discover, evaluate, and exploit them (Shane und Venkataraman 2000, S. 218)."

Die Academy of Management, im Speziellen SIG Entrepreneurship, hat sich ebenfalls mit dem Begriff Entrepreneurship beschäftigt und stellt diesen wie folgt dar:

(a) the actors, actions, resources, environmental influences and outcomes associated with the emergence of entrepreneurial opportunities and/or new economic activities in multiple organizational contexts, and (b) the characteristics, actions, and challenges of owner-managers and their businesses (Academy of Management 2011, online).

Zusammenfassend dargestellt zeichnet sich Entrepreneurship durch Innovationen, Chancenerkennung, Prozesse, Gewinnung von unvollkommenen Marktinformationen und den Entrepreneur selbst bzw. die Verankerung einer unternehmerischen Kultur im Unternehmen aus (vgl. Schumpeter 1950, S. 81–86; Iversen et al. 2008, S. 5–8; Kirzner 1973, S. 30 ff., 89–93; Freiling 2006, S. 83 f.; Shand 1984, S. 85; Cheah 1990, S. 342 f.; Stevenson et al. 1989, S. 7; Stevenson und Jarillo 1990, S. 25; Gartner 1990, S. 27; Shane und Venkataraman 2000, S. 218; Academy of Management 2011, online). Ein divergierendes Verständnis liegt jedoch dahin gehend vor, wie „aggressiv" der Entrepreneur sein Know-how und seine entrepreneurialen Skills einsetzen soll (vgl. Shand 1984, S. 85; Cheah 1990, S. 342 f.).

Kontrastiert man nun im ersten Schritt die wesentlichen Elemente von Marketing und Entrepreneurship, kann der Prozess als Schnittpunkt definiert werden (vgl. Shane und Venkataraman 2000, S. 218; Academy of Management 2011, online; Keefe 2004, S. 17). Geht man vom derzeitigen Forschungsstand und jenen Handlungen, die hinter diesen Elementen liegen, aus, dann können mehrere Schnittpunkte identifiziert werden. Auf diese wird nachfolgend näher eingegangen.

Marketing kann als eine essenzielle Quelle für Entrepreneurship angesehen werden (vgl. Hills und LaForge 1992, S. 34 f.; Morris und Paul 1987, S. 257), da Markt- und KundInnenbedürfnisse, welche dem Bereich Marketing zuzuordnen sind (vgl. Kotler et al. 2007, S. 11), in direktem Zusammenhang mit Entrepreneurship stehen. Um neue Ideen evaluieren zu können, müssen Branchen- und/oder Marktanalysen in die Suche nach neuen Geschäfts-/Produktideen einbezogen werden (vgl. Hills und LaForge 1992, S. 34 f.). Als Schnittpunkte zwischen Marketing und Entrepreneurship können die Identifikation von Ideen, Innovationen (vgl. Gardner 1994, S. 49), Einzigartigkeit, Wachstum und die Nutzung von passenden Chancen zwischen Umweltbeobachtung und Analyse des Marktes identifiziert werden (vgl. Hills und LaForge 1992, S. 35). Die Aufgabe von Marketing ist hierbei, Tools zur Verfügung zu stellen, um die Lücke zwischen Innovation und Marktpositionierung zu schließen und einen Wettbewerbsvorteil durch Wertschöpfung zu generieren (vgl. Gardner 1994, S. 49; Becherer et al. 2006, S. 21; Morris und Lewis 1995, S. 43). Weitere Forschungen unterstützen diese Sichtweisen, da auch hier erkannt wurde, dass beide Forschungsbereiche veränderungsfokussiert, innovativ und chancenorientiert sind (vgl. Morris und Lewis 1995, S. 43; Collinson und Shaw 2001, S. 761; Carson et al. 1995, S. 148).

Ein wesentliches Ziel von Marketing ist die Maximierung der Effizienz eines Unternehmens in einer mehr oder weniger stabilen Umwelt. Hingegen sind die Ziele von Entrepreneurship die Maximierung von Langzeiteffektivität mittels Neudefinition von Firmenstrukturen und die Interaktion zwischen Unternehmen und ihrer Umwelt. Im Unterschied zu Marketing wird im Bereich Entrepreneurship von einer instabilen oder dynamischen Umwelt ausgegangen (vgl. Murray 1981, S. 93). Trotzdem stehen diese zwei Bereiche durch die Interaktion mit der Umwelt, den Umgang mit Risiken und die Komplexität von menschlichem Verhalten in Verbindung (vgl. Hills und LaForge 1992, S. 33). Jones (vgl. 2010, S. 144) konstatiert, dass eine Untermauerung von Entrepreneurship mit Marketing und vice versa empfehlenswert ist. Autoren wie z. B. Kraus et al. (vgl. 2012, S. 7) oder Eggers et al. (vgl. 2009, S. 189) gehen einen Schritt weiter und sehen in der Überlappung dieser zwei Forschungsbereiche die Entwicklung einer neuen Denkrichtung, nämlich Entrepreneurial Marketing.

2.2.1 Entrepreneurial Marketing versus klassisches Marketing

Wie im vorigen Kapitel dargelegt, ist EM an der Entrepreneurship/Marketing-Schnittstelle angesiedelt. In diesem Kapitel soll nun der Frage nachgegangen werden, wie sich Entrepreneurial Marketing vom klassischen Marketing unterscheidet. Auf Basis der aktuellen Literatur konnten grundlegende Unterschiede in den Entscheidungslogiken, der Kultur, der Strategie, den Marketinginstrumenten und im Zugang zu Marktinformationen festgestellt werden (vgl. Stokes 2000b, S. 5; Logman 2011, S. 12).

Entscheidungslogiken
Der Umgang mit Marktunsicherheiten, die aus einer dynamischen Umwelt resultieren, wird nach Mauer und Grichnik (vgl. 2011, S. 60 f.) als Kernelement von EM gesehen. Im Gegensatz dazu sind im klassischen Marketing Standardsituationen verankert, die von einer eher stabilen Umwelt ausgehen (siehe Abschn. 2.2). Mauer und Grichnik (vgl. 2011, S. 67 f.) betonen in diesem Zusammenhang, dass umfangreiche methodische Lösungen und Lehrprogramme seit Jahrzehnten existieren (siehe dazu Kotler et al. [vgl. 2011; vgl. 2007]). Nimmt man die Unsicherheiten am Markt als Anhaltspunkt, kann eine Differenzierung nach den Entscheidungslogiken vorgenommen werden (vgl. Logman 2011, S. 12). Unter Entscheidungslogik wird einerseits die kausale Logik (Causation) und andererseits die transformative Logik (Effectuation) verstanden (vgl. Sarasvathy 2001, S. 256 f.). Causation drückt ein vorhersagebasiertes Verhalten aus, das sich durch systematische Analysen von vorhandenen Informationen abzeichnet. Aufbauend auf Zielen und Analysen werden zielgerichtete Aktivitäten geplant, die Wettbewerbsvorteile schaffen, um somit die Kontrolle am Markt zu gewinnen. Die Zukunft ist durch eine akribische Analyse und Planung nicht beeinflussbar, jedoch sollen mögliche Szenarien dargestellt werden (vgl. Sarasvathy 2001, S. 259 ff.; Mauer und Grichnik 2011, S. 61). Folglich kann Causation dem klassischen Marketing zugeordnet werden, da hier aufbauend auf Analysen und richtungsweisenden Informationen der Anlass zur Ableitung von Zielen entsteht (vgl. Logman 2011, S. 12). Im Gegensatz dazu bezieht sich Effectuation auf aktionsorientiertes Verhalten (vgl. Mauer und Grichnik 2011, S. 61). Sarasvathy (vgl. 2001, S. 252) zeigt in diesem Zusammenhang vier Grundsätze auf. Als Ausgangspunkt der transformativen Logik werden die zur Verfügung stehenden Ressourcen (1. *means,*

z. B. Fähigkeiten, Know-how, Netzwerke, Kompetenzen) gesehen. Darüber hinaus findet eine Interaktion mit der Umwelt statt, wodurch mögliche PartnerInnen identifiziert werden können. Durch das frühzeitige Schließen von strategischen Allianzen können Unsicherheiten reduziert werden (2. *strategic alliances*). Außerdem investieren Unternehmen nur jene Ressourcen in ein Vorhaben, die im Falle eines Misserfolgs den Fortbestand des Unternehmens nicht gefährden (3. *affordable loss*). Weiters werden nach der transformativen Entscheidungslogik zufällige Ereignisse als Chance genutzt, um Neues zu schaffen (4. *contingencies*). Bei all diesen Grundsätzen wird angenommen, dass die Zukunft, obwohl nicht vorhersehbar, von Unternehmern gestaltet bzw. künstlich geschaffen werden kann (vgl. Chandler et al. 2011, S. 388). Von dieser Logik ausgehend, kann EM nicht nur Effectuation zugeordnet, sondern auch mit dem *resource-based view* (RBV) untermauert werden. Im Gegensatz zum *market-based view*[1], der dem klassischen Marketing zugeordnet wird, ist der Ausgangspunkt nicht der Markt, sondern das Unternehmen. Gemäß dem RBV werden strategisch wertvolle und einzigartige Ressourcen geschaffen, um langfristigen Erfolg zu erzielen. Eigene Unternehmensstärken werden genutzt, um Märkte zu formen, anstatt sich den Gegebenheiten anzupassen (vgl. Barney 1991, S. 116; Eisenhardt und Martin 2000, S. 1107 f., 1117).

Obwohl Effectuation oftmals Gründungsunternehmen zugeordnet wird, da diese unterschiedlichen Belastungen (z. B. Liability of Newness, Liability of Size, Liability of Owner-Centricness) ausgesetzt sind und hohen Unsicherheiten unterliegen, trifft diese Logik auch auf etablierte Unternehmen zu. Dies resultiert aus Unsicherheiten am Markt (Liability of Uncertainty), die extern aus der Umwelt entspringen und folglich auch etablierte Unternehmen betreffen. Treten etablierte Unternehmen mit neuen Märkten in Kontakt, unterliegen diese sogar der Liability of Newness (vgl. Mauer und Grichnik 2011, S. 67–75).

Kultur

Die Kultur eines Unternehmens und dessen strategische Grundhaltung beeinflussen die Handlungen und das Verhalten im Marketing (vgl. Schindehutte et al. 2009, S. 30). Das Ziel des klassischen Marketings ist es, bestehende KundInnenbedürfnisse mithilfe von festgelegten Marketingelementen zu erforschen. Die Beobachtung von KundInnen steht dabei im Vordergrund, um zielgerichtete Produktentwicklungen einzuleiten und daraus Kapital zu generieren. Das Verhalten kann als kundenorientiert, marktgetrieben und reaktiv bezeichnet werden (vgl. Kotler et al. 2007, S. 79, 1164). Spricht man im klassischen Marketing von Ressourcen, so wird von bestehenden Ressourcen ausgegangen,

---

[1]Beim *market-based view* steht das Structure-Conduct-Performance-Paradigma (SCP-Paradigma) im Zentrum. Auf Basis der Marktstruktur wird ein Verhalten, um Erfolge zu erzielen, abgeleitet, das mit der Unternehmensumwelt möglichst ident ist. Dies bedeutet, dass es eine Tendenz gibt sich an KundInnenwünsche anzupassen. Rückgeführt wird dieser Ansatz auf Mason (1957) und Bain (1956) (vgl. Kollmann und Kuckertz 2008, S. 50).

mit denen ein effizienter Umgang erfolgt. EM zeichnet sich hingegen durch innovationsorientiertes und ideengetriebenes Verhalten aus. Mehrwert für KundInnen wird durch kontinuierliche Innovationen geschaffen. Dies bedeutet, dass Ideen entwickelt werden, um KundInnen in eine neue Richtung zu lenken und dadurch aktiv zu beeinflussen (vgl. Gaddefors und Anderson 2008, S. 33; Schindehutte et al. 2000, S. 21, 2009, S. 30; Stokes 2000b, S. 13). EM beschäftigt sich mit zukünftigen KundInnenbedürfnissen und identifiziert dadurch Chancen, um neue Märkte zu schaffen. Bei EM spricht man deshalb von *market driving* statt *market driven* (vgl. Schindehutte et al. 2009, S. 37–40; Kumar et al. 2000, S. 131 f.). Werden Marktstrukturen und Marktverhalten als gegeben betrachtet, spricht man von *market driven*. Hierbei ist das Ziel, innerhalb der vorhandenen Marktstrukturen die Vorstellungen und das Verhalten der Stakeholder zu verstehen und darauf zu reagieren. Im Gegensatz dazu versucht *market driving* die Rolle der Marktplayer und deren Beschaffenheit durch Innovationen zu verändern. Zwei Dimensionen sind dabei besonders wichtig: die Anzahl der Veränderungen, die im Markt erwirkt werden, und die Stärke dieser Veränderungen (vgl. Neuenburg 2010, S. 38; Schindehutte et al. 2008, S. 21; Jaworski et al. 2000, S. 47). Als unternehmerisches Beispiel für *market driving* kann Ikea mit seinem Geschäftssystem genannt werden (vgl. Stolper 2007, S. 26 ff.; Kumar et al. 2000, S. 130 f.). Zusammenfassend kann festgestellt werden, dass EM eine innovative, risikoreiche, durch Ideen geleitete und marktbeeinflussende Kultur aufweist (vgl. Stokes 2000b, S. 13).

Strategie
Unternehmen sind am Markt einem ständigen Konkurrenzkampf ausgesetzt. Marketing als Strategie kann hierbei zum Einsatz kommen, um die Existenz eines Unternehmens zu sichern (vgl. Stokes 2000b, S. 5). In diesem Zusammenhang weisen klassisches Marketing und EM klare Unterschiede bei der Herangehensweise auf. Klassische Marketingkonzepte streben das Erlernen und das Befolgen von Regeln des Marktes an. Es handelt sich hierbei um absichtliche Strategien (vgl. Rößl et al. 2007, S. 591). Dieser Ansatz zeichnet sich durch einen festgesetzten, organisierten Prozess aus. Die Durchführung einer Top-down-Segmentierung, bei der Unternehmen ihre KundInnen immer tiefer strukturieren und eine Zielgruppendefinition festlegen, wird angestrebt. Folglich kann eine Produkt-/Dienstleistungspositionierung vorgenommen werden (vgl. Belz 2009, S. 20). Verändern sich die Marktbedingungen, wird eine Anpassung vorgenommen. Durchgeführt wird diese von Personen, die konventionelle Vorgaben fortsetzen möchten. Der Marketer wird in diesem Zusammenhang als Koordinator des Marketingmix angesehen (vgl. Schindehutte et al. 2009, S. 30 f.; Stokes 2000b, S. 13). Im Unterschied dazu sind *entrepreneurial strategies,* wie EM, fließender und innovativer (vgl. Martin 2009, S. 393). Die Erreichung eines First-Mover-Vorteils durch die aktive Suche und Nutzung von Chancen, bevor diese von der Konkurrenz entdeckt werden, wird avanciert. Die Zielgruppe wird mittels Bottom-up-Verfahren, bei dem attraktive KundInnengruppen selektiert werden, definiert. Dies bedeutet, dass KundInnen hinsichtlich ihrer Reaktionsbereitschaft durch dynamische Variablen klassifiziert werden (z. B. Amazon: Das

Kaufverhalten der KundInnen wird durch zusätzliche, gezielte Produktvorschläge beeinflusst.). Dies wird von Personen umgesetzt, die Innovationen schaffen und Veränderungen initiieren möchten (vgl. Belz 2009, S. 20; Stokes 2000b, S. 13; 2000a, S. 51; Miles und Darroch 2006, S. 492). Wie im Entrepreneurship-Bereich angenommen (vgl. Murray 1981, S. 93) wird auch bei EM von einem dynamischen Markt ausgegangen, der mit hohen Turbulenzen und einer dynamischen Umwelt verbunden ist. Die Aufgabe des Marketers ist daher die Kontrolle von Veränderungen und die Generierung einer Schnittstelle zwischen Unternehmen und Umwelt (vgl. Schindehutte et al. 2000, S. 21, 2009, S. 30).

Marketinginstrumente

Betrachtet man die Unterschiede zwischen klassischem Marketing und Entrepreneurial Marketing im Hinblick auf die Marketinginstrumente, zeigt sich, dass im klassischen Marketing die 4 Ps (vgl. Kotler et al. 2011, S. 192 f.) bzw. 7 Ps[2] eingesetzt werden. In der Umsetzung kommen z. B. Flugblattaktionen, Sponsoring, Product Placement, Customer Relationship Management, Direct Marketing, Word-of-mouth Marketing und Kundenklubs zur Anwendung. Im Gegensatz dazu nutzt EM interaktive Methoden, wie z. B. Guerilla Marketing, Viral Marketing, Buzz Marketing und Ambush Marketing (vgl. Rößl et al. 2009, S. 19; Stokes 2000a, S. 51 f.; Kraus et al. 2008, S. 98 f.), die an die Lebenswelt der KundInnen angepasst sind. Guerilla Marketing ist ein Instrument, das ungewöhnliche Marketingmaßnahmen nutzt und sich durch folgende Charaktereigenschaften der Person (des Guerillas) auszeichnet: Aggressivität, Einfallsreichtum, Sensibilität und ein starkes Ego (vgl. Levinson 1990, S. 70). So kann bei geringem Ressourceneinsatz eine hohe Wirkung erzielt werden (vgl. Levinson 1990, S. 18). Das Unternehmen Nike kann als Beispiel genannt werden. Obwohl Adidas der Hauptsponsor für den Berlin-Marathon war, musste Adidas durch die außergewöhnliche Marketingaktion von Nike „Go Heinrich Go" eine herbe Niederlage einstecken. Nike schickte den fast 80-jährigen Läufer Heinrich an den Start. Dieser absolvierte den Marathon und zahlreiche Personen fieberten mit ihm mit. Nike konnte mit geringem Kosteneinsatz eine sehr hohe Werbewirkung erzielen. Solche Aktionen können nur selten wiederholt werden und unterliegen daher zeitlichen und werbewirksamen Limitationen. Guerilla Marketing wird als Überbegriff von interaktiven Methoden und als Wegbereiter von EM angesehen (vgl. Rößl et al. 2009, S. 19).

Viral Marketing zeichnet sich durch die aktive Nutzung von sozialen Netzwerken (z. B. Freunde, Bekannte, Familie) aus. Informationen werden wie ein Virus z. B. via E-Mail, Webpages, Face-to-face-Kommunikation oder Gratis-Werbepostkarten verbreitet (vgl. Rosen 2000, S. 184 f.). Als Beispiel dafür kann die Rockband Nine Inch Nails

---

[2]Der klassische Marketingansatz beinhaltet die Instrumente *Product* (Leistungs- und Programmpolitik), *Price* (Preis- und Konditionenpolitik), *Place* (Distributionspolitik) und *Promotion* (Kommunikationspolitik). Im Dienstleistungsmarketing kann der Instrumentenbereich um folgende 3 Ps erweitert werden: *People* (Dienstleistungspersonal), *Processes* (Dienstleistungserstellungsprozess) und *Physical Facilities* (z. B. Gebäude, Warteräume) (vgl. Meffert et al. 2012, S. 22).

genannt werden. Diese promotete das im Jahr 2008 erschienene Album mit aufsehen-erregenden Maßnahmen. Um eine Aufmerksamkeitssteigerung zu erzielen, wurden Botschaften auf Tour-T-Shirts hinterlassen, ominöse Websites geschaffen und Lieder der Band via USB-Stick auf Klub-Toiletten versteckt (vgl. Kraus et al. 2010, S. 29).

Steht die Verbreitung von Gerüchten im Vordergrund, dann spricht man von Buzz Marketing. Dabei werden mittels Mundpropaganda, unter Nutzung von mobilen Kommunikationsmedien (z. B. Handy, E-Mail, Internet), Gerüchte über die Marke bzw. das Produkt verbreitet (vgl. Phelps et al. 2004, S. 334). Ziel ist es, den KonsumentInnen die Vermarktung eines Produkts durch die Verbreitung von Botschaften selbst zu überlassen (vgl. Dye 2000, S. 146; Mohr 2007, S. 397). Der Low-Budget-Film *The Blair Witch Project* kann hier als Beispiel angeführt werden (vgl. Rosen 2000, S. 15). Mithilfe des Internets wurden Gerüchte, wie zum Beispiel, es sei die letzte Aufnahme dreier Filmstudenten, die bei einer Recherche in den Wäldern verschwunden sind, in die Welt gesetzt. Somit erlangte ein Low-Budget-Film hohe Aufmerksamkeit und es wurde mit geringem Mitteleinsatz hohe Werbewirkung erzielt (vgl. Mohr 2007, S. 402).

Ambush Marketing kann als parasitäres Marketing bezeichnet werden. Maßnahmen von anderen Unternehmen werden (aus)genutzt, um eigene Vorteile zu lukrieren. Ziel ist es, Distributionsformen von Konkurrenten zu nutzen oder Produktpiraterie (das Design wird an ein Konkurrenzprodukt sehr stark angelehnt) bzw. eine Imitation der Corporate Identity durchzuführen. Als Beispiel dafür kann ein Autoverkäufer genannt werden, der seine Neuwagen vor einem anderen Autohaus parkte, während dort eine Neuwagenvorstellung stattfand. Diese Maßnahmen bewegen sich oftmals an der Grenze zu illegalen und unethischen Aktionen (vgl. Nufer 2011, S. 56, 60).

Wesentlich für die soeben beschriebenen interaktiven Methoden ist ein proaktives, risikoreiches und innovatives Verhalten. Die Grenzen zwischen den einzelnen Methoden verschwimmen oftmals. Zum Beispiel kann die Aktion von Nike sowohl dem Guerilla Marketing als auch dem Ambush Marketing zugeordnet werden. All diese Methoden beinhalten auch gleichzeitig Aspekte des klassischen Marketings, wobei diese auf unkonventionelle Weise zum Einsatz kommen (vgl. Rößl et al. 2009, S. 19; Kraus et al. 2010, S. 27–30).

Ein weiteres wesentliches Element von EM ist die Schaffung bzw. der Austausch von persönlichen Beziehungen (vgl. Stokes 2000a, S. 51). Der Fokus darf nicht ausschließlich auf das Produkt gelegt werden. Die Beziehung zwischen Produkt und NutzerIn bzw. ErzeugerIn und DesignerIn muss zur Generierung von Mehrwert betrachtet werden (vgl. Gaddefors und Anderson 2008, S. 32 f.). Bei EM handelt es sich um ein „Spiel", das versucht, Erwartungen durch kreative Ansätze zu schaffen. Kreativität spiegelt sich in Personen, in innovativen Prozessen bei der Produkterstellung und/oder in den Ergebnissen von Produkten wider. Voraussetzung dafür ist ein Dialog zwischen Unternehmen, potenziellen KundInnen, der Gesellschaft und den Medien. Die Aufgabe des Unternehmers in diesem „Spiel" ist es, die Aufmerksamkeit auf die Bedürfnisse der KundInnen zu richten (vgl. Fillis und Rentschler 2005, S. 278, 283; Fillis 2002b, S. 140). In diesem Zusammenhang konstatieren Zontanos und Anderson (vgl. 2004, S. 234), dass die klassischen 4 Ps als analytisches Tool verwendet werden sollen, um Personen und Prozesse zu verstehen.

Zugang zu Marktinformationen

Auch die Zugänge zu den Marktinformationen gestalten sich bei klassischem Marketing und EM unterschiedlich. Klassisches Marketing baut auf eine formalisierte Vorgehensweise, z. B. bei KundInnenbefragungen oder zur Gewinnung von Marktinformationen, auf und legt die Richtung für die Marketinginstrumente fest. Kohli und Jaworski (vgl. 1990, S. 3) halten fest, dass sich der marktorientierte Ansatz auf „[…] the organizationwide generation, dissemination and responsiveness to market intelligence" bezieht. Im Gegensatz dazu nutzt EM informelle Netzwerke, um Informationen zu sammeln und Marktbedürfnisse intuitiv zu bewerten. Unausgesprochene KundInnenwünsche sollen durch Lead User identifiziert werden (vgl. Stokes 2000b, S. 13; Schindehutte et al. 2009, S. 30).

Zusammenfassend betrachtet konnten im Abschn. 2.2.1 wesentliche Unterschiede zwischen EM und dem klassischen Marketing aufgezeigt werden. Obwohl EM im Gegensatz zum klassischen Marketing vom traditionellen Lehrbuchansatz abweicht, konnten erste Zusammenhänge zwischen EM und Wachstumserfolgen aufgezeigt werden (vgl. Stokes 2000a, S. 52). Dies bedeutet jedoch nicht, dass EM für alle Situationen geeignet ist und dem klassischen Marketing vorgezogen werden soll (vgl. Kraus et al. 2008, S. 104). Im Gegenteil, etablierte Unternehmen, die in einer eher stabilen Umwelt agieren und nicht der Liability of Newness ausgesetzt sind, sollten die jahrzehntelang erforschten Lösungen des klassischen Marketings weiterhin anwenden (vgl. Mauer und Grichnik 2011, S. 67 f.).

2.2.2 Definition von Entrepreneurial Marketing

Versucht man den Begriff EM zu definieren, wird, wie auch bei der Begriffsdefinition von Entrepreneurship, schnell ersichtlich, dass ein unterschiedliches Begriffsverständnis vorherrschend ist (vgl. Morris et al. 2002, S. 4; Kraus et al. 2010, S. 21; Shaw 2004, S. 195). Tab. 2.1 gibt einen Überblick über wesentliche Begriffsdefinitionen der letzten zehn Jahre und dient als Ausgangsbasis für die weitere Erörterung des Begriffs.

Die dargestellten Definitionen lassen zwei unterschiedliche Literaturstränge erkennen. Im ersten Literaturstrang wird EM als spezielles Marketing von Gründungs- und/oder Wachstumsunternehmen gesehen, wobei das Alter und die Größe eine zentrale Rolle spielen. (vgl. Gruber 2004a, S. 80, 2004b, S. 166 f.; Bjerke und Hultman 2002, S. 15; Hill und Wright 2000, S. 25). Im Jahre 1990 wurde erkannt, dass Entrepreneurship mehr als nur die Gründung eines Unternehmens ist. Damals konnte bereits aufgezeigt werden, dass EM, in dem Entrepreneurship ein wesentlicher Bestandteil ist, nicht mit dem Unternehmensalter in Verbindung stehen muss (vgl. Stevenson und Jarillo 1990, S. 25).

Tab. 2.1 Definitionen von Entrepreneurial Marketing

AutorInnen (Jahr)	Definition EM
Hills et al. (2010)	„[…] a spirit, an orientation as well as a process of pursuing opportunities and launching and growing ventures that create perceived customer value through relationships, especially by employing innovativeness, creativity, selling, market immersion, networking or flexibility." (Hills et al. 2010, S. 6)
Kraus et al. (2010)	„[…] an organizational function and a set of processes for creating, communicating and delivering value to customers and for managing customer relationships in ways that benefit the organization and its stakeholders and that is characterized by innovativeness, risk-taking, pro-activeness, and may be performed without resources currently controlled." (Kraus et al. 2010, S. 26)
Morrish et al. (2010)	„[…] both wholly traditional AM and wholly entrepreneurship and not a subset of marketing combined with a subset of entrepreneurial processes; […]." (Morrish et al. 2010, S. 304)
Schindehutte und Morris (2010)	„[…] both an orientation within and beyond the marketing function of a firm as well as a way of behaving."
	„[…] manifested in the strategic and tactical actions of the firm." (Schindehutte und Morris 2010, S. 78)
Freiling und Kollmann (2008)	„[…] die Vermarktung eines neuen Produkts bzw. Sortiments für ein neues Unternehmen unter der Berücksichtigung des absatzpolitischen Instrumentariums für die Schaffung neuer Märkte bzw. neuer Wettbewerbsstrukturen […]." (Freiling und Kollmann 2008, S. 10)
Gruber (2004a)	„[…] das Marketing in jungen Wachstumsunternehmen." (Gruber 2004a, S. 80)
Shaw (2004)	„[…] four themes relevant to understanding entrepreneurial marketing within a social enterprise context emerged: opportunity recognition (OR); entrepreneurial effort (EE); an entrepreneurial organisational culture (EOC); and networks and networking (N&N)." (Shaw 2004, S. 197)
Bjerke und Hultman (2002)	„[…], marketing of small firms growing through entrepreneurship, […]." (Bjerke und Hultman 2002, S. 15)
Morris et al. (2002)	„[…] proactive identification and exploitation of opportunities for acquiring and retaining profitable customers through innovative approaches to risk management, resource leveraging and value creation." (Morris et al. 2002, S. 5) „[…] represents an opportunistic perspective wherein the marketer proactively seeks novel ways to create value for desired customers and build customer equity." (Morris et al. 2002, S. 5) „[…] product/market innovation represents the core marketing responsibility and the key means to sustainable competitive advantage." (Morris et al. 2002, S. 5)

(Fortsetzung)

Tab. 2.1 (Fortsetzung)

AutorInnen (Jahr)	Definition EM
Chaston (2000b)	„The behaviour exhibited by an individual and/or organization which adopts a philosophy of challenging established conventions during the process of developing new solutions." (Chaston 2000b, S. 7)
Hill und Wright (2000)	„A new stream of research describes the marketing orientation of small firms as entrepreneurial marketing." (Hill und Wright 2000, S. 25) „This means a style of marketing behavior that is driven and shaped by the owner manager's personality." (vgl. Carson und Cromie 1989, S. 48, zitiert nach, Hill und Wright 2000, S. 25)
Stokes (2000b)	„[…] defined as marketing carried out by entrepreneurs or owner managers of entrepreneurial ventures." (Stokes 2000b, S. 2) „[…] focused on innovations and the development of ideas in line with an intuitive understanding of market needs; […]." (Stokes 2000b, S. 13)

Im zweiten Literaturstrang wird EM als unternehmerisch-innovativer Marketingansatz verstanden (vgl. Kraus et al. 2008, S. 96), der nicht auf das Alter oder die Größe eines Unternehmens beschränkt ist. Ziel des Ansatzes ist es, Veränderungen bei den MarktteilnehmerInnen zu bewirken und nachhaltige Wettbewerbsvorteile zu generieren (vgl. Kraus et al. 2008, S. 95 f.; Chaston 2000b, S. 6 f.; Morris et al. 2002, S. 5; Morrish et al. 2010, S. 304). Eine zentrale Rolle stellt der Umgang mit Marktunsicherheiten, die in einer dynamischen Umwelt vorherrschend sind, dar (vgl. Mauer und Grichnik 2011, S. 60 f.). EM wird als unternehmerische, strategische Grundhaltung, die im Unternehmen verankert ist, angesehen (vgl. Kraus et al. 2008, S. 97). Chandler (vgl. 1990, S. 13) subsumiert unter dem Begriff Strategie die vom Unternehmen zu setzenden Handlungen und die damit verbundenen Ressourcenallokationen, die notwendig sind, um langfristige Unternehmensziele zu erreichen. Nach Miller und Friesen (vgl. 1978, S. 931) ist eine unternehmerische, strategische Grundhaltung durch Innovativität, Proaktivität und risikoreiches Verhalten gekennzeichnet. Induziert wird diese durch den/die UnternehmerIn bzw. durch die Organisation (vgl. Chaston 2000b, S. 6 f., 26). Nicht nur Marktbeobachtungen und das Reagieren auf manifeste KundInnenwünsche stehen bei EM im Mittelpunkt, sondern das frühzeitige Erkennen von latenten KundInnenwünschen. Dadurch wird nicht nur ein Verhaltenswandel bei den KundInnen, sondern auch bei den Wettbewerbern erzeugt (vgl. Chaston 2000b, S. 6; Morris et al. 2002, S. 5; Morrish et al. 2010, S. 304; Rößl et al. 2007, S. 590).

Beide Literaturstränge kommen in der Scientific Community zur Anwendung. Diese Dissertation schließt sich dem zweiten Literaturstrang an, der z. B. von Morrish et al. (vgl. 2010, S. 304), Schindehutte und Morris (vgl. 2010, S. 78), Morris et al. (vgl. 2002,

S. 5), Chaston (vgl. 2000b, S. 6 f.) bzw. Stokes (vgl. 2000b, S. 13) vertreten wird. EM wird daher wie folgt definiert:

▶ EM ist ein innovativer, risikoreicher, proaktiver und Ressourcen streckender Ansatz, der als unternehmerisch-strategische Grundhaltung im Unternehmen verankert ist und durch die proaktive Suche nach neuen Wegen Mehrwert für die KundInnen schafft, unabhängig von der Größe oder dem Alter eines Unternehmens.

Forschungen von Kilenthong et al. (vgl. 2010, S. 12; 2011, S. 200) untermauern den zweiten Literaturstrang, da empirische Befunde aufzeigen konnten, dass EM nicht von der Größe eines Unternehmens abhängig ist.

2.2.3 Bestehende Bezugsrahmen für Entrepreneurial Marketing

In der Literatur werden unterschiedliche Messvorschläge für EM in Bezugsrahmen verankert. Diese beruhen auf konzeptionellen Vorschlägen sowie qualitativen und quantitativen Forschungsergebnissen (vgl. Jones und Rowley 2009a, S. 8 f., 13, 2011, S. 30 f.; Bjerke und Hultman 2002, S. 187; Morris et al. 2002, S. 5–8; Hills et al. 2010, S. 11–14; Hultman 2011, S. 31; Buskirk und Lavik 2004, S. xxii). Ein etabliertes, quantitatives Messinstrument ist in der EM-Forschung bislang nicht vorliegend. In diesem Kapitel werden jene Bezugsrahmen vorgestellt, die für das Forschungsfeld von hoher Relevanz sind.

Konzeptioneller Bezugsrahmen nach Bjerke und Hultman (vgl. 2002, S. 186–207)
Die Darstellung dieses Bezugsrahmens basiert auf den vier Säulen Entrepreneurship, Ressourcen, Prozesse und handelnde Personen. Ziel ist es, Mehrwert für KundInnen zu schaffen. Die Säule Entrepreneurship ist essenziell, da Entrepreneure in der Lage sind, Visionen für die Schaffung von Mehrwert zu formulieren. Zusätzlich beschäftigt sich Entrepreneurship mit der Identifikation von Chancen, um Wertkonfigurationen für KundInnen voranzutreiben. Der Transport von KundInnennutzen in den Markt erfordert Ressourcen, wie z. B. Rohmaterialien, Dienstleistungen, Kapital, Energie oder Humankapital. Diese können entweder durch die Bildung von Kooperationen mit PartnerInnen, Kooperationen durch virtuelle Netzwerke und/oder durch Informationsaustausch entstehen. Prozesse sind der ständige Begleiter bei der Generierung von KundInnennutzen. Bjerke und Hultman (vgl. 2002, S. 190) subsumieren unter dem Begriff Marketing eine Vielzahl an verknüpften Geschäftsprozessen, die das Ziel haben, KundInnennutzen zu schaffen. Diese unterstützen bei der Unternehmensführung, z. B. bei der Entscheidungsfindung oder auch beim gezielten Einsatz von Ressourcen und Kompetenzen, und sind somit von der Planung bis zur Durchführung einer Aktion omnipräsent. Handelnde Personen stellen die letzte Säule im Bezugsrahmen dar und fungieren als Schnittstelle

zwischen Entrepreneurship, den Ressourcen und den Prozessen. Durch sie werden die Umsetzung von Chancen und die Nutzung von Netzwerken respektive Beziehungen ermöglicht. Außerdem stehen die handelnden Personen ständig mit den Prozessen eines Unternehmens in Kontakt und tragen zur Wertkonfiguration im Unternehmen bei (vgl. Bjerke und Hultman 2002, S. 186–207).

Konzeptioneller Bezugsrahmen nach Morris et al. (vgl. 2002, S. 5–8)
Dieser Bezugsrahmen basiert auf den sieben in Wechselbeziehung stehenden Dimensionen *proactiveness, opportunity-focus, customer intensity, innovativeness, calculated risk-taking, resource leveraging* und *value creation*. Ziel dabei ist es, KundInnen in eine neue Richtung zu lenken und deren Konsumverhalten zu beeinflussen. Im Zuge dessen werden Kernkompetenzen geschaffen, die zur Generierung von einzigartigen Produkten und alternativen Kommunikations-/Vertriebsressourcen führen (vgl. Hamel und Prahalad 1994, S. 24 f.; Morris et al. 2002, S. 11).

Die Dimension *proactiveness* umfasst das proaktive Verhalten von Personen, das sich auf das Verhalten eines Unternehmens auswirkt. Proaktivität zeichnet sich durch Gewissenhaftigkeit, Extrovertiertheit, Erfolgs- und Dominanzbedürfnis aus. Wesentlich ist, dass die Umwelt nicht als gegeben betrachtet werden darf, denn nicht die Reaktion auf oder die Anpassung an den Markt stehen im Vordergrund, sondern die Beeinflussung dessen (vgl. Bateman und Crant 1993, S. 111 f.). Strategien, wie z. B. aggressive Marktstrategien (vgl. Levinson 1990, S. 65), Diversifikationsstrategien, Bildung von Koalitionen, müssen folglich entwickelt werden, um Wettbewerbsvorteile zu generieren (vgl. Zeithaml und Zeithaml 1984, S. 50 f.). Die Umwelt bietet dabei zahlreiche Chancen, die genutzt werden können, um externe Gegebenheiten neu zu definieren und Veränderungen zu schaffen. Eine Reduktion der Unsicherheiten am Markt kann somit erfolgen (vgl. Van de Ven und Poole 1995, S. 531).

Die Dimension *opportunity-focus* beinhaltet das Erkennen und die aktive Suche nach Chancen, wobei die Identifikation von Marktunvollkommenheiten der Ursprung für diese ist. Das daraus generierte Wissen über Mangelhaftigkeit im Markt wird ausgenützt, um nachhaltiges Profitpotenzial durch die Implementierung von innovativen Konzepten zu schaffen. Wesentlich dabei ist die Verfügbarkeit von Chancen, jedoch ist diese oftmals von Umweltveränderungen abhängig (vgl. Morris et al. 2002, S. 5–8).

Im Fokus der Dimension *customer intensity* steht die Entdeckung von bedarfsabhängigen KundInnenbedürfnissen und die Befriedigung dieser. Narver et al. (vgl. 2004, S. 336) sprechen in diesem Zusammenhang nicht von *customer intensity,* sondern von *responsive market orientation* (RMO). Wichtig ist, dass sich KundInnen mit dem Unternehmen identifizieren und vice versa, um eine Beziehung aufzubauen. Der emotionale Aspekt spielt dabei eine wesentliche Rolle und ist maßgebend für erfolgreiche Marketingaktionen. Folglich ist es essenziell, das notwendige Gespür, die Intuition und das Verständnis für KundInnen zu erlangen, anstatt nach rationaler Entscheidungsfindung vorzugehen. All dies hat zum Ziel, KundInnen zu gewinnen, zu binden und sich mit diesen gemeinsam weiterzuentwickeln (vgl. Morris et al. 2002, S. 5–8).

Die Dimension *innovativeness* beschäftigt sich mit der Schaffung von Innovationen. Diese entstehen durch neue Ideen, die unternehmensintern oder -extern entdeckt und in neuen Produkten, Services, Prozessen und/oder Märkten verkörpert werden, mit dem Ziel, KundInnen in eine neue Richtung zu führen (vgl. Morris et al. 2002, S. 7; Runser-Spanjol 2001, S. 121; Lumpkin und Dess 2001, S. 431, 1996, S. 142 ff.). EM nimmt dabei die Rolle der Chancenidentifikation und Konzeptgenerierung ein, um Innovationen zu fördern. Diese reichen vom technischen Support bis hin zum kreativen Einsatz von Firmenressourcen und Marketingstrategien.

Die Dimension *calculated risk-taking* beschäftigt sich mit der kalkulierbaren Risikobereitschaft eines Unternehmens. Im Entrepreneurship-Bereich wird von einem kalkulierbaren Risiko ausgegangen, da bereits im Vorfeld versucht wird, Risikofaktoren zu identifizieren, wodurch eine Verteilung oder Minimierung der Risiken stattfinden kann. Besteht z. B. das Risiko, dass Wettbewerber neue Produkte auf den Markt bringen, die das eigene Unternehmen gefährden könnten, dann ist es wesentlich, die eigenen Innovationen bei der Produktentwicklung zu erhöhen, um den Mitbewerbern einen Schritt voraus zu sein. Weiters ist es maßgebend, wie Unternehmen ihre Ressourcen verteilen, denn je nach Verteilung können unterschiedliche Risiken eingegangen werden (vgl. Srivastava et al. 1999, S. 174).

Die Streckung von Ressourcen wird durch die Dimension *resource leveraging* abgebildet. Dabei wird versucht „mehr mit weniger" zu erreichen. Morris et al. (vgl. 2002, S. 7 f.) stellen diese Dimension nur sehr vage dar und zeigen Beispiele auf operativer Ebene auf. Dazu zählen die Erkennung von Ressourcen, die andere MarktteilnehmerInnen nicht erkannt haben, die vermehrte Nutzung von Ressourcen, die Kombination von Ressourcen, um einen höheren Wert zu schaffen sowie die Nutzung von Ressourcen anderer Personen/Unternehmen, um eigene Ziele zu erreichen (vgl. Schindehutte et al. 2009, S. 34). Hill et al. (vgl. 1999, S. 72 f.) heben in diesem Zusammenhang die persönlichen Netzwerke hervor, da diese einen hohen Stellenwert bei Marketingaktivitäten einnehmen, um Ressourcen zu generieren bzw. zu strecken. Shaw (vgl. 2004, S. 202) vertieft diese Sichtweise, da festgestellt wurde, dass Netzwerke notwendig sind, um unerfüllte KonsumentInnenbedürfnisse zu identifizieren. Soziale Netzwerke können dazu beitragen, Informationen zu generieren und diese profitabel zu nutzen, da diese nicht für alle zugänglich sind (vgl. Hill et al. 1999, S. 77).

Die Dimension *value creation* beschäftigt sich, wie die Dimension *customer intensity,* mit KundInnenbedürfnissen. In dieser Dimension steht jedoch die Erforschung von unentdeckten KundInnenbedürfnissen im Vordergrund. Dies ist zwingend notwendig, um einzigartige Ressourcenkombinationen zu ergründen und KundInnennutzen zu schaffen (vgl. Morris et al. 2002, S. 5–8). Narver et al. (vgl. 2004, S. 336) sprechen in diesem Zusammenhang von *proactive market orientation* (PMO).

Morris et al. (vgl. 2002, S. 5–8) ordnen die vier Dimensionen *proactiveness, calculated risk-taking, innovativeness* und *opportunity-focus* der Literatur der „Entrepreneurial Orientation" (EO) und die beiden Dimensionen *customer intensity* und *value creation* jener der „Market Orientation" (MO) zu. Betrachtet man die EO-Literatur näher, dann verstehen Lumpkin und Dess (vgl. 1996, S. 137) unter dem Begriff EO „[…] a propensity to act autonomously, a willingness to innovate and take risks, and a tendency to be aggressive towards competitors and proactive relative to marketplace opportunities." Diese Sichtweise schließt an jene von Miller (vgl. 1983, S. 771, 778) an, der EO durch die drei Dimensionen *innovativeness, risk-taking, proactiveness* abbildet und diese als eine unternehmerische, strategische Grundhaltung ansieht, die in einem Unternehmen verankert sein kann (vgl. Covin und Slevin 1989, S. 77; Frank et al. 2010, S. 63). Autoren wie z. B. Morris und Paul (vgl. 1987, S. 249), Morris und Sexton (vgl. 1996, S. 6) oder Miles und Arnold (vgl. 1991, S. 60) schließen sich der soeben aufgezeigten Darstellung von EO an. Die Dimension *autonomy,* die Lumpkin und Dess (vgl. 1996, S. 140 ff.) aufgreifen, wird bei Miller (vgl. 1983, S. 771, 778) nicht berücksichtigt. Dies kann daraus resultieren, da *autonomy* als ein Bestandteil des entrepreneurialen Verhaltens gesehen und deshalb nicht beachtet wird (vgl. Lumpkin et al. 2009, S. 48). Vergleicht man nun die von Morris et al. (vgl. 2002, S. 5–8) vorgeschlagenen Dimensionen mit jenen von Miller (vgl. 1983, S. 771, 778) bzw. Lumpkin und Dess (vgl. 1996, S. 140 ff.), wird ersichtlich, dass EO ähnlich verstanden wird. Der einzige Unterschied ist, dass Morris et al. (vgl. 2002, S. 5–8) es als wesentlich sehen, dass Chancen erkannt und diese durch die Dimension *opportunity-focus* abgebildet werden. Im Gegensatz dazu ist bei Miller (vgl. 1983, S. 771, 778) und Lumpkin und Dess (vgl. 1996, S. 140 ff.) nicht die Erkennung von Chancen vordergründig, sondern vielmehr bei Erkennung dieser eine eher aggressive Marktbearbeitung. Folglich stellt sich die Frage, ob *opportunity-focus* tatsächlich für EM geeignet ist, man bedenke nur den Ansatz von Schumpeter (vgl. 1950, S. 81–86), der auch eine aggressivere Vorgehensweise vorschlägt. Diese Frage wird in Abschn. 4.4 erneut aufgegriffen.

Die Literatur zur Marktorientierung (MO) zeigt zwei unterschiedliche Forschungsstränge auf (vgl. Engelen und Brettel 2009, S. 719). Der erste Strang beschäftigt sich mit den Einflussgrößen, die MO darstellen (vgl. Jaworski und Kohli 1993, S. 54–57, 60–62; vgl. Selnes et al. 1996, S. 139–157; Pulendran und Speed 1996, S. 53–68). Der zweite versucht den Einfluss von MO auf die Erfolgsgrößen eines Unternehmens darzustellen (vgl. Cano et al. 2004, S. 179–200; Kirca et al. 2005, S. 24–41; Ellis 2006, S. 1089–1107; Frank et al. 2012, S. 372–385). Da MO als eine Dimension von EM angesehen werden kann (vgl. Morris et al. 2002, S. 5), wird in dieser Arbeit indirekt der zweite Forschungsstrang verfolgt. Zusätzlich können im Hinblick auf die Konzeptualisierung von MO zwei Sichtweisen unterschieden werden. Kohli und Jaworski (vgl. 1990, S. 6) sehen in der Marktorientierung eine verhaltensorientierte Sichtweise, die sich auf die Generierung von marktbezogenen Informationen stützt, um Bedürfnisse der KundInnen zu erkennen. Die daraus gewonnenen Erkenntnisse werden in der Organisation verbreitet und anschließend wird darauf reagiert. Diese Sichtweise zeichnet sich durch reaktives Verhalten aus. Hingegen stehen bei Narver und Slater (vgl. 1990, S. 21) die Erlangung und die Sicherung von nachhaltigen Wettbewerbsvorteilen durch die Schaffung von KundInnennutzen im Zentrum der Marktorientierung. Um dies zu erreichen, muss eine Unternehmenskultur vorhanden sein, die dies ermöglicht.

Dies bedeutet, dass marktorientierte Unternehmen das Verständnis besitzen müssen, Mehrwert für die KundInnen zu schaffen, um folglich Wettbewerbsvorteile zu generieren. Dazu ist es notwendig, nicht nur reaktiv zu handeln, sondern proaktiv alternative Quellen von Wettbewerbsvorteilen zu finden. Wird dies erreicht, kann Erfolg für das Unternehmen generiert werden. In dieser Arbeit wird die Sichtweise von Narver und Slater (vgl. Narver und Slater 1990, S. 21) vertreten, da sich EM nicht nur durch reaktives, sondern vor allem durch proaktives Verhalten auszeichnet.

Forschungsbeiträge haben gezeigt, dass MO oftmals eine Beziehung zu anderen strategischen Orientierungen aufweisen kann (vgl. Han et al. 1998, S. 38 ff.; Grinstein 2008, S. 124 ff.). Betrachtet man den Bezugsrahmen von Morris et al. (vgl. 2002, S. 8), dann wird auch hier eine Beziehung zwischen MO und EO unterstellt. Zusätzlich korrelieren MO und EO über den Aspekt des „Lernens" miteinander. Die Wissensgenerierung über KundInnen und Markt steht sowohl bei MO als auch EO im Zentrum. Außerdem erfordern beide Orientierungen ein organisationales System, um Lernen zu ermöglichen (vgl. Baker und Sinkula 2009, S. 447).

Konzeptioneller Bezugsrahmen nach Buskirk und Lavik (vgl. 2004, S. xxi–xxiv)
Dieser Bezugsrahmen wird von Buskirk und Lavik (vgl. 2004, S. xxi–xxiv) als das „Entrepreneurial-Marketing-Rad" bezeichnet. Diese Bezeichnung basiert auf der Annahme, dass jene Geschäftskonzepte, die bei EM zur Anwendung kommen, durch eine hohe Interaktivität geprägt sind und nicht linear entstehen. Weiters wird festgestellt, dass dieser Bezugsrahmen in Bewegung ist, da die geplanten Geschäftskonzepte ständig implementiert, evaluiert und verändert werden müssen. Im Zentrum des Rades sind die KundInnen angesiedelt, die Ausgangspunkt für alle geplanten Maßnahmen sind.

Das Rad selbst wird durch die Geschäftskonzepte Public Relations, Marktchancen, Strategie, Finanzierung, Branding, Viral Marketing, Customer Relationship Management, Distribution und neue Produkte abgebildet und ist um die KundInnen positioniert. Das Bindeglied zwischen den einzelnen Geschäftskonzepten ist der Verkauf. Die Konzepte im Bezugsrahmen stellen Instrumente zur Umsetzung von EM dar. Es wird daher auf operativer und nicht auf konzeptioneller Ebene gearbeitet.

Qualitativ entwickelter Bezugsrahmen nach Jones und Rowley (vgl. 2009a, S. 20 f., 2011, S. 31, 2012, S. 494 f.)
Die zentralen Themen dieses Bezugsrahmens sind die Schaffung von Mehrwert für die KundInnen, die Reaktionsfähigkeit gegenüber den KundInnen, der Kommunikationsprozess mit den KundInnen, der Umgang mit KundInnenwünschen, die KundInnenbeziehung und Innovationen im Hinblick auf neue Produkte und Geschäftsprozesse, um Chancen am Markt zu schaffen. Um EM zu erklären, wird dieser Bezugsrahmen durch Dimensionen abgebildet, die aus der Literatur von EO, MO, Innovation Orientation (IO) und Customer Orientation (CO) entspringen, und im Zuge einer qualitativen Forschung geprüft. Befragt wurden dabei KMU im Software-technologischen Bereich und als Erhebungsinstrument kam die *Card-based game method* zum Einsatz. Im Zuge der Interviews

sollten die ProbandInnen die Bedeutung der einzelnen Dimensionen erklären und einen Zusammenhang zu ihrem Unternehmen herstellen. Im nächsten Schritt wurde erfragt, welche Dimensionen für das Marketing im Unternehmen wichtig sind. Nachstehend erfolgt eine Darstellung der in den Interviews entdeckten 15 Dimensionen, die für EM maßgeblich sein sollen:

- *Research and development:* Diese Dimension beschäftigt sich mit Investitionsschwerpunkten innerhalb des Bereichs Forschung und Entwicklung. Innovationen und somit die Erlangung einer technologischen Führung am Markt stehen im Vordergrund.
- *Speed to market:* Hierbei stehen eine schnelle Markteinführung und die Positionierung gegenüber den Konkurrenten im Zentrum. Außerdem spielt es eine wesentliche Rolle, ob sich Unternehmen als Nachfolger oder Führer positionieren.
- *Risk taking:* Diese Dimension beschäftigt sich mit der kalkulierbaren Risikobereitschaft innerhalb eines Unternehmens und der daraus resultierenden Bereitschaft, Chancen zu nutzen.
- *Proactiveness:* In dieser Dimension stehen das Erkennen und die Nutzung von Chancen im Zentrum, wobei diese vom Eifer und Engagement des Unternehmens abhängig sind.
- *Proactively exploiting markets:* Diese Dimension zeichnet sich durch die proaktive Suche nach Marktnischen und die Verfolgung eines kundenspezifischen Ansatzes aus. Persönliche Ziele sind dabei der Auslöser für Marketingentscheidungen, die eng mit dem Erfolg eines Unternehmens in Verbindung stehen.
- *Market intelligence generation:* Die Generierung von Marktinformationen kann formell und informell erfolgen. Bei EM stehen die informelle Generierung von Marktwissen und das Sammeln von Marketingwissen durch soziale Netzwerke im Vordergrund.
- *Responsiveness toward competitors:* Die Softwarebranche ist geprägt durch Innovationen und Produktneuentwicklungen, die von Konkurrenten hervorgerufen werden. Folglich ist es wesentlich, darauf zu reagieren und Nischenmarkt- bzw. Differenzierungsstrategien anzuwenden, um Wettbewerbsvorteile zu generieren.
- *Integration of business processes:* Geschäftsprozesse müssen in einem Unternehmen derart integriert werden, dass eine Teilung von Ressourcen abteilungsübergreifend möglich ist.
- *Networks and relationships:* Netzwerke und Beziehungen respektive Allianzen werden genutzt, um Ressourcen und Wertschöpfung zu generieren. Es ist daher notwendig, Kapazitäten zu schaffen, um die Bildung von Netzwerken und unternehmerischen Kompetenzen zu ermöglichen.
- *Knowledge infrastructure:* Die Schaffung einer formalisierten IT-basierten Wissensinfrastruktur ist Voraussetzung dafür, dass gesammelte Informationen im Unternehmen verbreitet werden können.
- *Propensity to innovate:* Die Dimension Innovationsfreudigkeit beschäftigt sich mit Prozessen zur Erhaltung und Gestaltung einer Unternehmenskultur, die Kreativität und Innovativität aufrechterhält und fördert.

- *Responsiveness toward customers:* Diese Dimension fordert eine rasche Reaktion auf KundInnenfeedback und -verhalten, damit KundInnen an das Unternehmen gebunden werden können.
- *Communication with customers:* Die Kommunikation mit KundInnen ist vorrangig, um eine langfristige KundInnenbeziehung zu schaffen. Zusätzlich muss formelles und informelles Feedback der KundInnen gesammelt werden, um diese in eine neue Richtung führen zu können. Unternehmen sollten stets bemüht sein, das Vertrauen und die Glaubwürdigkeit der KundInnen zu erlangen.
- *Understanding and delivering customer value:* Der Erfolg eines Unternehmens ist abhängig davon, ob das Unternehmen gelernt hat, seine KundInnen zu verstehen. Nur durch Verständnis für die KundInnen ist es möglich, Mehrwert zu generieren und KundInnenzufriedenheit zu schaffen.
- *Promotion und sales:* Diese Dimension sieht den Verkauf und die Werbeaktivitäten in einem Unternehmen als Kernelement.

Jones und Rowley (vgl. 2009a, S. 20 f., 2012, S. 494 f.) entdeckten im Zuge ihrer qualitativen Forschung 15 Dimensionen, die gemeinsam den „EMICO framework" darstellen. Die Dimensionen Forschung und Entwicklung, Reaktion auf Konkurrenten und Schaffung einer formalisierten IT-basierten Wissensinfrastruktur stehen eng mit Technologien und technologischen bzw. IT-basierten Entwicklungen in Verbindung. Dies wirft die Frage auf, ob der Bezugsrahmen nach Jones und Rowley (vgl. 2009b, S. 337–348) für alle Branchen anwendbar ist oder nur für die Softwarebranche seine Gültigkeit besitzt. Die Softwarebranche befindet sich im Hightech-Sektor und weist daher andere Merkmale auf als andere Branchen, wie z. B. eine extrem hohe Schnelllebigkeit und einen extrem hohen Grad an Innovativität.

Bezugsrahmen nach Hills und Hultman (vgl. 2006, S. 222 f.), Hultman und Hills (vgl. 2006, S. 1–26)

Basierend auf einer quantitativen Studie, durchgeführt in den USA von Hills und Hultman (vgl. 2006, S. 222 f.; vgl. Hultman und Hills 2006, S. 1–26), wurden Marketingpraktiken und das Verhalten im Marketing in KMU beleuchtet. Vorläufige Forschungsergebnisse im Zusammenhang mit dieser Studie wurden sowohl am European Entrepreneurial Marketing Summit 2011 (siehe Hultman [vgl. 2011, S. 39]) als auch am Rencontres de St-Gall 2010 präsentiert (siehe Kilenthong et al. [vgl. 2010, S. 1–15]) und im *Int. Journal of Entrepreneurship and Innovation Management* (siehe Hills et al. [vgl. 2010, S. 12–15]) publiziert.

Die Ergebnisse dieser Beiträge zeigen, dass aufbauend auf 23 Aspekten, die EM auszeichnen, sechs Dimensionen identifiziert werden konnten. Im Folgenden werden diese nun näher erläutert.

- Die Dimension *„Value creation through relationship and alliance"* gibt wieder, dass Netzwerke bei EM essenziell sind, da diese nicht nur Marktinformationen beschaffen, sondern auch den Zugang zu potenziellen KundInnen ermöglichen. Unter Netzwerke werden nicht nur Kontakte zu Lieferanten und KundInnen verstanden, sondern auch zu Konkurrenten. Zusätzlich ermöglichen diese die Nutzung von gemeinsamen Ressourcen. Dies ist vor allem für KMU hilfreich, denn diese unterliegen oftmals limitierten Ressourcen.

- Die Dimension „*Two-way contacts with customers*" legt die Beziehung zwischen Unternehmen und KundInnen fest, wobei davon ausgegangen wird, dass Unternehmen, die EM anwenden, ihre KundInnen als aktive TeilnehmerInnen innerhalb des Marketingentscheidungsprozesses ansehen. Dies bedeutet, dass die Präferenzen der KundInnen bei der Festlegung von Preis, Produkt, Distribution und Kommunikation Berücksichtigung finden. Folglich können kundenorientierte Produkte/Dienstleistungen rasch am Markt angeboten werden.
- Die Dimension „*Growth-orientation*" beschäftigt sich mit den Wachstumszielen eines Unternehmens, die im jeweiligen Geschäftsmodell verankert sind. KMU stehen dabei unterschiedliche operative Möglichkeiten, wie z. B. Mundpropaganda, Empfehlungen und Folgeaufträge von Unternehmen oder auch die Schaffung von KundInnengemeinschaften, zur Verfügung, um zu wachsen.
- Die Dimension „*Opportunity-orientation*" beschäftigt sich mit der Verfolgung von Chancen, unabhängig davon, ob alle notwendigen Ressourcen zur Verfügung stehen. Falls diese nicht vorhanden sind, werden von Unternehmen, die EM anwenden, Umschichtungen der Ressourcen oder Improvisationen vorgenommen. Obwohl man Chancen am Markt nicht erzwingen kann, sind jene Unternehmen, die EM nutzen, ständig proaktiv auf der Suche nach diesen. Wesentlich ist es, Chancen vor den Konkurrenten zu erkennen und mittels Innovationen und Kreativität diese in die Realität umzusetzen, bevor dies Konkurrenten tun.
- Die Dimension „*Informal marketing*" weist darauf hin, dass Marketingentscheidungen von Unternehmen, die EM anwenden, oftmals intuitiv getroffen werden. Durch den ständigen, direkten Kontakt zu den KundInnen kann ein ausgeprägtes Verständnis für den Markt und die damit einhergehende Beurteilung der Marktgrößen erfolgen.
- Die Dimension „*Market immersion*" setzt voraus, dass Unternehmen, die EM durchführen, sich in die Welt der KundInnen hineinversetzen. KundInnenwünsche und die Generierung von KundInnennutzen stehen an oberster Stelle. Durch diese Vorgehensweise kann eine bessere Reaktion auf KundInnennachfragen geschaffen werden. Einige Entrepreneurial Marketer verlassen sich bei dieser Herangehensweise auf ihre Erfahrungen und/oder nutzen ihre Netzwerke.

Zusammenfassend betrachtet stehen bei den soeben beschriebenen Dimensionen die Wertschaffung und das Verständnis für die KundInnen im Zentrum. Weiters wird in diesem Bezugsrahmen die Dimension „Growth-orientation" abgebildet. Dies ist nicht weiter verwunderlich, da Bjerke und Hultman (vgl. 2002, S. 15) und Hills et al. (vgl. 2010, S. 6) bei der Definition von EM den ersten Literaturstrang verfolgen. Aufgrund der Dimensionen ist zu erkennen, dass sowohl die operative (siehe z. B. die Dimension

„Growth-orientation") als auch die strategische Ebene (siehe z. B. die Dimension „Opportunity-orientation") angesprochen wird.

Die für das Forschungsfeld relevanten Bezugsrahmen, untergliedert in strategische bzw. operative Ebene, werden in Tab. 2.2 dargestellt. Zusätzlich werden die unterschiedlichen Säulen und Elemente bzw. Dimensionen, die von den AutorInnen verwendet werden, aufgezeigt.

Aus der textuellen und tabellarischen Darstellung ist ersichtlich, dass sich die Bezugsrahmen auf unterschiedlichen Abstraktionsebenen befinden. Das Entrepreneurial-Marketing-Rad befindet sich auf der operativen Ebene. Für die Entwicklung eines Messinstruments ist es nicht geeignet und wird daher nicht weiter verfolgt. Im Zentrum des Bezugsrahmens nach Hills und Hultman (vgl. 2006, S. 222 f.) und Hultman und Hills (vgl. 2006, S. 1–26) stehen das Verhalten im Marketing und die Marketingpraktiken. Daher wird der Bezugsrahmen nach Hills und Hulman bzw. Hultman und Hils sowohl auf strategischer als auch auf operativer Ebene angesiedelt und in der vorliegenden Arbeit nicht weiterverfolgt. Obwohl sich der Bezugsrahmen nach Bjerke und Hultman (vgl. 2002, S. 187) mit den Bereichen Schaffung von Mehrwert für KundInnen, Nutzung von Ressourcen durch Netzwerke, Erkennung und Nutzung von Marktchancen und Sicherung von nachhaltigen Wettbewerbsvorteilen beschäftigt, werden diese Bereiche auf einer allgemeinen Ebene dargestellt und durch vier Säulen beschrieben. Differenzen im Vergleich zum Bezugsrahmen nach Morris et al. (vgl. 2002, S. 5) ergeben sich daher hinsichtlich des Detaillierungsgrades und der Bezeichnungen (Säulen vs. Dimensionen). Weiters ist der Bezugsrahmen nach Bjerke und Hultman (vgl. 2002, S. 187) für diese Arbeit nicht geeignet, da die Autoren den ersten Literaturstrang verfolgen. Vergleicht man nun abschließend den „EMICO framework" von Jones und Rowley (vgl. 2009a, S. 8 f., 13; 2011, S. 30 f.) mit dem Bezugsrahmen von Morris et al. (vgl. 2002, S. 5–8), dann ist ersichtlich, dass sich beide Bezugsrahmen mit Dimensionen beschäftigen und einen hohen Detaillierungsgrad aufweisen. Weiters zeigen sich beim Vergleich dieser zwei Bezugsrahmen Similaritäten im Hinblick auf Risiko, Proaktivität, Netzwerke/Beziehungen, Schaffung von KundInnennutzen, proaktive Suche nach Märkten, KundInnen in eine neue Richtung führen, informelle Generierung von Marktwissen und Innovationen. Wesentliche Unterschiede ergeben sich bei den Dimensionen Forschung und Entwicklung, Reaktion auf Konkurrenten und Schaffung einer formalisierten IT-basierten Wissensinfrastruktur. Auf diese speziellen Dimensionen wurde bereits bei der genauen Darstellung des „EMICO framework" eingegangen und festgestellt, dass diese Dimensionen eng mit der Softwarebranche verknüpft sind. Da Software-technologische KMU nicht im Fokus dieser Arbeit stehen und eine Umlegung dieser Dimensionen auf produzierende Betriebe fragwürdig ist, kann der „EMICO framework" nicht weiter berücksichtigt werden. Als Basis für die weitere Entwicklung des Messinstruments wird der Bezugsrahmen nach Morris et al. (vgl. 2002, S. 5) verwendet. Grund für die Auswahl dieses Bezugsrahmens ist der detaillierte Darstellungsgrad der einzelnen Dimensionen und die scheinbar universelle Anwendbarkeit des Bezugsrahmens auf produzierende

Tab. 2.2 Ausgewählte Bezugsrahmen. (Quelle: Eigene Darstellung)

	Bjerke und Hultman (2002)	Morris et al. (2002)	Buskirk und Lavik (2004)	Jones und Rowley (2009a, 2011)	Hultman (2011), Hills et al. (2010), Kilenthong et al. (2010), Hultman und Hills (2006), Hills und Hultman (2006)
	4 Säulen	7 Dimensionen	10 Elemente	15 Dimensionen	6 Dimensionen
Strategische Ebene	Entrepreneurship/Resources/Actors/Processes	Opportunity-focus/Proactiveness/Innovativeness/Risk-taking/Customer-intensity/Value-creation/Resource leveraging	X	Research and development/Speed to market/Risk taking/Proactiveness/Proactively exploiting markets/Market intelligence generation/Responsiveness toward competitors/Integration of business processes/Networks and relationships/Knowledge infrastructure/Propensity to innovate/Responsiveness toward customers Communication/Customer value/Promotion and sales	Value creation through relationship and alliance/Two-way contacts with customers/Growth-orientation/
Operative Ebene	X	X	PR/Marktchancen/Strategie/Finanzierung/Branding/Viral Marketing/CRM/Distribution/Neue Produkte/Kundenzentriertheit	X	Opportunity-orientation/Informal marketing/Market immersion

Quelle: vgl. Bjerke und Hultman 2002, S. 186–207; Morris et al. 2002, S. 5–8; Buskirk und Lavik 2004, S. xxi–xxiv; Jones und Rowley 2009a, S. 20 f.; 2011,S. 31; 2012, S. 494 f.; Hultman und Hills 2006, S. 222 f.; Hills und Hultman 2006, S. 1–26; Hultman 2011, S. 39; Schmid und Rößl 2013, S. 103

KMU in Österreich. In Abschn. 4.4 wird näher auf die Entwicklung des Messinstruments eingegangen.

2.3   Entrepreneurial Marketing und KMU

In Österreich sind Klein- und Mittelunternehmen (KMU) ein wesentlicher Bestandteil der Wirtschaft und werden als Motor für Wachstum, Beschäftigung und Innovation angesehen (vgl. Mitterlehner et al. 2011, S. 13 f.). Folglich beeinflussen diese Unternehmen die österreichische Wirtschaftsstruktur wesentlich (vgl. Wirtschaftskammer Österreich 2013c, online). KMU spielen nicht nur für die Wirtschaft, sondern auch in dieser Arbeit eine zentrale Rolle. Aus diesem Grund wird dem Begriff KMU in der vorliegenden Arbeit Rechnung getragen. Um ein einheitliches Begriffsverständnis zu schaffen, wird zunächst der Begriff KMU definiert. Anschließend wird die österreichische Unternehmenslandschaft beleuchtet. Dabei wird im Detail auf die Anzahl der österreichischen KMU und die Branchenverteilung eingegangen. Abschließend werden die Bedürfnisse von KMU im Bereich Marketing analysiert und mit EM verknüpft.

2.3.1   Definition von KMU

Eine einheitliche Verwendung des Begriffs KMU ist weder weltweit noch innerhalb der Europäischen Union gegeben (vgl. Fueglistaller et al. 2008, S. 25). Am 1.1.2005 trat eine Empfehlung der Europäischen Kommission für die Abgrenzung von KMU in Kraft (vgl. EU-Kommission, ABl. L 124/36 2003). Diese wird seitdem von zahlreichen europäischen Ländern verwendet und vor allem bei Förder- oder Subventionsanträgen genutzt (vgl. Fueglistaller et al. 2008, S. 26). Demnach spricht man von einem KMU, wenn folgende Kriterien erfüllt sind:

> „[…] weniger als 250 Personen und […] ein[en] Jahresumsatz von höchstens 50 Mio. EUR
> […] oder deren Jahresbilanzsumme sich auf höchstens 43 Mio. EUR beläuft." (EU-Kommission, ABl. L 124/39 2003: Art. 2 [1])
>   „[…] nicht zu 25 % oder mehr im Besitz eines Unternehmens oder im gemeinsamen Besitz von miteinander bzw. über natürliche Personen oder eine Gruppe natürlicher Personen verbundenen Unternehmen befindet." (EU-Kommission, ABl. L 124/40 2003: Art. 3 [5])

Weiters kann innerhalb der Kategorie der KMU noch eine Untergliederung in Kleinst- und Kleinunternehmen vorgenommen werden. Dies erfolgt anhand von folgenden Kriterien:

> „[…] ein kleines Unternehmen [wird] als ein Unternehmen definiert, das weniger als 50
> Personen beschäftigt und dessen Jahresumsatz bzw. Jahresbilanz 10 Mio. EUR nicht übersteigt." (Europäische Kommission, ABl. L 124/39 2003: Art. 2 [2])

„[…] ein Kleinstunternehmen [wird] als ein Unternehmen definiert, das weniger als 10 Personen beschäftigt und dessen Jahresumsatz bzw. Jahresbilanz 2 Mio. EUR nicht überschreitet." (Europäische Kommission, ABl. L 124/39 2003: Art. 2 [3])

Um Kleinst-, Klein-, Mittel- und Großunternehmen abzugrenzen, wurden nicht nur quantitative, sondern auch qualitative Abgrenzungskriterien in Form von Merkmalskatalogen entwickelt, die die Rolle des Unternehmers, eine geringe Formalisierung oder auch die hohe Flexibilität von Organisationen aufzeigen (vgl. D'Amboise und Muldowney 1986, S. 14–18; Pfohl 1997, S. 19–22). Rößl (vgl. 2005, S. 144) betont in diesem Zusammenhang, dass manche dieser Kriterien auf alle Unternehmen zutreffen, unabhängig von Größe oder Umsatzhöhe. Eine trennscharfe Anwendung der qualitativen Abgrenzungskriterien ist nicht möglich und wird deshalb nicht weiterverfolgt. In der vorliegenden Arbeit wird dem Begriffsverständnis der Europäischen Kommission (vgl. ABl. L 124/36 2003) gefolgt.

2.3.2 Unternehmenslandschaft

KMU sind für die europäische Wirtschaft von zentraler Bedeutung, da diese circa 99 % aller Unternehmen darstellen (vgl. KMU Forschung 2011, online; Mitterlehner et al. 2011, S. 13 f.). Die Unternehmenslandschaft in Österreich zeigt ein identes Bild, wobei sich die Anzahl der KMU im Zeitraum von 2007 bis 2011 nur marginal veränderte. Hingegen stieg die Anzahl der Kleinstunternehmen von 2009 auf 2010 um circa 10.000 (vgl. STATcube 2013, online) und von 2010 auf 2011 um weitere circa 1.600 Unternehmen (vgl. Statistik Austria 2013b, online). Dies kann z. B. auf staatliche Förderungen bzw. fachliche Unterstützung (z. B. Gründerservice) bei Unternehmensgründungen zurückgeführt werden (vgl. Wirtschaftskammern Österreichs Gründerservice 2013, online).

Weiters ist interessant zu sehen, in welchen Branchen sich österreichische KMU befinden. Abb. 2.1 gibt die Branchenverteilung wieder und lässt erkennen, dass mehr als die Hälfte der KMU (circa 56 %) in den Branchen Handel, Herstellung von Waren und in der Bauwirtschaft tätig sind.

2.3.3 Bedürfnisse der KMU im Marketing

Versucht man KMU zu charakterisieren, werden diese oftmals als flexibel und innovativ beschrieben. Zudem wird dargelegt, dass KMU häufig personellen Restriktionen (vgl. Welsh und White 1981, S. 32) und limitierten Ressourcen (vgl. Grünhagen und Mishra 2008, S. 2) (z. B. Kapital, Zeit, Marktwissen, Knappheit an Spezialistenexpertise (vgl. Gilmore et al. 2001, S. 6)) unterliegen, eine kurzsichtige Managementperspektive aufweisen (vgl. Welsh und White 1981, S. 32), eine begrenzte Marktstärke zur Verfügung haben (vgl. Motwani et al. 1998, S. 9) und das Umfeld von Volatilität geprägt ist (vgl.

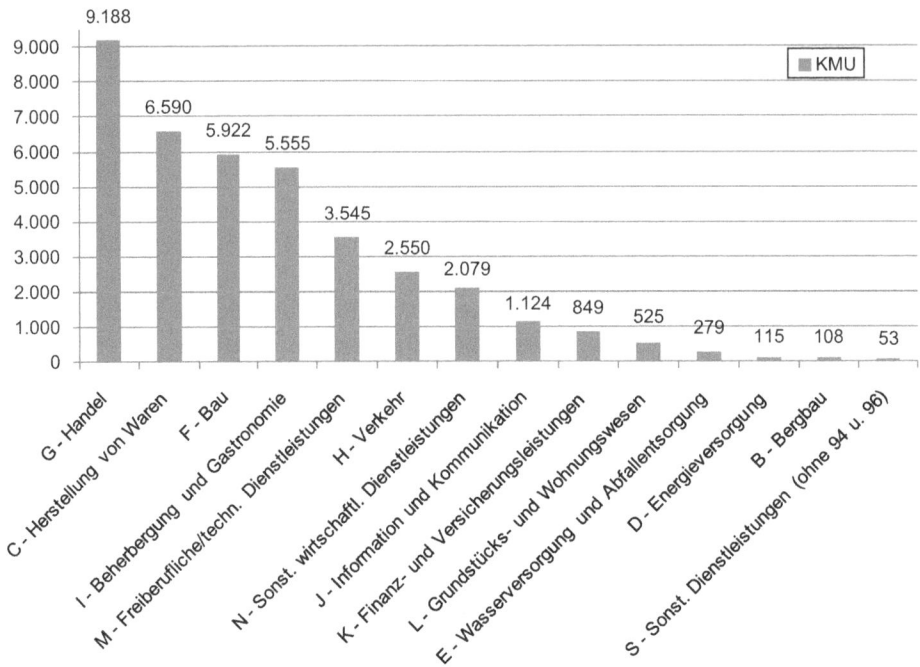

Abb. 2.1 Branchenverteilung österreichischer KMU. (Quelle: Eigene Darstellung, in Anlehnung an Statistik Austria 2013b, online)

Welsh und White 1981, S. 32). Marktstärke ist jedoch nicht mit Marktbeeinflussung gleichzusetzen, denn laut Walsh und Lipinski (vgl. 2009, S. 580) leistet die Unternehmensgröße keinen signifikanten Beitrag zur Marktbeeinflussung. Darüber hinaus wird aufgezeigt, dass Vision, Mission und die darauf aufbauenden Ziele nicht immer klar formuliert sind (vgl. Parrott et al. 2010, S. 192). Ein Vergleich von KMU mit Großunternehmen zeigt, dass häufig Unterschiede im Hinblick auf Prozesse, Eigentümerstruktur, Firmenphilosophie und limitierte liquide Mittel für z. B. Marketingtaktiken vorliegen können (vgl. Levinson 1990, S. 19). Außerdem werden Entscheidungen oftmals auf Basis von unvollkommenem Wissen getroffen, das aus Marktunsicherheiten und Umweltturbulenzen resultieren kann (vgl. Khandwalla 1972, S. 298 f.).

Beleuchtet man nun den Einsatz von Marketing in KMU, wird dieser in der Literatur als planlos, informell, unstrukturiert, chaotisch und spontan bezeichnet (vgl. Gilmore et al. 2001, S. 6; Parrott et al. 2010, S. 194). Aus diesem Grund konstatiert Fillis (vgl. 2002a, S. 136), dass traditionelle Marketingansätze nicht geeignet sind, da sie sich von den Marketinginstrumenten, die in KMU Anwendung finden, unterscheiden (vgl. Gilmore et al. 2001, S. 6; Hill 2001a, S. 175; Gilmore und Carson 1999, S. 36). KMU schenken bei der Anwendung der 4 Ps primär dem P für Promotion ihre Aufmerksamkeit. Der Einsatz der 4 Ps ist deshalb nur bedingt für das Marketing von KMU geeignet (vgl. Carson

1993, S. 190). Hill (vgl. 2001b, S. 227) weist darauf hin, dass die Vertriebskompetenzen durch die Nutzung von persönlichen Netzwerken bei KMU im Vordergrund stehen und sich daher vom klassischen P für Promotion unterscheiden. Persönliche Netzwerke können dazu beitragen, inhärente Schwächen in KMU zu überwinden (vgl. Gilmore und Carson 1999, S. 34). Ein Netzwerk im Marketing bilden jene Personengruppen, mit denen die Geschäftsführung interagiert, um Marketingbenefits zu erlangen. Dies könnten z. B. zukünftige bzw. bestehende KundInnen und Lieferanten, Wettbewerber innerhalb und außerhalb vom Heimatmarkt, Geschäftsfreunde und interne MitarbeiterInnen sein (vgl. O'Donnell 2004, S. 213). Basierend auf einer qualitativen Forschung, in der Kleinunternehmen untersucht wurden, konnte O'Donnell (vgl. 2004, S. 213) aufzeigen, dass diese nur die Netzwerke zu potenziellen bzw. bestehenden KundInnen, bestehenden Lieferanten und den internen MitarbeiterInnen intensiv und proaktiv nutzen. Die Schaffung und Aufrechterhaltung von starken KundInnenbeziehungen sind vorrangige Ziele, um Umsatz zu generieren (vgl. Reijonen 2010, S. 290 f.). Generell kann festgestellt werden, dass Netzwerke eine wichtige Ressource für KMU darstellen und im Geschäftsleben genutzt werden (vgl. Hill 2001a, S. 189, 2001b, S. 222). Aus der Literatur ist ersichtlich, dass unternehmerische respektive persönliche Netzwerke dem Relationship Marketing sehr ähnlich sind. In diesem Zusammenhang stellen Zontanos und Anderson (vgl. 2004, S. 232) fest, dass eine Ähnlichkeit der beiden Begriffe auf übergeordneter Ebene in Hinblick auf Prozesse und Inhalte besteht. Beide bilden Beziehungen, die auf Vertrauen basieren, nach außen gerichtet sind und versuchen durch die erzielten Ergebnisse Mehrwert für das Unternehmen zu generieren. Wie auch Zontanos und Anderson (vgl. 2004, S. 232) verwendet die Autorin dieser Arbeit diese Begriffe als Synonym.

Im Hinblick auf das Risiko, das oftmals bei der Umsetzung von Marketing in KMU eingegangen wird, konstatiert Hill (vgl. 2001b, S. 225), dass eine hohe Risikoneigung bei der Preisgestaltung und beim Beschaffungsprozess vorhanden ist. Außerdem neigen KMU mit einer starken unternehmerischen Orientierung häufiger dazu, neue Märkte zu erschließen oder eine Differenzierung ihrer angebotenen Produkte vorzunehmen. Sie tun dies, obwohl mit einer vermehrt komplexen Umwelt gerechnet werden muss. Hierbei kommen innovative und proaktive Marketingstrategien zum Einsatz (vgl. Knight 2000, S. 27). Darüber hinaus steht bei KMU die Idee oftmals zuerst im Vordergrund und der Markt wird anschließend dafür gefunden bzw. geschaffen (vgl. Stokes 2000b, S. 7). Gerade dabei spielt das „out of the box"-Denken, wie dies bei EM der Fall ist, nämlich das Denken außerhalb der klassischen Marketinginstrumente, eine wesentliche Rolle (vgl. Rugimbana et al. 2011, S. 101 f.; Jones und Rowley 2009b, S. 346; Fillis 2003, S. 41; Russo et al. 2008, S. 24–27).

Wie dieses Unterkapitel gezeigt hat, werden KMU unterschiedliche Charakteristika und Bedürfnisse zugesprochen. Die KMU-Literatur konnte aufzeigen, dass vor allem in Verbindung mit Marketing bzw. EM sich ein wesentliches Problem im Hinblick auf das Begriffsverständnis ergibt. Obwohl die Beiträge zu diesem Thema mit ihren Forschungsergebnissen auf Klein- und/oder Mittelunternehmen abzielen, ist kein einheitliches Begriffsverständnis vorherrschend. Unterschiede ergeben sich einerseits bei der

MitarbeiterInnenanzahl und andererseits werden KMU, gerade Kleinunternehmen, oftmals mit Gründungsunternehmen gleichgesetzt. Dies führt dazu, dass sowohl die Charakteristika als auch die Bedürfnisse von KMU im Bereich Marketing nur schwer zu fassen sind (siehe dazu die verwendeten Quellen in diesem Unterkapitel). Geht man davon aus, dass KMU ihre Kreativität, Innovativität und ihr entrepreneuriales Verhalten nutzen und somit EM anwenden, dann können neue Ideen, Innovationen und Chancen geschaffen werden, um am Markt erfolgreich agieren bzw. nachhaltige Erfolge sichern zu können (vgl. Chaston 1997, S. 815; Rugimbana et al. 2011, S. 101 f.; Jones und Rowley 2009b, S. 346).

2.4 Entrepreneurial Marketing und Unternehmenserfolg vor dem Hintergrund von wirtschaftlich krisenhaften Zeiten

Innovationsgetriebene, proaktive Strategien und ausreichend Liquidität sind wichtige Voraussetzungen, um als Unternehmen am Markt langfristig überleben zu können (vgl. Weigand und Kreutter 2006, S. 88). Nur so können wirtschaftlich krisenhafte Zeiten gemeistert (vgl. Rutsch 2011, S. 146) und Krisen vermieden bzw. Auswirkungen dieser bewältigt werden. Des Weiteren verunsichern wirtschaftlich krisenhafte Zeiten KonsumentInnen und beeinflussen deren Kaufverhalten negativ. Dies wirkt sich wiederum auf das Marketingumfeld aus. Fredebeul-Krein et al. (vgl. 2010, S. 8 f.) betonen in diesem Zusammenhang, dass es wichtig ist, ein proaktives Marketing, wie z. B. EM, zu forcieren und nicht das Marketingbudget an den Konjunkturverlauf anzupassen. Srinivasan et al. (vgl. 2005, S. 118 f.) gehen einen Schritt weiter und bestätigen den Zusammenhang zwischen proaktivem Marketing und Unternehmenserfolg. Dies ist darauf zurückzuführen, dass in Krisenzeiten die strategische Betonung von Marketing und Vertrieb wichtig ist. Es muss ein gewisses Maß an *entrepreneurial behaviour* vorherrschend sein, um das Risiko-Ertrags-Verhältnis richtig einschätzen zu können und dadurch Gewinne zu erwirtschaften. Darüber hinaus muss ein Unternehmen, um am Markt erfolgreich zu sein, über disponible Ressourcen verfügen (vgl. Srinivasan et al. 2005, S. 118 f.). All diese notwendigen Aspekte manifestieren sich bei EM. Becherer et al. (vgl. 2006, S. 29) identifizieren EM daher als ein wichtiges, strategisches Element, das Unternehmen einsetzen sollten, wenn diese langfristig eine profitable Strategie verfolgen möchten. EM kann daher bei der Krisenvermeidung bzw. Krisenbewältigung eine maßgebende Rolle spielen und als möglicher Erfolgsfaktor identifiziert werden (vgl. Salm 2002, S. 27, 59). Welche Bedeutung hat jedoch das Wort „erfolgreich" für diese Dissertation?

Die Literatur zeigt, dass der Begriff Erfolg nicht einheitlich definiert werden kann. Indikatoren wie z. B. Überlebensquote in den ersten Jahren, Umsatzsteigerungen, Wachstum, Eigenkapitalrenditen, Bilanzgewinn, Innovationskraft (Produkt- und/oder Prozessinnovationen) werden dabei angewandt (vgl. Fallgatter 2002, S. 150; Dömötör et al. 2007, S. 29). Venkatraman und Ramanujam (vgl. 1986, S. 804) unterteilen den Unternehmenserfolg in finanzielle und operative Erfolgsindikatoren, wie z. B. Marktanteile oder

Effektivität von Marketing (vgl. Rauch et al. 2009, S. 768). Murphy et al. (vgl. 1996, S. 16 f.) unterteilen Erfolg in folgende acht Dimensionen, wobei bei der Messung von Erfolg die ersten drei Dimension am häufigsten Verwendung finden: Effizienz (z. B. ROI, ROE), Wachstum (z. B. Veränderung der MitarbeiterInnenanzahl, Umsatzentwicklung), Gewinn (z. B. Bilanzgewinn, Gewinn vor Steuern), Liquidität (z. B. Cashflow, Current Ratio), Misserfolg und Erfolg (z. B. Eigenkapitalverzinsung, subjektive Einschätzungen), Marktanteil, Leverage (z. B. Verschuldungsgrad) und andere (z. B. Unabhängigkeit von Sponsoren, Fluktuationsrate). Freiling und Reckenfelderbäumer (vgl. 2010, S. 23) weisen darauf hin, dass Erfolgsmaßstäbe operationalisiert werden müssen, um den Unternehmenserfolg definieren zu können. Im Zuge dieser Forschung werden Unternehmen als erfolgreich bezeichnet, wenn im Erhebungszeitraum mögliche Auswirkungen der Wirtschaftskrise auf das Unternehmen bzw. endogen induzierte Krisen vermieden oder bereits auftretende Auswirkungen dieser bewältigt wurden. Jene Unternehmen, die eine Krise bewältigen mussten, waren demzufolge von einer Krise betroffen. Bei diesen wird zusätzlich das individuelle unternehmerische Krisenausmaß durch die Entwicklung der Erfolgsindikatoren Umsatz und Bilanzgewinn während der Wirtschaftskrise untersucht. Im Detail wird die Messung der Krisenbetroffenheit im Abschn. 4.4.3 behandelt. Dies führt zu den Fragen, was Krisen sind und wodurch diese induziert werden.

Die Finanzkrise des Jahres 2007, ausgelöst durch hohe Ausfallraten von Subprime-Krediten im US-Immobilienmarkt (vgl. Michler und Smeets 2011, S. 6; vgl. Schulmeister 2011, S. 38), wird als die schwerste Krise nach dem Zweiten Weltkrieg angesehen und brachte bzw. bringt (auch) für KMU große Herausforderungen mit sich. Der Begriff Finanzkrise kann in die Teilaspekte Finanzkrise im engeren Sinn (z. B. Kursverluste bei Aktien), realwirtschaftliche Krise (z. B. hohe Wachstumseinbußen) und Folgekrise (z. B. staatliche Verschuldungskrise), welche zumeist aufeinanderfolgend stattfinden, aufgeteilt werden. Als Indikator für Finanzkrisen im engeren Sinn kann z. B. die Aktienkursentwicklung von Banken herangezogen werden. Hingegen können sich realwirtschaftliche Krisen durch die Veränderung des Bruttoinlandsprodukts (BIP) abzeichnen. Als Indikatoren für Folgekrisen können das staatliche Budgetdefizit sowie der Schuldenstand analysiert werden (vgl. Michler und Smeets 2011, S. 5). Abb. 2.2 und 2.3 zeigen das österreichische Bruttoinlandsprodukt nominell und das öffentliche Defizit. Anhand dieser Abbildungen lassen sich Krisenauswirkungen erkennen. Auf diese wird nun im Detail eingegangen.

Das BIP ist eine der wichtigsten volkswirtschaftlichen Kennzahlen und definiert die tatsächliche Leistung eines Landes (vgl. Dill und Lieven 2009, S. 207 f.), daher wird die Entwicklung dieser Kennzahl analysiert. Laut Ebner (vgl. 2011, S. 123 f.) lag Österreich in den Jahren 2005 bis 2007, also vor dem Beginn der Finanzkrise, mit seinen Wachstumsraten über dem Durchschnitt der Eurozone (vgl. Ebner 2011, S. 123 f.). Abb. 2.2 zeigt, dass das BIP von 2008 auf 2009 um 2,3 % gesunken ist und Österreich somit 2008 hart getroffen wurde. Erst 2010 stieg das BIP bis zu jenem Wert an, der vor Eintritt der realwirtschaftlichen Krise vorhanden war. Obwohl eine vergleichsweise schwach ausfallende Erholung vorhergesagt wurde (vgl. Ebner 2011, S. 123 f.), zeigen die Zahlen

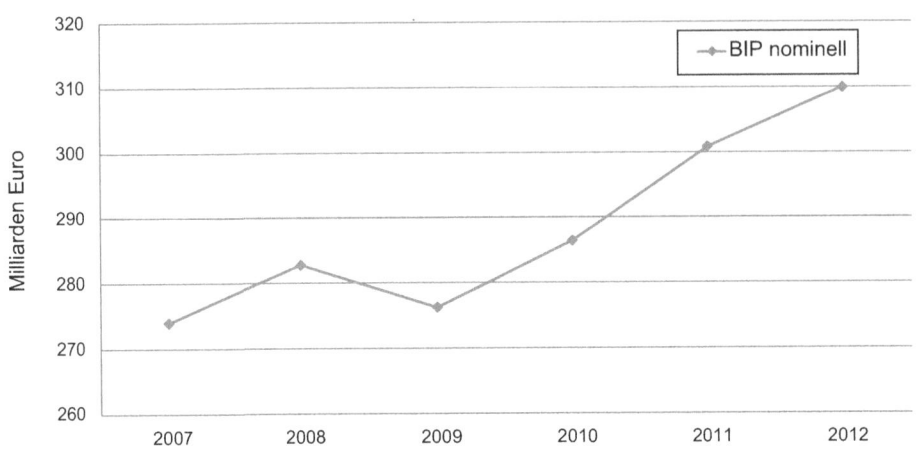

Abb. 2.2 Bruttoinlandsprodukt nominell für Österreich. (Quelle: Eigene Darstellung in Anlehnung an Statistik Austria 2013a, online)

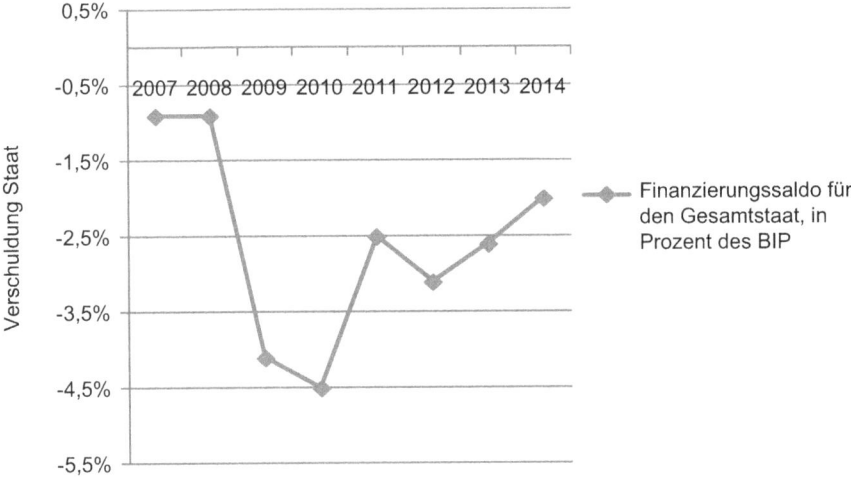

Abb. 2.3 Öffentliches Defizit in Österreich. (Quelle: Eigene Darstellung in Anlehnung an Wirtschaftskammer Österreich 2013b, S. 9, online)

der Jahre 2010 bis 2012 eine Steigerung des Wirtschaftswachstums (vgl. Statistik Austria 2013a, online). Dies kann darauf zurückgeführt werden, dass vom Privatkonsum, angekurbelt von höheren Staatsausgaben, ein positiver Wachstumsimpuls ausging (vgl. Michler und Smeets 2011, S. 14.) Es wurden z. B. staatliche Förderungen bei Altautos bzw. Fotovoltaikanlagen gewährt, um KundInnen zum Kauf zu bewegen und folglich die österreichische Wirtschaft zu beleben (vgl. Klima- und Energiefonds 2013, online).

Abb. 2.3 zeigt die Situation des Staatshaushalts von 2007 bis 2014. Obwohl der Staatshaushalt auch schon 2007 ein leichtes Defizit aufwies, kam der große staatliche Einbruch im Jahr 2008 und erreichte seinen Tiefpunkt mit −4,5 % im Jahre 2010. Im Laufe des Jahres 2011 sank die Verschuldung des Staates um 2 %, stieg allerdings 2012 erneut an. Die Prognosen für 2013/2014 deuteten eine erneute Senkung des Defizits an (vgl. Wirtschaftskammer Österreich 2013b, S. 9, online).

Dill und Lieven (vgl. 2009, S. 207) konstatieren, dass die Finanzkrise nicht nur Auswirkungen auf die Realwirtschaft hinterlässt, sondern durch den Kreislauf, der zwischen Finanz- und Realwirtschaftskrise vorhanden ist, auch Unternehmen (z. B. durch Verschlechterung der Finanzierungsbedingungen und Vermögens- bzw. Preisverfall) massiv durch die engen Kontakte zu Banken und Kreditinstituten betroffen sind. Dies resultiert daraus, dass einerseits die Innenfinanzierung aufgrund von rückläufigen Erträgen nicht mehr ausreicht, und andererseits daraus, dass die Fremdfinanzierungsmöglichkeiten durch die Effekte zwischen Finanz- und Realwirtschaftskrise sinken und dadurch Liquiditätsengpässe bzw. Unternehmenskrisen entstehen (vgl. Dill und Lieven 2009, S. 207). Abb. 2.4 und 2.5 verdeutlichen die soeben theoretisch beschriebenen Auswirkungen auf österreichische KMU. In Abb. 2.4 ist ersichtlich, dass die Anzahl an KMU in Österreich von 2008 auf 2009 marginal gesunken ist. Weiters werden die drastischen Umsatzerlöseinbrüche, die Auswirkungen auf die Ertragslage in einem Unternehmen haben, dargestellt (vgl. STATcube 2013, online).

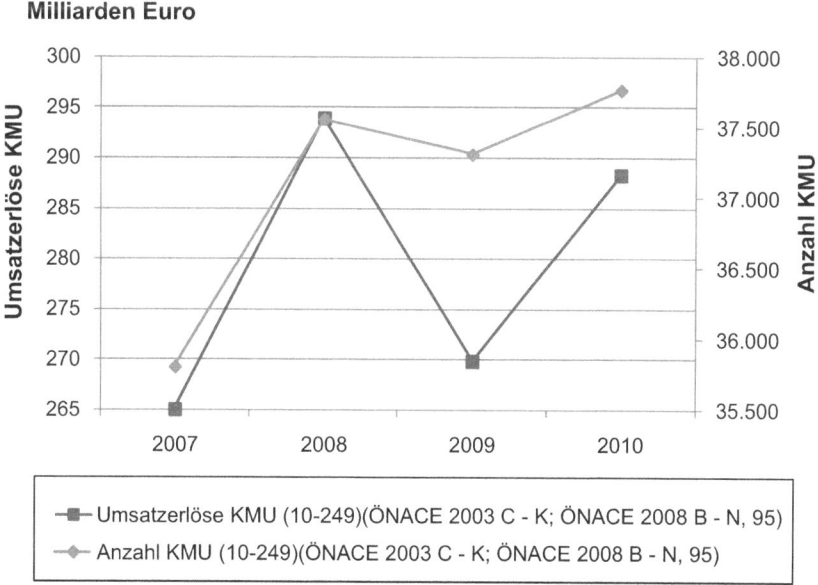

Abb. 2.4 KMU in Österreich und deren Umsatzerlöse. (Quelle: Eigene Darstellung in Anlehnung an STATcube 2013, online)

Tausend

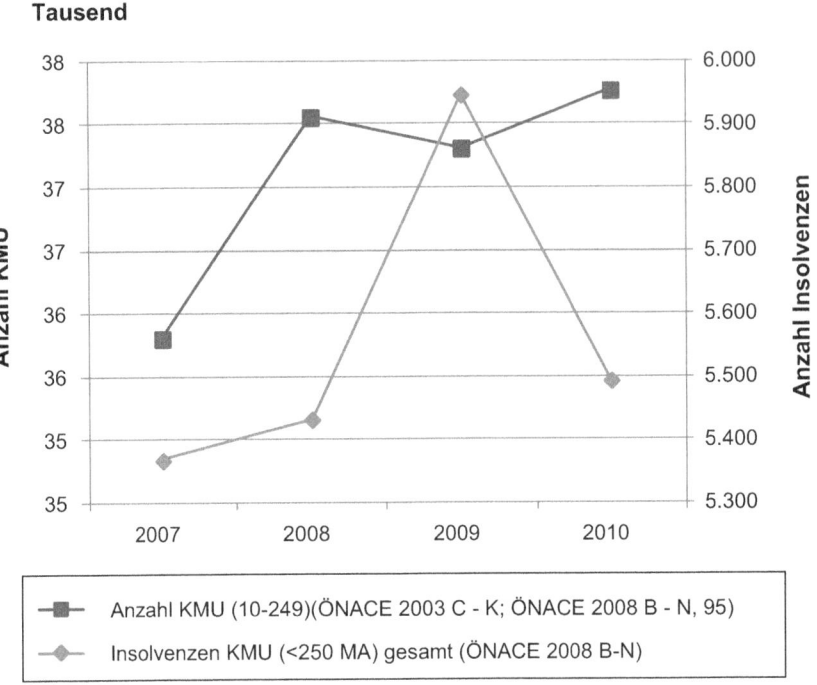

Abb. 2.5 Anzahl der Insolvenzen in der marktorientierten* Wirtschaft bei KMU (*Die markto-rientierte Wirtschaft beinhaltet alle Unternehmen, die in der ÖNACE Gliederung 2008 B-N ent-halten sind [vgl. KMU Forschung 2011, online].). (Quelle: Eigene Darstellung in Anlehnung an STATcube 2013, online; vgl. Bundesministerium für Wirtschaft, Familie und Jugend 2012, S. 17, online; vgl. Bundesministerium für Wirtschaft, Familie und Jugend 2010, S. 10 ff., online)

Abb. 2.5 zeigt, dass die Anzahl an Insolvenzen von 2008 auf 2009 besonders gestie-gen ist. Dies lässt auf Liquiditätsengpässe in diesem Zeitraum schließen (vgl. STATcube 2013, online; Bundesministerium für Wirtschaft, Familie und Jugend 2012, S. 17, online; Bundesministerium für Wirtschaft, Familie und Jugend 2010, S. 10 ff., online).

Die Unternehmenskrise wird als eine außerordentliche Situation angesehen und stellt eine Bedrohung für das Unternehmen dar. Dieser Umstand übt Entscheidungs- und Handlungsdruck aus und beeinflusst in weiterer Folge Unternehmensziele (vgl. Kropf-berger und Mödritscher 2007, S. 253; Kropfberger 1986, S. 43; Müller 1986, S. 15). Der Ursprung von Unternehmenskrisen muss nicht zwingend im Einflussbereich des betrof-fenen Unternehmens, also bei der Unternehmensführung, liegen. Krisen können intern, in der Person des Unternehmers (z. B. Unerfahrenheit, Spekulation, Führungsmängel) bzw. in der Institution (z. B. Strategie, Beziehung zu den ArbeitnehmerInnen, Informationsman-gel, operative Krisenursachen im Bereich Absatz, Produktion, Logistik), oder extern (z. B. strukturelle oder konjunkturelle Fehlentwicklungen in der Gesamtwirtschaft, Wegfall von Eigenkapital- bzw. Fremdkapitalgebern) induziert werden (vgl. Krystek 2006, S. 45; vgl. Hauschildt 2006, S. 32). Wesentlich sind dabei die Anpassungsleistungen der Unterneh-mensführung an externe Gegebenheiten, wobei diese oftmals unzureichend durchgeführt werden (vgl. Hauschildt 2006, S. 31). In der Literatur werden unterschiedliche Ansätze verwendet, um die Phasen von Unternehmenskrisen darzustellen (vgl. Krystek 1987, S. 21–28.) Auf diese wird nun näher eingegangen:

- Das Zwei-Phasen-Modell nach Röthig (vgl. 1976, S. 13 f.):
  In diesem Modell wird zwischen latenten und akuten Krisen in einem autonomen Krisenprozess unterschieden. Der Inhalt dieser Phasen ist durch das Verhältnis zwischen Problembewältigungsanforderungen und Problembewältigungspotenzialen gekennzeichnet.
- Das Drei-Phasen-Modell nach Rödl (vgl. 1979, S. 46 f.):
  Gegliedert wird das Modell in die Phasen Funktionsschwäche, Funktionsstörung und Funktionsunfähigkeit, wobei der Fokus immer auf die Krisenintensität gerichtet ist. Unter diesem Begriff versteht man die Entwicklung vom ersten Auftreten einer Schwäche bis zum Untergang eines Unternehmens. Von Funktionsschwächen bzw. einer latenten Krise spricht man, wenn Schwachstellen in verschiedenen Teilbereichen (z. B. Marketing, Produktion) auftreten. Eine Funktionsstörung liegt vor, wenn sich eine subakute Krise als Folge einer latenten Krise entwickelt. Die letzte Phase wird als Funktionsunfähigkeit bezeichnet, da eine akute Krise vorherrschend ist. Ab diesem Zeitpunkt können nur noch sofortige Sanierungsmaßnahmen helfen.
- Das Vier-Phasen-Modell nach Müller (vgl. 1982, S. 25–28):
  In diesem Modell wird zwischen strategischer Krise, Erfolgskrise und Liquiditätskrise unterschieden, wobei die bedrohten Unternehmensziele hier im Fokus stehen. In einer strategischen Krise werden der Aufbau und/oder die Verfügbarkeit von Erfolgspotenzialen bedroht und es entstehen strategische Lücken. Diese manifestieren sich z. B. durch den Ausbau von Produktionskapazitäten, die mit einer Marktschrumpfung in den folgenden Jahren konfrontiert sind. Erreicht ein Unternehmen seine gesetzten Gewinn-, Rentabilitäts- oder Umsatzziele nicht, z. B. durch unzweckmäßige Absatzpolitik oder größere Fehlinvestitionen, spricht man von einer Erfolgskrise. Liegt eine ernsthafte Gefahr der Illiquidität eines Unternehmens vor, kann von einer Liquiditätskrise ausgegangen werden. Wurde das überlebensnotwendige Liquiditätsziel verletzt, d. h., ein Unternehmen ist illiquide, tritt ein Sonderfall von Krise, nämlich Konkurs oder Vergleich, ein. Möchte man die soeben genannten Krisenklassifizierungen einer Zeitspanne zuordnen, kann man von lang-, mittel- und kurzfristigen Zeiträumen sprechen. Voraussetzung ist jedoch nicht, dass die Krisen in der soeben genannten Reihenfolge auftreten. Denkbar ist es, dass ein Unternehmen durch Veränderungen in der Umwelt in eine Liquiditätskrise gelangt (z. B. Beschaffungsengpass bei Vorprodukten), obwohl keine strategische Krise vorliegt. Folglich können Unternehmenskrisen einzeln oder kombiniert auftreten.
- Das Vier-Phasen-Modell nach Krystek (vgl. 2006, S. 49 f., vgl. 1987, S. 29–32):
  Das Modell gliedert sich in die vier Phasen potenzielle, latente, akut/beherrschbare und akut/nichtbeherrschbare Unternehmenskrise. In der ersten Phase sind mögliche Krisensymptome noch nicht wahrnehmbar. Es handelt sich um einen Quasi-Normalzustand. Die latente Unternehmenskrise ist nur durch Methoden zur Früherkennung

von Krisen wahrnehmbar. Erst in der dritten Phase können Unternehmenskrisen wahrgenommen werden, da Zeitdruck und Entscheidungszwang in den Unternehmen spürbar wird. Befindet sich ein Unternehmen in dieser Phase, steigen die Krisenbewältigungsanforderungen, da unter Zeitdruck wirksame Problemlösungen gefunden werden müssen. Dieser Prozess bindet die Ressourcen und Kräfte eines Unternehmens, jedoch kann in diesem Stadium eine akute Krise noch beherrscht werden. Hingegen tritt in akut/nicht beherrschbaren Unternehmenskrisen eine manifeste Nichterreichung von überlebensnotwendigen Unternehmenszielen ein. Dies kann zu einer unternehmensbedrohenden Situation führen.

Vergleicht man die unterschiedlichen Modelle, erkennt man, dass sowohl das Zwei-Phasen-Modell nach Röthig (vgl. 1976, S. 13 f.) als auch das Drei-Phasen-Modell nach Rödl (vgl. 1979, S. 46 f.) in den Modellen nach Müller (vgl. 1982, S. 25–28) und Krystek (vgl. 2006, S. 49 f.) enthalten sind. Auch andere AutorInnen beschäftigen sich mit den Phasen von Unternehmenskrisen, jedoch sind diese Phasen ident bzw. wurden sie in Anlehnung an die Modelle von Krystek oder Müller entwickelt (z. B. vgl. Assfalg 2006, S. 13; Zöller 2006, S. 22; Moldenhauer 2004, S. 13).

Legt man nun in einem weiteren Schritt die Modelle nach Müller (vgl. 1982, S. 25–28) und Krystek (vgl. 2006, S. 49 f.) übereinander, zeigt sich, dass, obwohl die dargestellten Phasen je nach Autor unterschiedliche Bezeichnungen tragen, sie aufgrund des Inhalts gleichgesetzt bzw. überlappend dargestellt werden können. Dies zeichnet sich wie folgt ab:

Strategische Krise = potenzielle Krise, strategische Krise und Erfolgskrise = latente Krise, Erfolgskrise und Liquiditätskrise = akut/beherrschbare Krise, Liquiditätskrise und Insolvenz/Vergleich = akut/nicht beherrschbare Krise (Krystek 2006, S. 51).

Um Unternehmenskrisen entgegnen zu können, sollten Unternehmen im Vorhinein versuchen, Krisen zu vermeiden, damit keine akuten Krisenstadien erreichen werden. Wesentlich dafür ist u. a. ein vorausschauendes strategisches und operatives Management, das sich durch geeignete Maßnahmen (vgl. Krystek 1987, S. 147–150, 169 f.; Krystek 2002, S. 100–110) (z. B. Kennzahlensysteme, Planungshochrechnungen, Umweltanalysen, Suche nach strategischen Handlungsmöglichkeiten, Notfallplanung bei Insolvenzen der wichtigsten KundInnen/Lieferanten/Kapitalgeber, Ausfall von Führungskräften, Suche nach Früherkennungsinformationen z. B. die Verbreitung von neuartigen Meinungen und Ideen in Medien) und durch Frühaufklärungssysteme[3] auszeichnet.

---

[3]Der Begriff Frühaufklärungssysteme umfasst drei Teilaspekte: 1. Frühwarnsystem: Latente Bedrohungen werden aufgezeigt; 2. Früherkennungssystem: Zusätzlich zum Aufzeigen von latenten Bedrohungen werden Chancen dargestellt und operative Maßnahmen für aktuelle Herausforderungen abgeleitet; 3. Frühaufklärungssystem: Potenzielle Chancen und Risiken werden rechtzeitig signalisiert und operative bzw. strategische Aktionsprogramme initiiert (vgl. Fink und Deimel 2006: 219).

Gegenmaßnahmen können somit eingeleitet werden, bevor eine Krise auftritt (vgl. Müller 1986, S. 15; Krystek 1987, S. 121 f.). Unternehmenskrisen beginnen oftmals am Markt, deshalb ist es wesentlich, den Markt zu analysieren und das Produktprogramm auf die KundInnen abzustimmen (vgl. Salm 2002, S. 59). Werden die Erwartungen vom Markt nicht erfüllt, ist es wichtig, neue Wege im Marketing zu gehen, um Krisen zu vermeiden bzw. Auswirkungen dieser zu bewältigen (vgl. Salm 2002, S. 61). EM kann somit eingesetzt werden, um durch proaktive und innovative Ansätze, die mit einer strategischen Grundhaltung im Unternehmen einhergehen, Chancen am Markt zu schaffen und somit KundInnennutzen herzustellen (vgl. Stokes 2000b, S. 2; Morris et al. 2002, S. 5). Gelingt dies einem Unternehmen nicht, müssen Krisen durch sofortige Gegenmaßnahmen zur Sicherung der Unternehmensexistenz bewältigt werden (vgl. Müller 1986, S. 15). Zusätzlich muss für eine schnelle Zuführung von liquiden Mitteln gesorgt werden. Dies kann z. B. durch die Erhöhung des Umsatzes, in Form einer Positionsstärkung am Markt erfolgen (vgl. Klein 2006, S. 155).

Unter dem Begriff Krisenbewältigung versteht man alle Reaktionen auf manifeste Krisenerscheinungen (vgl. Krystek 1987, S. 213). Wichtig ist, dass unterschiedliche Ansätze zur Krisenbewältigung vorherrschend sind. Akut/beherrschbare Krisen können durch Sanierungsstrategien und deren Maßnahmen, wie z. B. Kooperationen mit Marktpartnern, Einführung neuer Produkte, Erschließung neuer Geschäftsfelder, Personalabbau, Ausbau der Marktanteile, Kurzarbeit, Durchführung von Werbe-/Sonderaktionen und Intensivierung der Öffentlichkeitsarbeit, bewältigt werden. Akut/nicht beherrschbare Krisen können nur noch durch freiwillige Liquidation bzw. zwangsweise Liquidation (Insolvenz) bewältigt werden (vgl. Krystek 2002, S. 116–125).

Wichtig im Zusammenhang mit Krisen ist eine strategische, offensive Grundhaltung im Unternehmen, wie dies bei EM der Fall ist, denn diese stellt den Handlungsspielraum für die geplanten Maßnahmen dar (vgl. Moldenhauer 2004, S. 66; Krystek und Moldenhauer 2007, S. 150). Unternehmen können z. B. durch Diversifikationsstrategien in Wachstumsmärkte umsteigen oder neue strategische Geschäftsfelder forcieren bzw. Produktprogrammerweiterungen durchführen (vgl. Müller 1986, S. 92–99). Weigand und Kreutter (vgl. 2006, S. 76) weisen diesbezüglich auf die Umwelt eines Unternehmens, nämlich die dynamischen Märkte und deren Wettbewerber, hin (vgl. Moldenhauer 2004, S. 35, 44 f.). Im Gegensatz zu früher ist die Marktstruktur nicht mehr ein von außen wirkender und im Zeitablauf stabiler Faktor, der sich an die MarktteilnehmerInnen anpasst, sondern ist von Dynamik geprägt und stellt somit Unternehmen vor Herausforderungen (vgl. Weigand und Kreutter 2006, S. 76). Hinter dem Begriff Dynamik *(dynamism)* verbirgt sich eine Unsicherheit, ausgelöst durch unvorhersehbare Tätigkeiten der KundInnen und Wettbewerber und durch Veränderungen von marktbasierten Trends. Die Dimension *dynamism* stellt nach Miller (vgl. 1987a, S. 62) eine der drei Dimensionen dar, die den Begriff Umwelt charakterisieren. Die anderen zwei Dimensionen nach Miller (vgl. 1987a, S. 62) werden als *hostility* (Feindlichkeit) und *heterogeneity* (Heterogenität) bezeichnet. Hinter der Dimension *hostility* verbirgt sich der Grad der Bedrohung durch die Wettbewerber, ausgelöst z. B. von Produkt-, Preis- und Technologieentscheidungen der Wettbewerber oder durch regulatorische Beschränkungen. Je nachdem, wie vielfältig und stark die Konkurrenz am Markt agiert, desto mehr oder weniger ist die Umwelt mit Unsicherheit behaftet (vgl. Miller 1987a, S. 62). Um heterogene Marktsegmente bedienen zu können, rücken bei der Dimension *heterogeneity* unterschiedliche Marketing- und Produktionsmethoden in den Vordergrund. Da bei dieser Dimension versucht wird, auf unterschiedliche Marktsegmente Rücksicht zu nehmen, kann folglich Unsicherheit reduziert werden (vgl. Miller 1987b, S. 688; Khandwalla 1972, S. 304). Nicht nur Krisenzeiten erfordern eine offensive, innovative, proaktive Grundhaltung, die mit aggressiven Marketingansätzen vorgeht (vgl. Müller 1986, S. 119), wie dies bei EM der Fall ist, sondern auch eine Umwelt, die durch Turbulenzen und Unsicherheit geprägt ist.

Herleitung der Hypothesen und Darstellung im Analysemodell

In den vorangegangenen Kapiteln wurde der theoretische Grundstein für diese Dissertation gelegt. Nun findet in diesem Kapitel, ausgehend von EM, eine Verknüpfung der theoretischen Elemente statt. Dabei werden Zusammenhänge aufgezeigt, die die Ausgangsbasis für die Herleitung der Hypothesen darstellen. Im empirischen Teil dieser Arbeit werden anschließend die Hypothesen geprüft.

Im theoretischen Teil dieser Arbeit wurde aufgezeigt, dass EM an der Entrepreneurship/Marketing-Schnittstelle angesiedelt ist. Als wesentliche Schnittpunkte dieser zwei Disziplinen konnten die Ideen, Innovationen (vgl. Gardner 1994, S. 49), Einzigartigkeit und die Nutzung von passenden Chancen identifiziert werden (vgl. Hills und LaForge 1992, S. 35). Während ein wesentliches Ziel von Entrepreneurship die Maximierung von Langzeiteffektivität in einer mehr oder weniger stabilen Umwelt ist, ist das Ziel von Marketing die Maximierung der Effizienz eines Unternehmens. Dies erfolgt mittels Neudefinierung von Firmenstrukturen und der Interaktion zwischen Unternehmen und ihrer Umwelt. Dabei wird von einer dynamischen Umwelt ausgegangen (vgl. Murray 1981, S. 93). Eine Verbindung zwischen diesen zwei Disziplinen wird durch die Interaktion mit der Umwelt, den Umgang mit Risiken und die Komplexität von menschlichem Verhalten geschaffen (vgl. Hills und LaForge 1992, S. 33). Während Jones (vgl. 2010, S. 144) konstatiert, dass sich beide Disziplinen gegenseitig untermauern und folglich davon profitieren können, gehen Kraus et al. (vgl. 2012, S. 7) und Eggers et al. (vgl. 2009, S. 189) einen Schritt weiter und sehen in der Überlappung dieser zwei Forschungsbereiche die Entwicklung einer neuen Denkrichtung, nämlich EM.

Wirtschaftliche Krisenzeiten werden mit einer besonders dynamischen Umwelt und hohen Marktunsicherheiten in Verbindung gebracht. Vor allem die in den Jahren 2007/2008 beginnende Finanz- und Wirtschaftskrise brachte große Herausforderungen für österreichische Unternehmen mit sich (vgl. Michler und Smeets 2011, S. 6; Schulmeister 2011, S. 38). EM, das in der Entrepreneurshipforschung maßgeblich an Bedeutung gewinnt

© Springer Fachmedien Wiesbaden GmbH 2017
J. Schmid, *Entrepreneurial Marketing,* Forschung und Praxis an der FHWien der WKW,
DOI 10.1007/978-3-658-15172-0_3

(vgl. Harms und Grichnik 2007, S. 272), geht auch ungeachtet dessen, ob Krisenzeiten vorherrschend sind oder nicht, von einer dynamischen Umwelt und daraus resultierenden Marktunsicherheiten aus (vgl. Mauer und Grichnik 2011, S. 60 f.). Unternehmensentscheidungen müssen daher häufig auf Basis von unvollkommenem Wissen getroffen werden (vgl. Khandwalla 1972, S. 298 f.). In dynamischen Zeiten ist die Schaffung von langfristigen Wettbewerbsvorteilen von besonderer Bedeutung (vgl. Krystek und Moldenhauer 2007, S. 150 f.). Dies kann durch die Schaffung respektive Nutzung von bestehenden und potenziellen Ressourcen (z. B. Fähigkeiten, Know-how, Netzwerke, Kompetenzen) gelingen (vgl. Sarasvathy 2001, S. 252). Der *resource-based view* (RBV) kann daher als maßgebend angesehen werden (vgl. Teece et al. 1997, S. 524; Eisenhardt und Martin 2000, S. 1118, 1106 f.; Makadok 2001, S. 389). Im RBV werden strategisch wertvolle, einzigartige, nicht imitierbare Ressourcen im Unternehmen geschaffen, wodurch Wettbewerbsvorteile generiert und langfristige Erfolge erzielt werden können (vgl. Barney 1991, S. 116; Eisenhardt und Martin 2000, S. 1107 f., 1117; Freiling 2008, S. 42; Lombriser und Abplanalp 2005, S. 142–145).

Bei EM stehen nicht nur die Beobachtung des Marktes und das Reagieren auf manifeste KundInnenwünsche im Mittelpunkt, sondern auch das frühzeitige Erkennen von latenten KundInnenwünschen. Dabei soll durch aktionsorientiertes (vgl. Mauer und Grichnik 2011, S. 61), innovationsorientiertes, ideengetriebenes, proaktives Verhalten und Handeln ein Verhaltenswandel bei den KundInnen und Wettbewerbern erzielt werden (vgl. Kraus et al. 2008, S. 95 f.; Chaston 2000b, S. 6; Morris et al. 2002, S. 5; Morrish et al. 2010, S. 304; Rößl et al. 2007, S. 590). Erwartungen und Bedürfnisse werden bei den KundInnen geschaffen (vgl. Fillis und Rentschler 2005, S. 278, 283; Fillis 2002b, S. 140), diese somit in eine neue Richtung gelenkt und sowohl KundInnen als auch Wettbewerber aktiv beeinflusst (vgl. Gaddefors und Anderson 2008, S. 33; Schindehutte et al. 2000, S. 21, 2009, S. 30; Stokes 2000b, S. 13). Wie im theoretischen Teil dieser Arbeit erörtert (siehe z. B. Abschn. 2.2.2), kann EM aufgrund seiner langfristigen, unternehmerischen, strategischen Grundhaltung als einzigartige Ressource angesehen werden (vgl. Chandler 1990, S. 13; vgl. Miller und Friesen 1978, S. 931). Diese müsste daher, wie in der Literatur unterstellt, nicht nur eine positive Wirkung auf den Unternehmenserfolg mit sich bringen, sondern auch außerhalb von wirtschaftlichen Krisenzeiten den wirtschaftlichen Zustand eines Unternehmens positiv beeinflussen.

Diese Überlegungen führen zu folgender Hypothese:

▶ H1: Je höher die Ausprägung von EM im Unternehmen ist, desto besser ist der wirtschaftliche Zustand des Unternehmens vor der Wirtschaftskrise.

Krisen können nach Krystek (vgl. 2006, S. 45) und Hauschildt (vgl. 2006, S. 32) intern und extern induziert werden. Intern induzierte Krisen werden durch den/die UnternehmerIn oder die Institution ausgelöst. Darunter können z. B. Führungsmängel, schlechte Beziehungen zu den ArbeitnehmerInnen oder vorliegende Informationsmängel verstanden werden. Extern induzierte Krisen können z. B. aus dem Wegfall von Eigen- bzw.

Fremdkapitalgebern oder aus operativen Problemen im Hinblick auf Absatz/Produktion/Logistik resultieren (vgl. Krystek 1987, S. 147–150, 169 f., 2002, S. 100–110; Fink und Deimel 2006, S. 219). Werden Gewinn-, Rentabilitäts- oder Umsatzziele nicht erreicht, z. B. aufgrund einer unzweckmäßigen Absatzpolitik oder größeren Fehlinvestitionen, oder sind Liquiditätsengpässe im Unternehmen vorhanden, kann von einer Krise gesprochen werden (vgl. Müller 1982, S. 25–28; Dill und Lieven 2009, S. 207). Um Krisenursachen identifizieren zu können, wird es in der Literatur als sinnvoll angesehen, die betriebswirtschaftlichen Bereiche eines Unternehmens zu betrachten. Dabei werden das Management respektive die Führungsstruktur, die Unternehmensorganisation, der Personalbereich, die Finanzierungsmöglichkeiten, das Rechnungswesen, die Beschaffungswege, die Produktion und die Absatzwege analysiert (vgl. Krystek 1987, S. 240; Hauschildt 2006, S. 32). Diese Bereiche geben nicht nur Auskunft über Krisenursachen, sondern stellen vor allem den wirtschaftlichen Zustand eines Unternehmens dar. In diesen Bereichen spiegelt sich somit der wirtschaftliche Zustand eines Unternehmens wider. Agieren Unternehmen in diesen Bereichen erfolgreich, kann vermutet werden, dass mögliche Krisen vorzeitig erkannt, entsprechende Handlungen gesetzt und somit Krisen vermieden werden können. Dies soll durch folgende Hypothese geprüft werden:

▶   H2: Je besser der wirtschaftliche Zustand eines Unternehmens vor der Wirtschaftskrise ist, desto eher können Unternehmen Krisen[1] vermeiden.

Die Literatur hat außerdem gezeigt, dass es gerade in den Anfangsphasen einer Krise schwierig ist, diese zu identifizieren, denn es handelt sich zumeist um einen Quasi-Normalzustand. Erst in der Phase einer latenten Unternehmenskrise können Krisen durch geeignete Methoden zur Früherkennung wahrgenommen werden. Folglich ist es für Unternehmen wesentlich, Krisen vorab durch ein vorausschauendes strategisches und operatives Management (z. B. Umweltanalysen, Suche nach strategischen Handlungsmöglichkeiten) zu vermeiden und daher keine akuten Krisenstadien zu erreichen (vgl. Krystek 2006, S. 49 f., 1987, S. 29–32). Dies ist oftmals schwierig, da vor allem in Krisenzeiten eine dynamische Umwelt, geprägt durch dynamische Märkte und deren Wettbewerber, vorherrschend ist (vgl. Weigand und Kreutter 2006, S. 76; Moldenhauer 2004, S. 35, 44 f.). Folglich ist es wesentlich, den Markt und somit auch die Wettbewerber aktiv zu beeinflussen. Weiters ist eine strategische, innovative und proaktive Grundhaltung im Unternehmen notwendig, denn diese stellt den Handlungsspielraum für geplante Maßnahmen dar (vgl. Krystek und Moldenhauer 2007, S. 150).

Einerseits konnte auf Basis der Literatur EM als solch eine strategische, proaktive Grundhaltung identifiziert werden, denn vier Dimensionen entspringen aus der EO-Literatur und zwei aus der MO-Literatur. Beide Orientierungen können laut Literatur als

---

[1]Unter dem Begriff Krise werden extern (Auswirkungen der Wirtschaftskrise auf das Unternehmen) und intern (Unternehmenskrisen) induzierte Krisen subsumiert.

strategische Grundhaltung in einem Unternehmen wahrgenommen werden (vgl. Miller 1983, S. 771, 778; Covin und Slevin 1989, S. 77; Chaston 2000b, S. 6; vgl. Narver und Slater 1990, S. 21). Andererseits kann durch die Dimension *market driving*, die bei EM verankert ist, der Markt aktiv durch z. B. Innovationen beeinflusst werden (vgl. Jaworski et al. 2000, S. 47; Schindehutte et al. 2008, S. 21; Neuenburg 2010, S. 38). In der Krisenliteratur wird darauf hingewiesen, dass der Einsatz von aggressiven Marketingansätzen zielführend sein kann (vgl. Müller 1986, S. 119). Dies zusammengefasst betrachtet lässt die Vermutung zu, dass EM zur Krisenvermeidung eingesetzt werden kann, da es in solchen Situationen wichtig ist, neue Wege im Marketing zu gehen (vgl. Salm 2002, S. 61). Diese Vermutung soll durch folgende Hypothese geprüft werden:

▶   H3: Je höher die Ausprägung von EM im Unternehmen ist, desto eher können Krisen vermieden werden.

Becherer et al. (vgl. 2006, S. 29) weisen darauf hin, dass EM ein wichtiges Element ist, um profitable Strategien zu betreiben, und daher von Unternehmen eingesetzt werden sollte. Srinivasan et al. (vgl. 2005, S. 118 f.) bestätigen einen Zusammenhang zwischen proaktivem Marketing, als das auch EM angesehen werden kann, und dem Unternehmenserfolg. Obwohl in der Literatur keine einheitliche Definition für Erfolg gegeben ist, finden nach Fallgatter (vgl. 2002, S. 150) Indikatoren wie Umsatz oder Bilanzgewinn immer wieder ihre Anwendung. Murphy et al. (vgl. 1996, S. 16 f.) beschäftigen sich noch detaillierter mit Erfolgsindikatoren und stellen fest, dass die Dimensionen Effizienz (z. B. ROI, ROE), Wachstum (z. B. Veränderung der MitarbeiterInnenanzahl, Umsatzentwicklung) und Gewinn (z. B. ROS, Gewinn vor Steuern, Entwicklung des Bilanzgewinns) am häufigsten verwendet werden. Betrachtet man die österreichische Wirtschaftslage, können drastische Umsatzeinbrüche von 2008 auf 2009 festgestellt werden, die Auswirkungen auf die Ertragslage der Unternehmen mit sich brachten (vgl. STATcube 2013, online). Gerade in Krisenzeiten ist die strategische Betonung von Marketing und Vertrieb besonders wichtig. Zusätzlich muss unternehmerisches Verhalten im Unternehmen verankert sein, um das Risiko-Ertrags-Verhältnis richtig einschätzen zu können (vgl. Srinivasan et al. 2005, S. 118 f.). Darüber hinaus zeigen Stokes (vgl. 2000a, S. 52) und Chaston (vgl. 1998, S. 283), dass Unternehmen, die EM anwenden, hohe Kompetenzen bei der Produktpositionierung, bei der Initiierung von Innovationen und bei der Optimierung der Leistungsfähigkeit der MitarbeiterInnen aufweisen und somit erfolgreich sind. In der Literatur konnten erste Ergebnisse über EM und Unternehmenserfolg identifiziert werden. Deshalb soll nun das Ausmaß der Krisenbetroffenheit anhand der Entwicklung der Erfolgsindikatoren Umsatz und Bilanzgewinn während der Wirtschaftskrise durch folgende Hypothesen geprüft werden:

▶   H4a: Je höher die Ausprägung von EM in einem Unternehmen ist, desto positiver bzw. weniger negativ ist die Umsatzentwicklung während der Wirtschaftskrise.

▶   H4b: Je höher die Ausprägung von EM in einem Unternehmen ist, desto posi-
     tiver bzw. weniger negativ ist die Entwicklung des Bilanzgewinns während der
     Wirtschaftskrise.

Abschließend soll im Zuge dieser Dissertation der Fokus auf die Krisenbewältigung
gelegt werden. In der Literatur konnte aufgezeigt werden, dass man unter dem Begriff
Krisenbewältigung alle Reaktionen auf manifeste Krisenerscheinungen versteht (vgl.
Krystek 1987, S. 213). Betrachtet man die österreichische Wirtschaftslage von 2008 auf
2009, kann eine hohe Anzahl an Insolvenzen identifiziert werden. Dies lässt rückschlie-
ßen, dass gerade in dieser Zeit Unternehmen mit einer Krise konfrontiert waren und versucht haben diese zu bewältigen (vgl. STATcube 2013, online; Bundesministerium für
Wirtschaft, Familie und Jugend 2012, S. 17, online, 2010, S. 10 ff., online). Befindet
sich ein Unternehmen bereits in einer akut/nichtbeherrschbaren Krise, kann diese nur
noch durch freiwillige Liquidation bzw. zwangsweise Liquidation (Insolvenz) bewältigt werden (vgl. Krystek 2002, S. 116–125). Folglich müssen Krisen im Stadium von
akut/beherrschbaren Krisen bewältigt werden. Diese Phase geht jedoch im Unternehmen
mit vorherrschendem Zeitdruck und Entscheidungszwang einher. Weiters fordert dieser
Prozess ein hohes Ausmaß der im Unternehmen vorhandenen Ressourcen (vgl. Krystek
2006, S. 49 f., 1987, S. 29–32). Hauschildt (vgl. 2006, S. 31) weist in diesem Zusammenhang zusätzlich auf die hohe Anpassungsleistung der Unternehmensführung an
externe Gegebenheiten hin. Obwohl akut/beherrschbare Krisen für Unternehmen enorm
anstrengend sind, können diese Krisen mit Sanierungsstrategien und deren Maßnahmen,
wie z. B. Kooperationen mit Marktpartnern, Einführung neuer Produkte, Erschließung
neuer Geschäftsfelder und dem Ausbau der Marktanteile, bewältigt werden (vgl. Krystek 2006, S. 49 f., 1987, S. 29–32). Gerade dabei kann angenommen werden, dass EM
als unternehmerischer, marktorientierter und Ressourcen streckender Ansatz, der proaktiv nach neuen Wegen sucht, um Mehrwert für die KundInnen zu generieren, krisenbe-
wältigend wirkt (vgl. Morrish et al. 2010, S. 304; Schindehutte und Morris 2010, S. 78;
Morris et al. 2002, S. 5; Chaston 2000b, S. 6 f.; Stokes 2000b, S. 13). Dies soll durch
folgende Hypothese geprüft werden:

▶   H5: Je höher die Ausprägung von EM in einem Unternehmen ist, desto eher
     können Krisen[2] bewältigt werden.

Die soeben aufgestellten Hypothesen werden nun, zur besseren Übersicht, im Analysemodell in Abb. 3.1 dargestellt.
     Die Überprüfung der Hypothesen findet in Kap. 5 statt.

---

[2]Unter dem Begriff Krise werden extern (Auswirkungen der Wirtschaftskrise auf das Unternehmen) und intern (Unternehmenskrisen) induzierte Krisen subsumiert.

Abb. 3.1 Darstellung der Hypothesen im Analysemodell. (Quelle: Eigene Darstellung) (*In dieser Dissertation wird ein Unternehmen als erfolgreich bezeichnet, wenn im Erhebungszeitraum mögliche Auswirkungen der Wirtschaftskrise auf das Unternehmen bzw. endogen induzierte Krisen vermieden oder bereits auftretende Auswirkungen dieser bewältigt wurden. **Unter „Ausmaß der Krise" wird das Ausmaß, mit der eine Krise das Unternehmen trifft, verstanden, nicht aber die Größe der Krise an sich!)

Beschreibung der Studie

4

KMU im produzierenden Bereich, die nach ÖNACE Abschnitt C – „Herstellung von Waren" kategorisiert werden, stehen im Fokus dieser quantitativen Forschung (vgl. Wirtschaftskammer Österreich 2012, online). Dieses Kapitel erörtert im Detail, warum EM anhand von KMU im produzierenden Bereich untersucht wird. Im Weiteren werden die Phasen Untersuchungsdesign, Zielpopulation, Fragebogenentwicklung, Pretests, Prozess der Datenerhebung und Auswertungsmethoden der empirischen Untersuchung dargestellt (vgl. Diekmann 2009, S. 192 f.).

4.1 Produzierende KMU als Untersuchungsobjekt

KMU sind für die österreichische Wirtschaft von enormer Bedeutung. Diese stellen mit circa 99 % den Großteil der österreichischen Unternehmenslandschaft dar und beeinflussen die Wirtschaftsleistung dieses Landes wesentlich (vgl. Wirtschaftskammer Österreich 2013a, online). Die in den Jahren 2007/2008 beginnende Finanz- und Wirtschaftskrise, die sich auf die Realwirtschaft und somit auch auf österreichische Unternehmen auswirkte (vgl. Michler und Smeets 2011, S. 6; Schulmeister 2011, S. 38), hatte großen Einfluss auf produzierende Betriebe. Dies ist daran zu erkennen, dass erstens die Betriebserlöse von 2008 auf 2009 um 12 % sanken (vgl. Statistik Austria 2011, online). Zweitens nahm die Anzahl der Unternehmensschließungen im Bereich Herstellung von Waren im Verhältnis zu den Neugründungen enorm zu (siehe Abb. 4.1). Folglich reduzierte sich die Anzahl der produzierenden KMU in Österreich in den Jahren 2007 bis 2009. Die Krisenbetroffenheit der Unternehmen ist auch anhand der gesunkenen Anzahl an Beschäftigten deutlich erkennbar, wie Abb. 4.2 zeigt (vgl. Parlament 2010, online).

© Springer Fachmedien Wiesbaden GmbH 2017
J. Schmid, *Entrepreneurial Marketing,* Forschung und Praxis an der FHWien der WKW,
DOI 10.1007/978-3-658-15172-0_4

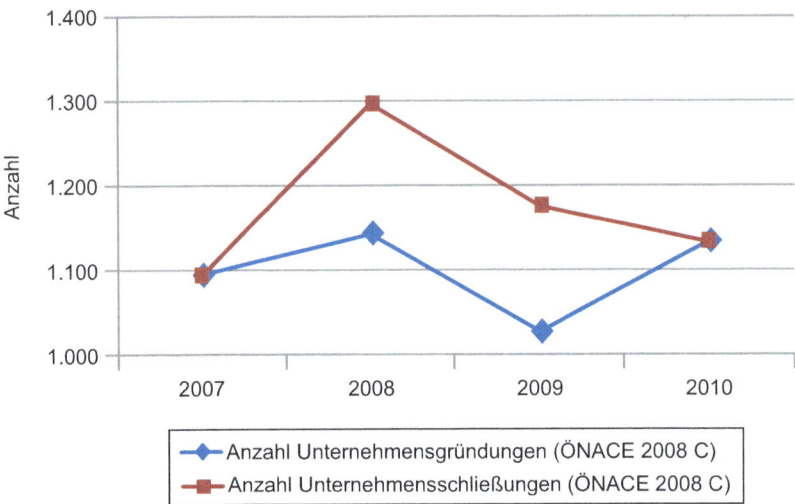

Abb. 4.1 Anzahl der Neugründungen und Schließungen im Sektor Herstellung von Waren. (Quelle: Eigene Darstellung in Anlehnung an Statistik Austria 2012a, b, online)

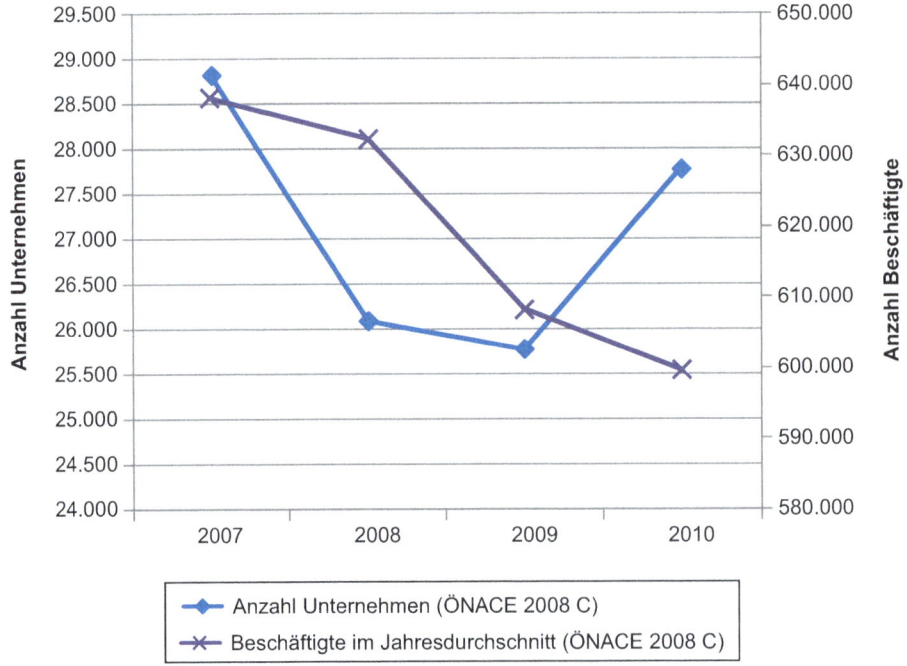

Abb. 4.2 Anzahl an KMU und Beschäftigten im Sektor Herstellung von Waren. (Quelle: Eigene Darstellung in Anlehnung an Statistik Austria 2010, 2011a, b, 2012, online)

Verknüpft man nun die Erkenntnis, dass der produzierende Bereich besonders von der Krise betroffen war, mit der Vermutung (vgl. Eggers et al. 2009, S. 206 f.), dass EM besonders in Krisensituationen sichtbar sein müsste, dann wird ersichtlich, warum EM vor dem Hintergrund einer wirtschaftlichen Krise, im Speziellen im produzierenden Bereich, geprüft wird.

4.2 Untersuchungsdesign

Um die zur Beantwortung der Forschungsfragen notwendigen Daten erheben zu können, kommt das quantitative Forschungsparadigma durch ein Querschnittdesign in Form einer einmaligen Erhebung zur Anwendung (vgl. Diekmann 2009, S. 304 f.). Für die Beantwortung der ersten Forschungsfrage erscheint das Querschnittdesign als angemessen, da die Beschaffenheit, also die Dimensionen von EM erörtert werden sollen und somit dargestellt werden kann, worum es sich bei EM handelt. Weiters wird EM in dieser Dissertation als unternehmerische, strategische Grundhaltung, die in einem Unternehmen langfristig verankert ist, angesehen (vgl. Covin 1991, S. 439; Chaston 2000b, S. 6). Folglich erscheint die Messung zu einem Zeitpunkt als ausreichend. Auch für die Beantwortung der zweiten Forschungsfrage scheint ein Querschnittdesign adäquat, da die Wirkung von EM auf den Unternehmenserfolg untersucht wird. Wie in Abschn. 1.2.1 dargestellt, werden in dieser Dissertation jene Unternehmen als erfolgreich angesehen, die im Erhebungszeitraum mögliche Auswirkungen der Wirtschaftskrise auf das Unternehmen bzw. endogen induzierte Krisen vermeiden oder bereits auftretende Auswirkungen dieser bewältigen konnten. Der Unternehmenserfolg (Krisenvermeidung/-bewältigung) wird in dieser Studie im Zusammenhang mit einem prägenden Ereignis, nämlich der Wirtschaftskrise, gesetzt und folglich durch Retrospektivfragen (vgl. Diekmann 2009, S. 327) erhoben. Außerdem wird im Zuge dieser Forschung ein Ex-post-facto-Design verwendet, da mögliche Vergleichsgruppen erst nach der Erhebung gebildet werden. Dieses Design bringt unvermeidliche Probleme, bei der Varianzkontrolle der unabhängigen Variablen, der kausalen Reihenfolge und der Kontrolle von Drittvariablen, mit sich. Diese können erst bei der Datenanalyse entdeckt und eventuell kompensiert werden (vgl. Raithel 2008, S. 52 f.). Als Erhebungsmethode kommt eine selbst administrierte, standardisierte Befragung, im Speziellen eine Online-Befragung, zum Einsatz. Diese bietet die Vorteile eines relativ geringen finanziellen Aufwands, der Möglichkeit, eine große Anzahl an ProbandInnen zu befragen, eines schnellen Zugriffs auf die bereits vorhandenen Daten und der Miterhebung des Verhaltens der ProbandInnen, wie z. B. Dauer der Ausfüllzeit, Abbruchstellen im Fragebogen oder Beendigungsquote (vgl. Diekmann 2009, S. 522 f.; Schnell et al. 2011, S. 224). Nachteile können sich durch eine geringe Rücklaufquote, die Unkontrollierbarkeit der Erhebungssituation und mangelnde Erreichbarkeit ergeben (vgl. Berekoven et al. 2009, S. 106–117).

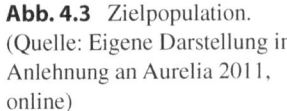

Abb. 4.3 Zielpopulation.
(Quelle: Eigene Darstellung in
Anlehnung an Aurelia 2011,
online)

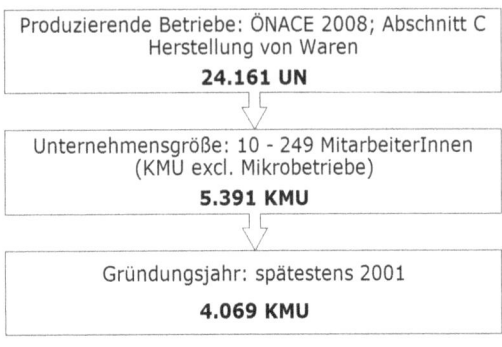

4.3   Zielpopulation

Die österreichischen Unternehmen werden in einem ersten Schritt auf KMU mit einer
MitarbeiterInnenanzahl von 10 bis 249 im produzierenden Bereich (ÖNACE 2008
Abschnitt C „Herstellung von Waren") eingegrenzt. Dies resultiert daraus, da KMU die
Unternehmenslandschaft in Österreich dominieren, die Mehrzahl der verwendeten Ska-
len auf Unternehmen mit mehreren MitarbeiterInnen ausgelegt sind und die Wirtschaftskrise bei produzierenden Betrieben besonders stark zu erkennen war. Folglich wurden
sowohl Groß- als auch Mikrobetriebe aus der Stichprobe eliminiert. Zusätzlich wurde die
Zielpopulation auf jene KMU beschränkt, die spätestens 2001 gegründet wurden. Diese
Beschränkung ermöglicht es, die Wirkung von EM im Zeitverlauf zu beobachten. Mithilfe der Unternehmensdatenbank AURELIA (vgl. Aurelia 2011, online) wurden österreichische Unternehmen nach den soeben beschriebenen Merkmalen eingegrenzt. Die
Abb. 4.3 skizziert die Abgrenzungskriterien, beginnend bei der konkreten Anzahl der
KMU bis hin zur Zielpopulation.

Im Zuge dieser Dissertation kommt eine Vollerhebung zur Anwendung. Diese Form
der Erhebung ist oftmals mit Problemen, wie z. B. Größe der Zielpopulation, Bekanntheit und Erreichbarkeit der ProbandInnen, behaftet. Weiters weisen Bortz und Döring
(vgl. 2002, S. 395 f.) darauf hin, dass Vollerhebungen oftmals nicht genau bzw. weniger
gut geplant sind. Bezug nehmend auf die soeben dargestellten Probleme kann trotzdem
eine Vollerhebung durchgeführt werden, da die 4069 KMU durch die Datenbank AURE-
LIA bekannt waren (inkl. Name, Anschrift und Telefonnummer) und somit alle Unternehmen kontaktiert werden konnten. Das Argument, dass Vollerhebungen nicht genau
bzw. weniger gut geplant sind, soll im Abschn. 4.6 relativiert werden.

4.4   Fragebogenentwicklung

Ausgehend von den Forschungsfragen und den aus der Literatur abgeleiteten Hypothesen wurde die Fragebogenentwicklung vorgenommen. Als wesentliche Bestandteile des
Fragebogens können folgende Elemente genannt werden: Entrepreneurial Marketing,

wirtschaftliche Lage des Unternehmens, Zustand vor der Krise, Umwelt und statistische Angaben. Diese Fragebogenelemente sind im Anhang (siehe Tab. A.5 bis Tab. A.26) abgebildet. Nachfolgend wird im Detail auf die Operationalisierung der einzelnen Elemente eingegangen.

4.4.1 Entrepreneurial Marketing

Das Ergebnis der Analyse der bestehenden Bezugsrahmen im Abschn. 2.2.3 hat gezeigt, dass in dieser Dissertation für die Entwicklung des Messinstruments aufgrund des vorhandenen Detaillierungsgrads der Dimensionen sowohl der Bezugsrahmen nach Morris et al. (vgl. 2002, S. 5–8) als auch jener nach Jones und Rowley (vgl. 2009a, S. 20 f., 2011, S. 31) Anwendung finden könnte. Letztendlich findet der Bezugsrahmen nach Morris et al. (vgl. 2002, S. 5–8) für die Entwicklung des Messinstruments EM seine Anwendung, da bei Jones und Rowley (vgl. 2009a, S. 20 f., 2011, S. 31) der Fokus auf Software-technologische KMU gelegt wird. Hingegen bieten Morris et al. (vgl. 2002, S. 5–8) einen geeigneten Messvorschlag für EM, der branchenunabhängig Einsatz finden kann.

Abschn. 2.2.3 beschäftigte sich mit dem Bezugsrahmen nach Morris et al. (vgl. 2002, S. 5–8). Dabei wurde festgestellt, dass EM aus den sieben Dimensionen *innovativeness, calculated risk-taking, proactiveness, value creation, customer intensity, opportunity-focus, resource leveraging* besteht. Die vier Dimensionen *innovativeness, calculated risk-taking, proactiveness* und *opportunity-focus* leiten sich aus der EO-Literatur und die zwei Dimensionen *customer intensity* und *value creatio*n aus der MO-Literatur ab. Morris et al. (vgl. 2002, S. 5–8) haben dabei sechs von sieben Dimensionen mit mehreren Skalenvorschlägen untermauert, die zur Messung herangezogen werden können. Im Detail wird darauf bei der Darstellung der einzelnen Dimensionen auf den nächsten Seiten eingegangen. Vervollständigt wird EM durch die Dimension *resource leveraging*. Diese Dimension wird im Beitrag von Morris et al. (vgl. 2002, S. 5–8) nur beispielhaft anhand ihrer Maßnahmen auf operativer Ebene beschrieben. Auf einen Vorschlag zur quantitativen Messung kann nicht zurückgegriffen werden.

Aktuellere Forschungen legen die Weiterentwicklung des Bezugsrahmens nahe und werden nun beschrieben:

Innovativeness, calculated risk-taking und proactiveness
Diese drei Dimensionen leiten sich aus der EO-Literatur ab und werden, wie von Morris et al. (vgl. 2002, S. 5–7) vorgeschlagen, für die Messung von EM verwendet, zumal diese Dimensionen bis heute Gültigkeit besitzen und in der EO-Forschung etabliert sind. Weiters zeigen unterschiedliche Forschungsbeiträge auf, dass EO eine positive Wirkung auf den Unternehmenserfolg hat (vgl. z. B. Lumpkin und Dess 2001, S. 429; Keh et al. 2007, S. 592). Basierend auf Khandwallas (vgl. 1977, zitiert nach Lumpkin und Dess 1996, S. 156) ENTRESCALE gibt es für EO zahlreiche Messvorschläge. Autoren wie z. B. Miller und Friesen (vgl. 1978, S. 922 f.), Covin und Slevin (vgl. 1989, S. 85 f.), Matsuno et al. (vgl. 2002, S. 29 f.) und Knight (vgl. 1997, S. 223 f.) können in Verbindung mit EO

genannt werden. Dabei sind die Dimensionen *innovation, proactiveness, entrepreneurial proclivity* and *propensity for risk-taking* maßgebend für die Messung. Matsuno et al. (vgl. 2002, S. 29 f.) und Knight (vgl. 1997, S. 223 f.) entwickelten diese Dimensionen weiter und bildeten diese durch sieben Items, die durch eine siebenteilige Skala gemessen werden, ab. Während Matsuno et al. (vgl. 2002, S. 29 f.) die drei Dimensionen *innovativeness, proactiveness* und *risk-taking* abbildeten, stellte Knight (vgl. 1997, S. 221 f.) nur die Dimensionen *innovativeness* und *proactiveness* dar, wobei in der Dimension *proactiveness* auch *risk taking proclivity* beinhaltet ist. Obwohl sowohl die *entrepreneurial proclivity scale* von Matsuno et al. (vgl. 2002, S. 29 f.) als auch die ENTRESCALE von Knight (vgl. 1997, S. 223 f.) häufig Anwendung finden und für ihre Reliabilität und Validität bekannt sind, wird in dieser Dissertation die Skala von Matsuno et al. (vgl. 2002, S. 29 f.) verwendet. Begründet wird dies dadurch, dass hier die drei Dimensionen klar dargestellt werden. Bei der Skala von Matsuno et al. (vgl. 2002, S. 29 f.) handelt es sich um englische Items, die ins Deutsche übersetzt und sprachlich an den österreichischen Kontext angepasst werden mussten. Die Anpassung der *entrepreneurial proclivity scale* von Matsuno et al. (vgl. 2002, S. 29 f.), bestehend aus sieben Items, kann aus Tab. 4.1 entnommen werden und wird durch die drei Dimensionen *innovativeness, proactiveness* und *risk-taking* abgebildet.

Value creation und customer intensity
Unterschiedliche AutorInnen, wie z. B. Kohli et al. (vgl. 1993, S. 476 f.), Narver et al. (vgl. 2004, S. 346) und Deshpande und Farley (vgl. 1998, S. 224), haben sich mit der Messung von MO beschäftigt. Abschn. 2.2.3 zeigte auf, dass beide Dimensionen der MO-Literatur entstammen und unterschiedliche Sichtweisen im Hinblick auf die Konzeptualisierung von MO anzutreffen sind. Während Kohli und Jaworski (vgl. 1990, S. 6) in der Marktorientierung eine verhaltensorientierte Sichtweise sehen, die sich auf die Generierung von marktbezogenen Informationen stützt, betrachten Narver und Slater (vgl. 1990, S. 21) die Marktorientierung als eine organisationale Kultur, der es gelingt, das notwendige Verhalten aufzuweisen, um einen hohen Wert für KundInnen zu schaffen. Beide Sichtweisen werden von den Autoren durch MO-Skalen, die in der Literatur als etabliert angesehen werden und bekannt für ihre Validität und Reliabilität sind (vgl. Narver und Slater 1990, S. 24 f.; Narver et al. 2004, S. 337; Matsuno et al. 2000, S. 536), untermauert. Für die Messung der Dimensionen *customer intensity* und *value creation* kommt schlussendlich die Skala von Narver et al. (vgl. 2004, S. 346) zum Einsatz, da EM als strategische Grundhaltung im Unternehmen verankert ist und somit mit der Sichtweise von Narver und Slater (vgl. Narver und Slater 1990, S. 21) einhergeht. Wie in Abschn. 2.2.3 dargestellt, bezeichnen Morris et al. (vgl. 2002, S. 6–8) diese Dimensionen als *customer intensity* und *value creation,* hingegen benennen Narver et al. (vgl. 2004, S. 346) diese Dimensionen als *responsive market orientation* (RMO) und *proactive market orientation* (PMO), wobei die inhaltliche Darstellung der Dimensionen gleichgesetzt werden kann. In weiterer Folge werden in dieser Dissertation, aufgrund ihrer Bekanntheit, die Bezeichnungen von Narver et al. (vgl. 2004, S. 346) verwendet. Die genaue Darstellung der Items kann Tab. 4.1 entnommen werden.

Tab. 4.1 Itembatterie zur Messung von EM. (Quelle: Eigene Darstellung)

Inwieweit stimmen Sie folgenden Aussagen über Ihr Unternehmen zu?		
Innovativeness	EO 1	Bei Problemen bevorzugen wir neue Lösungen anstelle von herkömmlichen Lösungen
	EO 2	In unserem Unternehmen werden innovative Marketingstrategien gefördert, obwohl man weiß, dass manche davon scheitern werden
Calculated Risk-taking[a]	EO 3*	In unserem Unternehmen wird eine geordnete und vorsichtige Unternehmensführung höher geschätzt als das Vorantreiben risikoreicher Veränderungsprozesse
	EO 4*	Die Geschäftsführung in unserem Unternehmen ist gerne auf der sicheren Seite
	EO 5*	Die Geschäftsführung in unserem Unternehmen setzt Pläne nur dann um, wenn sie sicher ist, dass diese funktionieren werden
Proactiveness	EO 6	Wir sind uns ganz sicher, dass Marktveränderungen Chancen für uns schaffen
	EO 7	Die MitarbeiterInnen unseres Unternehmens sprechen mehr über Chancen als über Probleme
Proactive Market Orientation (Value Creation)	PMO 1	Wir unterstützen unsere KundInnen dabei, Marktentwicklungen im Voraus zu erkennen
	PMO 2	Wir versuchen laufend, zusätzliche Bedürfnisse unserer KundInnen ausfindig zu machen, noch bevor die KundInnen diese Bedürfnisse selbst erkennen
	PMO 3	Wir beziehen auch Lösungen für bisher nicht geäußerte KundInnenbedürfnisse in unsere neuen Produkte/Dienstleistungen ein
	PMO 4	Wir machen uns Gedanken darüber, wie die KundInnen unsere Produkte/Dienstleistungen verwenden
	PMO 5	Wir entwickeln unsere Produkte/Dienstleistungen ständig weiter, auch auf die Gefahr hin, dass unsere bisherigen Produkte/Dienstleistungen dadurch veralten
	PMO 6	Wir suchen sogar Marktchancen in solchen Bereichen, in denen die KundInnen noch Probleme haben, ihre Bedürfnisse zu äußern
	PMO 7	Wir arbeiten eng mit innovationsinteressierten KundInnen zusammen, die versuchen, Bedürfnisse früher als der Großteil der KundInnen zu erkennen
	PMO 8	Wir erstellen Prognosen über die zukünftigen Bedürfnisse unserer KundInnen

(Fortsetzung)

Tab. 4.1   (Fortsetzung)

Inwieweit stimmen Sie folgenden Aussagen über Ihr Unternehmen zu?		
Responsive Market Orientation (Customer Intensity)	RMO 1	Wir kontrollieren ständig, inwieweit wir den Wünschen unserer KundInnen nachkommen
	RMO 2	Wir verbreiten Informationen über positive und negative Erfahrungen unserer KundInnen im gesamten Unternehmen
	RMO 3	Unsere Strategie zur Erzielung von Wettbewerbsvorteilen basiert auf dem Erkennen von KundInnenbedürfnissen
	RMO 4	Wir messen die Zufriedenheit unserer KundInnen systematisch und regelmäßig
	RMO 5	Wir sind stärker kundenorientiert als unsere Konkurrenz
	RMO 6	Das Unternehmen ist vor allem dazu da, um KundInnenbedürfnisse zu befriedigen
	RMO 7	Informationen über die KundInnenzufriedenheit werden regelmäßig über alle Ebenen des Unternehmens verbreitet
Market Driving	MD 1	Wir versuchen immer wieder, neue Produkte/Dienstleistungen zu entwickeln, welche unsere KundInnen dazu bringen sollen, ihr Kaufverhalten zu überdenken
	MD 2	Wir sind Vorreiter am Absatzmarkt und gehen davon aus, dass uns KundInnen und Konkurrenten folgen werden
	MD 3	Wir greifen immer wieder gezielt Ideen aus anderen Branchen auf, um damit KundInnen und/oder Konkurrenten zu überraschen
	MD 4	Wir entwickeln immer wieder neue, aufsehenerregende Marketingkonzepte, die von der Konkurrenz nachgeahmt werden
Resource Leveraging[a]	RL 1	In unserem Unternehmen nutzen wir Beziehungen zu Freunden, Geschäftspartnern etc., um kostengünstig Informationen und Rat einzuholen
	RL 2	In unserem Unternehmen probieren wir immer wieder etwas aus, um besonders kostengünstig wirtschaften zu können
	RL 3	In unserem Unternehmen verwenden wir Geräte/Maschinen/Einrichtungen, solange sie den Zweck erfüllen, auch wenn wir uns modernere leisten könnten
	RL 4*	In unserem Unternehmen werden Geräte/Maschinen gekauft, da das Ausleihen für den fallweisen Bedarf für uns nicht in Betracht kommt
	RL 5	Wenn in unserem Unternehmen Personal/Geräte/Räume längerfristig nicht ausgelastet sind, vermieten wir sie
	RL 6	Wir vereinbaren mit anderen Unternehmen, uns gegenseitig weiterzuempfehlen, um Marketingkosten zu sparen
	RL 7	Wir nutzen Beziehungen zu anderen Unternehmen, um kostengünstig ein erweitertes Leistungsangebot bieten zu können
	RL 8	Unsere Mitarbeiter erwarten sich nicht sofort eine Gegenleistung, wenn sie bei Bedarf mehr Einsatz zeigen

[a]* Reversed Items

Opportunity-focus/Market driving

Die Forschungsergebnisse der letzten Jahre zeigen, dass das Erkennen von Chancen und Möglichkeiten am Markt, die durch die Dimension *opportunity-focus* abgebildet werden, nicht mehr ausreichend ist (vgl. Eggers et al. 2009, S. 196). Nicht nur Reagieren auf den Markt, sondern Agieren steht im Vordergrund. Dies kann durch *market driving* erreicht werden, da Marktstrukturen verändert, KundInnenbedürfnisse erweckt und somit das KundInnenverhalten und folglich das Verhalten der Marketplayer beeinflusst werden (vgl. Jaworski et al. 2000, S. 47 f.). Der Markt kann durch dieses Vorgehen in Richtung der eigenen Stärken gelenkt und nachhaltige Wettbewerbsvorteile können geschaffen werden (vgl. Stolper 2007, S. 14 f.). Zusätzlich wird durch *market driving* versucht Marktchancen vor den Konkurrenten zu erkennen und folglich richtungsweisend für KundInnen zu sein (vgl. Kraus et al. 2008, S. 95; Schindehutte et al. 2008, S. 21 f.). Basierend auf diesen Erkenntnissen kann die Dimension *opportunity-focus* nicht mehr als ausreichend erachtet werden und eine Adaption dieser Dimension wird vorgenommen. Dies führt dazu, dass die Dimension *opportunity-focus* durch *market driving* ersetzt wird. Stolper (vgl. 2007, S. 62) entwickelte in Anlehnung an Jaworski et al. (vgl. 2000, S. 46–54) einen Bezugsrahmen für das Konstrukt *market driving,* das durch die zwei Dimensionen Veränderung der Marktstruktur und Verhaltensänderung der MarktteilnehmerInnen dargestellt wird. Hinter der Dimension Veränderung der Marktstruktur verbirgt sich eine Addition und Reduktion von MarktteilnehmerInnen. Dies bedeutet z. B., dass die Übernahme eines Wettbewerbers stattfindet. Im Gegensatz dazu beschäftigt sich die Dimension Verhaltensänderung der MarktteilnehmerInnen mit dem Auf- bzw. Abbau von KundInnenzwängen und dem Auf- bzw. Abbau von Wettbewerberzwängen. Darüber hinaus sollen neue KundInnenpräferenzen geschaffen und existierende verändert werden (vgl. Stolper 2007, S. 61 f.). Im Zuge dieser Dissertation wird nur der Dimension Verhaltensänderung der MarktteilnehmerInnen Beachtung geschenkt, da bei EM die Beeinflussung der MarktteilnehmerInnen, i. S. v. die „Spielregeln" des Marktes verändern (vgl. Rößl 2005, S. 151), im Vordergrund steht. Die Marktstruktur durch Reduktion oder Addition von MarktteilnehmerInnen zu beeinflussen, ist nicht das Ziel von EM. Auf Basis der Messvorschläge von Stolper (vgl. 2007, S. 233) wurde in Anlehnung daran die Dimension *market driving* durch vier Items operationalisiert. Die detaillierte Darstellung der vier Items kann Tab. 4.1 entnommen werden.

Resource leveraging

Abschn. 2.2.3 verdeutlicht, dass die Dimension *resource leveraging* von Morris et al. (vgl. 2002, S. 8) nur durch die Nennung exemplarischer Maßnahmen illustriert wird, wie z. B. der Wahrnehmung von Ressourcen, bevor dies andere MarktteilnehmerInnen tun; der vermehrten Nutzung von Ressourcen, als dies bisher getan wurde; der Kombination von Ressourcen, um Mehrwert zu schaffen; der Nutzung von Ressourcen anderer Personen/

Unternehmen, damit eigene Ziele erreicht werden, oder der Nutzung von seltenen Ressourcen, um Zugang zu anderen Ressourcen zu erhalten (vgl. Hamel und Prahalad 1994, S. 192; Schindehutte et al. 2009, S. 34). Aufgrund dessen wurde für diese Dimension eine eigenständige Operationalisierung entwickelt und durch acht Items dargestellt. Diese Items geben den Inhalt der exemplarischen Maßnahmen wieder und können Tab. 4.1 entnommen werden.

Zusammenfassend kann festgehalten werden, dass die adaptierten sieben Dimensionen durch insgesamt 34 Items im Fragebogen erhoben wurden, wobei das Maß der Zustimmung bzw. Ablehnung über eine siebenteilige Skala (1 = stimme überhaupt nicht zu; 7 = stimme vollständig zu) gemessen wurde (vgl. Greving 2009, S. 73 f.).

Tab. 4.1 gibt die Items, so wie sie den einzelnen Dimensionen zugeordnet wurden, wieder. Im Fragebogen (siehe Anhang Tab. A.5 bis Tab. A.9) selbst waren die Zuordnung zu den einzelnen Dimensionen und die Abkürzungen der einzelnen Items nicht erkennbar.

Abschließend wird nun die Spezifikation des Messmodells EM vorgenommen. Dies ist wesentlich, da sich Fehlspezifikationen negativ auf die Gütekriterien auswirken und somit jene Kriterien, die zur Beurteilung von reflektiven Messmodellen verwendet werden, für formative Modelle ungeeignet sind. Weiters kann eine Fehlspezifikation zur unnötigen Eliminierung von Indikatoren führen. Im Hinblick auf EM kann angenommen werden, dass es sich um ein reflektives Messmodell handelt, da EM die ihm zugeordneten Indikatoren verursacht. Dies bedeutet, dass eine Veränderung der latenten Variable auch zur Veränderung der Indikatoren führt (vgl. Rossiter 2002, S. 316). Würde es sich um ein formatives Messmodell handeln, dann würde dies bedeuten, dass die Indikatoren das Konstrukt verursachen. Dies ist bei EM nicht der Fall, da zusätzlich folgende Punkte auf ein reflektives Messmodell schließen lassen (vgl. Christophersen und Grape 2009, S. 104 ff.; Stokburger-Sauer und Eisend 2009, S. 334 ff.; Giere et al. 2006, S. 681 f.; Diamantopoulos und Siguaw 2006, S. 274 f.):

- Änderungen in der Ausprägung der Indikatoren würden nicht zu einer Veränderung von EM führen.
- Änderungen in der Ausprägung von EM würden zu einer Veränderung der Indikatoren führen.
- Die Eliminierung eines Indikators würde nicht zur Veränderung des Inhalts führen, da in der Literatur eine hohe Korrelation zwischen den Indikatoren vermutet wird.
- Die Indikatoren beziehen sich auf ein gemeinsames Thema.

4.4.2 Zustand vor der Krise

Der wirtschaftliche Zustand eines Unternehmens ist in dieser Dissertation als wesentlich anzusehen, da EM vor dem Hintergrund von wirtschaftlich krisenhaften Zeiten beleuchtet wird. Um den Zustand der befragten Unternehmen während der Wirtschaftskrise darlegen zu können, ist es wichtig, den wirtschaftlichen Zustand der befragten Unternehmen vor der Wirtschaftskrise (Z. v. K.) zu erheben. Folglich wurde eine detaillierte Einschätzungsfrage zu den Stärken/Schwächen der Unternehmen im Vergleich zu den stärksten Konkurrenten gestellt. Im Fragenblock „Situation vor der Wirtschaftskrise" werden die acht betriebswirtschaftlichen Bereiche, Führungsstruktur/Management, Finanzierung, Beschaffung, Unternehmensorganisation, Personal, Produktion/Leistungserstellung, Rechnungswesen und Absatz, mit jeweils fünf Items pro Bereich dargestellt. Die Wahl dieser Bereiche und die Generierung der Indikatoren erfolgen in Anlehnung an Krystek (vgl. 1987, S. 240) und Hauschildt (vgl. 2006, S. 32). Beide Autoren nutzen diese Bereiche, um Krisenursachen oder Sanierungsmaßnahmen im Unternehmen zu identifizieren. Daher werden diese auch genutzt, um den Zustand vor der Krise zu erheben. Die allgemeine Einschätzungsfrage wird mittels einer siebenteiligen Skala von „1 = sehr schlecht" bis „7 = sehr gut" abgefragt. Die Stärken/Schwächen-Fragen im Fragenblock „Situation vor der Wirtschaftskrise" werden mittels einer siebenteiligen Skala von „1 = viel schlechter" bis „7 = viel besser" erhoben. Sowohl die allgemeine Einschätzungsfrage als auch die Fragen zu den Stärken/Schwächen können dem Fragebogen im Anhang (Tab. A.16 bis Tab. A.23) entnommen werden.

4.4.3 Krisenbetroffenheit

Der Begriff Krisenbetroffenheit wird durch die zwei Variablen „Krisenvermeidung" und „Krisenausmaß" erfasst und durch drei Fragen im Fragebogen abgebildet. Die Krisenvermeidung wurde im Fragebogen erstens durch die Darstellung der Auswirkungen der Wirtschaftskrise auf den wirtschaftlichen Zustand eines Unternehmens während der Wirtschaftskrise erfasst. Dabei kam eine siebenteilige Skala (1 = sehr negativ – 4 = gar nicht – 7 = sehr positiv) zum Einsatz. Zweitens wurde erfragt, ob das Unternehmen seit 2007/2008 – unabhängig von der Wirtschaftskrise – in einer Unternehmenskrise war (dichotome Ausprägung: Ja/Nein). Anschließend wurden diese Aspekte kombiniert und als Krisenvermeidung bzw. Krisenbetroffenheit dargestellt.

Das individuelle unternehmerische Krisenausmaß wurde durch die Fragen: „Inwieweit hat sich die Wirtschaftskrise beim Umsatz bemerkbar gemacht?" und „Inwieweit hat sich die Wirtschaftskrise beim Bilanzgewinn bemerkbar gemacht?" anhand einer siebenteiligen Skala (1 = stark gesunken – 4 = weder noch – 7 = stark gestiegen) erhoben.

Jene Unternehmen, die von den Auswirkungen der Wirtschaftskrise und/oder einer Unternehmenskrise betroffen waren, wurden weiters dahin gehend untersucht, ob die Krise bewältigt werden konnte. Um folglich die Variable Krisenbewältigung zu messen, wurde im Fragebogen der Status quo des Unternehmens erfragt. Dabei wurde anhand einer nominalskalierten Frage erhoben, ob die untersuchten KMU noch von einer Krise betroffen, aus der Krise geschwächt, unverändert oder gestärkt herausgegangen waren.

Jene KMU, die noch von der Krise betroffen bzw. geschwächt herausgegangen waren, konnten die Krise nicht bewältigen. Hingegen konnten jene KMU die Krise bewältigen, die aus dieser unverändert bzw. gestärkt hervortraten.

Alle Fragen können dem Fragebogen im Anhang (siehe Tab. A.11 bis Tab. A.15) entnommen werden.

4.4.4   Kontrollvariablen

Abschn. 2.4 setzt sich mit der Umwelt auseinander und zeigt, wie Unternehmen dadurch beeinflusst werden können. Folglich wird die Variable Umwelt im Fragebogen aufgegriffen und durch die siebenteilge Skala von Miller (vgl. 1987a, S. 73 f.), im Speziellen durch die Dimensionen *dynamism* und *heterogeneity,* erhoben (siehe Anhang Tab. A.10). Weiters werden das Alter des Unternehmens und die durchschnittliche MitarbeiterInnenanzahl erfragt (siehe Anhang Tab. A.24 und Tab. A.25). Diese drei Variablen dienen im Weiteren als Kontrollvariablen.

4.4.5   Funktion der ProbandInnen

Am Ende des Fragebogens wird die Funktion der ProbandInnen im Unternehmen erhoben, damit festgestellt werden kann, ob die Person über ausreichend Firmen-Know-how verfügt, um die Fragen beantworten zu können (siehe Anhang Tab. A.26).

4.5   Pretests

Vor der empirischen Datenerhebung wurden Pretests durchgeführt, um das entwickelte Erhebungsinstrument zu prüfen. Dabei wurden die ausreichende Variation der Antworten, die Verständlichkeit der Fragen, der Schwierigkeitsgrad der Fragen, das Interesse und die Aufmerksamkeit der befragten Personen gegenüber den Fragen, die Fragenanordnung und die Dauer der Befragung geprüft (vgl. Raithel 2008, S. 63 f.; Schnell et al. 2011, S. 340–344; Diekmann 2009, S. 219). Für das in dieser Dissertation verwendete Erhebungsinstrument wurden acht Pretests im Zeitraum vom 11. Juli 2011 bis 11. August 2011 mittels Think-Aloud-Method (vgl. Schnell et al. 2011, S. 342) durchgeführt. Tab. 4.2 gibt einen Überblick über die PretesterInnen.

Tab. 4.2 Beschaffenheit der PretesterInnen. (Quelle: Eigene Darstellung)

PretesterInnen	Funktion	Branche	Anzahl Mitar-beiterInnen im Unternehmen	Beantwortungs-dauer (min)
1	Geschäftsführer/ Inhaber	Versandhandel	9	26
2	Sales-Mitarbeiter	Handel	43	55
3	Geschäftsführerin	Tiefbau	350	30
4	Geschäftsführer/ Inhaber	Immobilien	17	45
5	Geschäftsführer/ Inhaber	Personenbeförde-rung	9	50
6	Leitung IT/Organi-sation	Versteigerung, Handel, Pfandleihe	500	30
7	Lektor an einer universitären Ein-richtung	–	–	45
8	Lektor an einer universitären Ein-richtung	–	–	45

Aus diesen durchgeführten Pretests konnten folgende Anmerkungen entnommen werden:

- Die Aufmerksamkeit bleibt bei der Beantwortung der Fragen durchgängig erhalten, da die Items gut durchmischt sind.
- Der Fragebogen wirkt interessant, da viele verschiedene Themenbereiche abgedeckt und keine Wiederholungen vorhanden sind.
- Es wurde die Befürchtung geäußert, dass der Fragenblock zum Thema Krise das rest-liche Antwortverhalten beeinflussen könnte, und empfohlen, diese Fragen eher am Schluss des Fragebogens zu stellen.
- Es besteht die Gefahr, dass die Geschäftsführung das Unternehmen besser darstellen möchte, als dies der Fall ist.
- Der Fragebogen ist zu lang.
- Es wurden großteils keine Probleme bei den finanziellen Fragen (Umsatz, Bilanz-gewinn) identifiziert. Die Geschäftsführung konnte über die finanzielle Situation des Unternehmens Auskunft geben. Ein anderes Bild zeigte sich bei Pretester Num-mer zwei, da eine Rücksprache mit der Geschäftsführung stattfinden musste, um die Beantwortung der Fragen zu ermöglichen. Folglich war die Empfehlung des Pretes-ters, dass Personen wie z. B. Geschäftsführung/InhaberInnen/Personen in Leitungs-funktionen den Fragebogen beantworten sollten.

Basierend auf dem Feedback der PretesterInnen wurden geringfügige Adaptionen durchgeführt. Die Fragebogenlänge wurde in jenen Frageblöcken, die nicht die Dissertation betreffen, gekürzt[1]. Folglich konnte die Beantwortungszeit von ursprünglich circa 40 min auf circa 30 min gesenkt werden. Der Fragenblock zum Thema Krise wurde weiter hinten im Fragebogen angeordnet. Der Gefahr, dass die Geschäftsführung das Unternehmen besser darstellt, als es tatsächlich ist, konnte nicht entgegengewirkt werden. Hier musste den ProbandInnen das notwendige Vertrauen entgegengebracht werden. Die Notwendigkeit, dass die Geschäftsführung, InhaberInnen oder Personen in Leitungsfunktionen den Fragebogen beantworten sollen, wurde schon bei der Konstruktion des Fragebogens festgelegt. Die Anmerkung des Pretesters hat diese Sichtweise unterstützt. Da im Rahmen dieser Befragung eine Vollerhebung mit produzierenden österreichischen KMU durchgeführt wurde und keine Vorabbeeinflussung der ProbandInnen stattfinden durfte, wurde von einer Pilotstudie Abstand genommen.

4.6   Prozess der Datenerhebung

Als Ausgangsbasis für die Befragung wurden die Kontaktdaten der für die Erhebung relevanten KMU aus der Unternehmensdatenbank AURELIA gefiltert. Aufbauend darauf erfolgte die Datenerhebung in zwei Schritten. Im ersten Schritt wurden die GeschäftsführerInnen der Unternehmen im Zeitraum von 5. September 2011 bis 23. September 2011 telefonisch kontaktiert und die Bereitschaft zur Teilnahme an der Untersuchung erfragt. Um eine einheitliche Vorgehensweise bei den Telefonaten zu erreichen, wurde vorab ein Gesprächsleitfaden, mit den Inhalten Einleitungstext, Gespräch mit der Geschäftsführung und Frequently Asked Questions, entwickelt. Außerdem wurde festgelegt, dass ein Unternehmen maximal drei Mal kontaktiert wird, falls es nicht sofort erreichbar ist. Die durchgeführten Telefonate brachten folgende Ergebnisse: 35 doppelte und 14 inaktive KMU waren in der Datenbank enthalten, sieben Unternehmen unterlagen einer Konzernzugehörigkeit, 319 Unternehmen konnten nicht erreicht werden und 1602 lehnten die Teilnahme an der Untersuchung ab. Somit konnten 2092 Unternehmen für den zweiten Erhebungsschritt verwendet werden. Um eine spätere Nachvollziehbarkeit der Telefonbefragung gewährleisten zu können, wurden alle Ergebnisse zur Befragung schriftlich festgehalten. Der Grund für eine aufwendige telefonische Vorabkontaktaufnahme lag darin, dass erstens die Rücklaufquote für die Online-Befragung gesteigert werden sollte, zweitens konnten nochmals die Daten aus der Unternehmensdatenbank geprüft werden, und drittens erlaubt die rechtliche Situation in Österreich keine Versendung von Massenmails (mehr als 50 EmpfängerInnen) ohne die Einwilligung des Empfängers (vgl. Wirtschaftskammer Österreich 2012a, online). Im zweiten Schritt der Datenerhebung wurde

---

[1]Die für diese Dissertation maßgebenden Fragen wurden im Zuge eines großen Forschungsprojekts, das sich mit Erfolgsfaktoren in Krisenzeiten beschäftigt, miterhoben.

ein Link zum Online-Fragebogen an die teilnahmebereiten Unternehmen gesandt. Die Erhebung fand im September und Oktober 2011 statt. Als Ergebnis zeigte sich, dass 749 Unternehmen tatsächlich auf den Fragebogen zugriffen (Ausschöpfungsquote 35,80 %). Die Beendigungsquote liegt mit 321 ausgefüllten Fragebögen bei 15,34 %. Zusätzlich war durch das Online-Erhebungsinstrument ersichtlich, dass 239 Unternehmen sofort und 82 Unternehmen nach einer Unterbrechung den Fragebogen beendeten. Betrachtet man die gesamte Beendigungsquote der Vollerhebung (Vorabtelefonate plus Online-Befragung), liegt diese bei 7,9 %.

4.7 Auswertungsmethoden

Dieses Kapitel gibt einen ersten Überblick über die in Kap. 5 verwendeten Auswertungsmethoden. Details zu den einzelnen Auswertungsmethoden, wie z. B. Interpretation von Grenzwerten, werden bei der jeweiligen Analyse dargestellt. Nach der Überprüfung und Bereinigung der Daten beschreibt Abschn. 5.2 die Untersuchungseinheiten anhand von relativen und absoluten Häufigkeiten. Dadurch soll ein erstes Gefühl für die Datenbasis erlangt werden. Anschließend wird die Güteprüfung des Messmodells EM, das aus der Literatur abgeleitet wurde und im Fokus dieser Dissertation steht, durchgeführt. Im Zuge dessen findet eine explorative Faktorenanalyse und anschließend eine konfirmatorische Faktorenanalyse ihre Anwendung. Abschließend wird die Prüfung hinsichtlich einer Normalverteilung mittels Kolmogorov-Smirnov-Test durchgeführt. Um die in Kap. 3 aufgestellten Zusammenhangshypothesen zu prüfen, werden Regressionen angewandt. Dabei wird aufgrund der Beschaffenheit der Variablen zwischen linearen und binär logistischen Regressionen unterschieden.

Ergebnisse der empirischen Studie

5.1 Überprüfung und Bereinigung der Daten

Wie in Abschn. 4.6 beschrieben, standen aufgrund der beendeten Fragebögen 321 Fälle für die Auswertung zur Verfügung. Bevor mit den Auswertungen begonnen wurde, fand eine erneute Überprüfung und Bereinigung der Daten statt. Im ersten Schritt wurden die 321 beendeten Fragebögen dahingehend untersucht, ob es TeilnehmerInnen gab, die den Fragebogen wahllos, durch die durchgängige Auswahl nur hoher (1) oder niedriger Ausprägungen (7), beantworteten und somit nicht zu verwenden waren. Nur ein Proband beantwortete den Fragebogen auf diese Weise und wurde daher aus dem Datensatz ausgeschieden. Im zweiten Schritt wurde die MitarbeiterInnenanzahl überprüft, obwohl diese schon im Zuge der telefonischen Datenerhebung ermittelt wurde. Eine Wiederholung der Überprüfung resultierte daraus, dass die Anzahl der MitarbeiterInnen wesentlich für diese Untersuchung ist und nur Unternehmen befragt werden sollten, die 10 bis 249 MitarbeiterInnen beschäftigen. Die erneute Analyse der MitarbeiterInnenanzahl zeigte, dass der Datensatz 20 Fälle unter zehn bzw. über 249 MitarbeiterInnen beinhaltete. Folglich wurden diese ausgeschlossen. Die nun vorhandenen 300 Fälle wurden zusätzlich auf Missing Values untersucht. Unter Missing Values versteht man fehlende Werte im Datensatz. Dies ist jedoch keine Seltenheit und kommt in vielen Datensätzen vor. Fehlende Werte führen oftmals zu Verzerrungen in den Ergebnissen und sollten daher im Vorhinein berücksichtigt werden (vgl. Brosius 2008, S. 68). Hair et al. (vgl. 2010, S. 47 f., 56) weisen darauf hin, dass Missing Values unter 10 % bei einzelnen Fällen ignoriert werden können (vgl. Göthlich 2009, S. 132). Weiters können bei unter 10 % von fehlenden Werten alle Imputationsmethoden verwendet werden. Da jedoch in anderen Quellen darauf hingewiesen wird, dass Werte über 5 % die Analyse beeinträchtigen können, wurde in einem weiteren Schritt entschieden, alle Fälle über 5 % auszuschließen (vgl. IBM 2011, S. 1, online). Aus dem Anhang (siehe Tab. A.1 und Tab. A.2) kann entnommen

© Springer Fachmedien Wiesbaden GmbH 2017

J. Schmid, *Entrepreneurial Marketing,* Forschung und Praxis an der FHWien der WKW,
DOI 10.1007/978-3-658-15172-0_5

werden, dass ausschließlich die Variable Z. v. K von Missing Values über 5 % betroffen
war. Hingegen weist EM Werte unter 0,5 % und die Variablen zur Krisenbetroffenheit
und Umwelt Werte unter 1,5 % auf. Nach der Eliminierung von 38 Fällen gab es keine
Variable, bis auf die Variable Krisenbetroffenheit, mit fehlenden Werten über 1,5 %. Die
fehlenden Werte der Variable Krisenbetroffenheit wurden nicht verändert, da diese Frage
eine Filterfrage darstellt. Die restlichen fehlenden Werte der Variablen wurden durch
Mittelwerte ersetzt. Folglich stehen für die nachfolgenden Auswertungen 262 Fälle zur
Verfügung.

5.2   Beschreibung der Untersuchungseinheiten

Die Beschreibung der Untersuchungseinheiten beginnt mit einer Analyse der befragten
ProbandInnen. Dies ist wesentlich, da der Fragebogen nur an Personen adressiert war, die
sich zum Zeitpunkt der Befragung in einer Führungsebene befanden, wie z. B. UnternehmerInnen, GeschäftsführerInnen, Vorstände oder Personen in Leitungsfunktionen. Diese
können am besten Auskunft über die Unternehmenssituation geben und wurden daher
ausgewählt. Anschließend wird die Verteilung der Subbranchen innerhalb des ÖNACE-
Abschnitts C dargestellt. Weiters wird dem Unternehmensalter und der wirtschaftlichen
Situation der Unternehmen Rechnung getragen. Um einen ersten Einblick in das Daten-
material zu erhalten, werden die soeben beschriebenen Analysen anhand deskriptiver
Statistiken, im Speziellen relative und absolute Häufigkeitsverteilungen, dargestellt.

Abb. 5.1 zeigt anhand einer relativen Häufigkeitsverteilung, dass 72,1 % der befragten
Personen sich in einer Führungsebene befinden und die Funktion UnternehmerIn, Vor-
stand oder Geschäftsführung bekleiden. 22,2 % befinden sich in der mittleren Manage-
mentebene und 5,7 % haben angegeben, in der Funktion „Sonstiges" tätig zu sein. Dabei
werden Funktionen wie z. B. BetriebsleiterIn, Leitung Controlling bzw. Rechnungswesen, ProkuristIn, WerksleiterIn oder Assistenz der Geschäftsführung genannt. Daraus
kann abgeleitet werden, dass der Fragebogen nur von jenen Personen ausgefüllt wurde,
die das nötige Know-how für die Beantwortung der Fragen mit sich brachten.

Die Abb. 5.2 zeigt die Primärcodes der ÖNACE-Gliederung im Abschnitt C Herstellung von Waren. Die Verteilung der Subbranchen innerhalb der befragten Unternehmen
zeigt, dass fast die Hälfte der teilnehmenden Unternehmen (47,2 %) aus den Subbranchen Herstellung von Metallerzeugnissen, Maschinenbau, Herstellung von Möbeln und
Herstellung von Nahrungs- und Futtermitteln stammt. Dieses Bild spiegelt sich auch in
der Grundgesamtheit wider. Analysiert man die einzelnen Subbranchen, ist ersichtlich,
dass sich 17,9 % der befragten Unternehmen in der Subbranche Herstellung von Metallerzeugnissen befinden. Diese Subbranche ist somit am häufigsten unter den befragten
Unternehmen vertreten. Vergleicht man dies mit der Grundgesamtheit, weist auch diese
Subbranche die größte Anzahl an Unternehmen (20 %) im Abschnitt C auf. Obwohl sich
durchaus Unterschiede zwischen den befragten Unternehmen und der Grundgesamtheit (z. B. Subbranchen Herstellung von Leder, Lederwaren und Schuhen und sonstiger

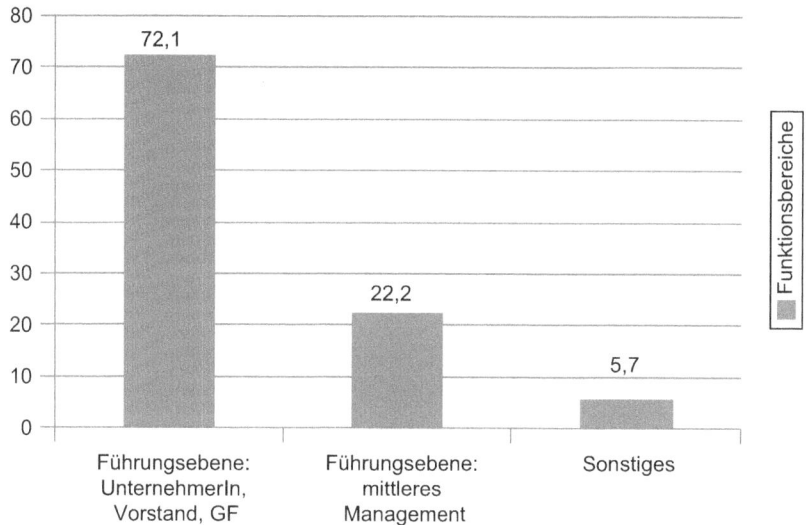

Abb. 5.1 Relative Häufigkeitsverteilung der ProbandInnen nach Funktionsbereichen. (Quelle: Eigene Darstellung)

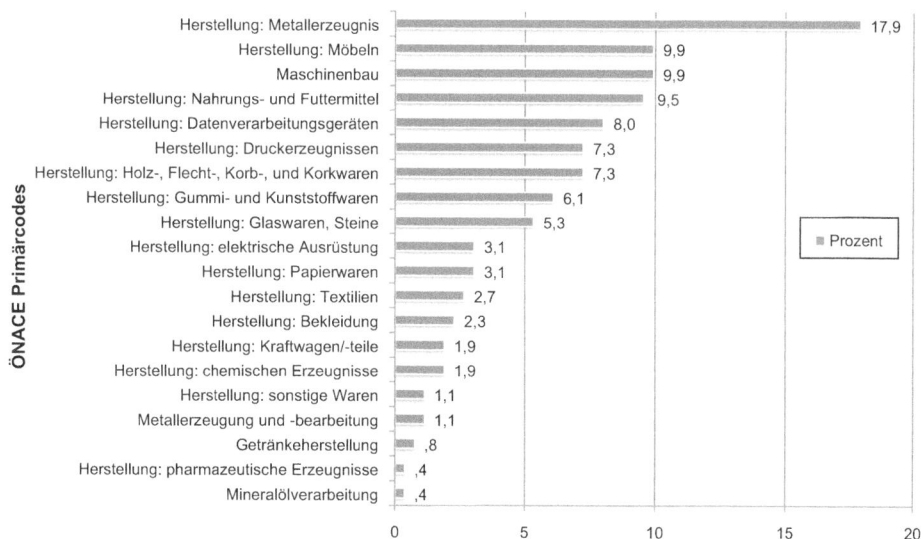

Abb. 5.2 Relative Häufigkeitsverteilung nach den ÖNACE C Primärcodes innerhalb der befragten Unternehmen. (Quelle: Eigene Darstellung)

Fahrzeugbau) erkennen lassen, sind diese nicht signifikant (p = 0,090; siehe Anhang Tab. A.3). Manche Subbranchen sind mit einer sehr kleinen Fallzahl vertreten, daher kann der Nachweis von signifikanten Unterschieden erschwert sein. Zusammenfassend kann festgehalten werden, dass die Verteilung der Subbranchen innerhalb der befragten Unternehmen die Grundgesamtheit gut abbildet.

Betrachtet man die untersuchten Unternehmen im Hinblick auf das Unternehmensalter, zeigt sich, dass 35,6 % der befragten Unternehmen bis 25 Jahre, 26,1 % zwischen 26 und 50 Jahren und 38,3 % über 50 Jahre alt sind. Dies zeigt, dass der Anteil an sehr erfahrenen Unternehmen (älter als 50 Jahre) mit circa 38 % am höchsten ist (siehe Abb. 5.3).

Abschn. 2.4 und 4.1 gingen auf die wirtschaftliche Situation der österreichischen KMU im produzierenden Bereich ein. Folglich wurde auch im Fragebogen die wirtschaftliche Lage der Unternehmen hinterfragt. Als Einstieg in die Thematik wurden die untersuchten Unternehmen angehalten, die wirtschaftliche Lage des Unternehmens vor der Wirtschaftskrise (2007/2008) anhand einer siebenteiligen Skala, beginnend bei 1 = sehr schlecht bis 7 = sehr gut, zu beurteilen.

In Abb. 5.4 wird die relative Häufigkeitsverteilung der wirtschaftlichen Lage vor der Wirtschaftskrise dargestellt. Daraus ist ersichtlich, dass 72,1 % der befragten Unternehmen die wirtschaftliche Lage vor der Wirtschaftskrise als gut (sehr gut – eher gut), 15,3 % als neutral und nur 12,6 % als schlecht (sehr schlecht – eher schlecht) beurteilten. Der Mittelwert liegt bei der Beurteilung der wirtschaftlichen Lage des Unternehmens vor

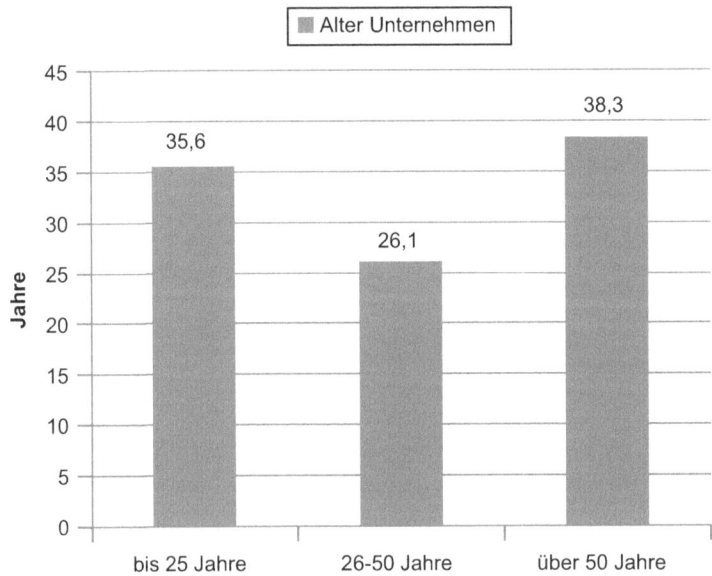

Abb. 5.3 Relative Häufigkeitsverteilung nach dem Alter der befragten KMU. (Quelle: Eigene Darstellung)

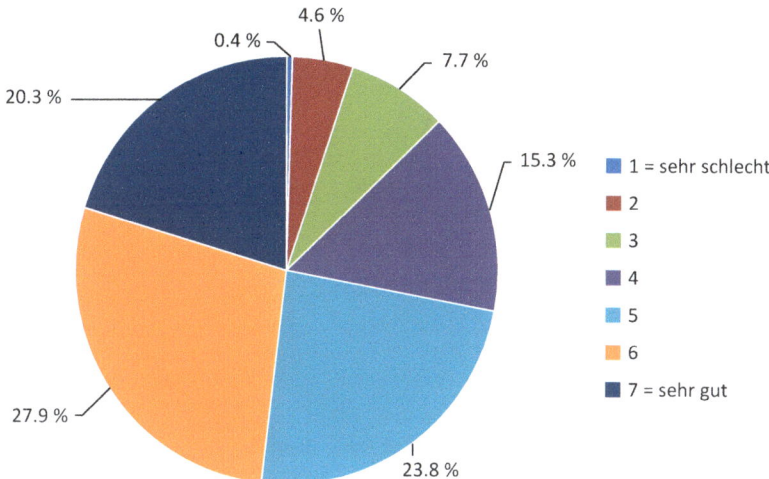

Abb. 5.4 Relative Häufigkeitsverteilung der wirtschaftlichen Lage vor der Wirtschaftskrise. (Quelle: Eigene Darstellung)

der Wirtschaftskrise bei 5,23, der Median bei 5,00, das 25 %-Perzentil bei 4,00 und das 75 %-Perzentil bei 6,00.

Im Vergleich zur wirtschaftlichen Lage des Unternehmens vor der Wirtschaftskrise wurde im Fragebogen die Auswirkung der Wirtschaftskrise auf die wirtschaftliche Lage des Unternehmens erfragt. Hier kam ebenfalls eine siebenteilige Skala, beginnend mit 1 = sehr negativ bis 7 = sehr positiv, zur Anwendung. In Abb. 5.5 werden anhand von relativen Häufigkeitsverteilungen die Auswirkungen der Wirtschaftskrise auf die wirtschaftliche Lage des Unternehmens dargestellt. Zusammengefasst zeigt diese Abbildung, dass 51,9 % der befragten Unternehmen eine negative Auswirkung und 23,3 % eine positive Auswirkung auf die wirtschaftliche Lage des Unternehmens wahrnehmen konnten. 24,8 % der befragten Unternehmen gaben an, dass die Wirtschaftskrise keine Auswirkung auf die wirtschaftliche Lage des Unternehmens hatte. Der Mittelwert liegt bei der Beurteilung der Auswirkung der Wirtschaftskrise auf die wirtschaftliche Lage des Unternehmens bei 3,58, der Median bei 3,00, das 25 %-Perzentil bei 3,00 und das 75 %-Perzentil bei 4,00.

Die negative Auswirkung der Wirtschaftskrise auf die wirtschaftliche Lage eines Unternehmens konnte nicht nur in Abb. 5.5 aufgezeigt werden, sondern spiegelt sich auch in der Entwicklung der MitarbeiterInnenanzahl wider. Besonders gilt dies, wie in Abb. 5.6 ersichtlich, für die Jahre 2007 bis 2009. In diesem Zeitraum ist die MitarbeiterInnenanzahl der untersuchten KMU von 13.044 auf 12.552 gesunken. Ab 2009 bis 2011

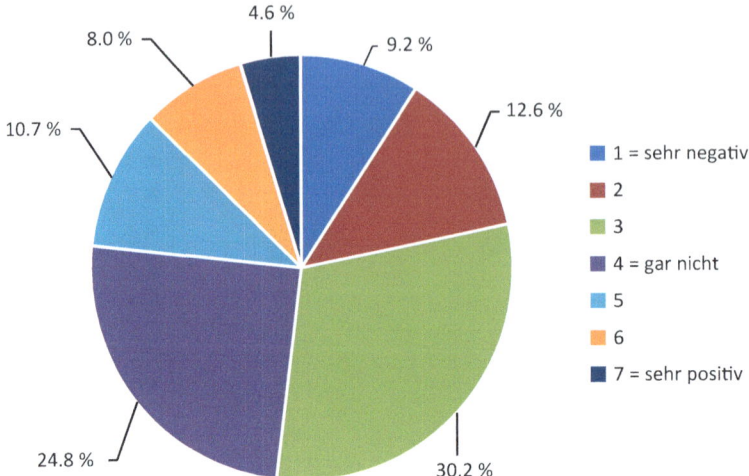

Abb. 5.5 Relative Häufigkeitsverteilung der Auswirkung der Wirtschaftskrise auf die wirtschaftliche Lage des Unternehmens. (Quelle: Eigene Darstellung)

Abb. 5.6 Absolute Häufigkeitsverteilung – MitarbeiterInnenanzahl in den Jahren 2007 bis 2011. (Quelle: Eigene Darstellung)

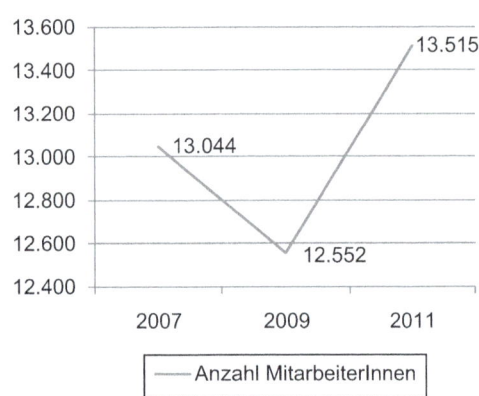

konnte wieder ein Anstieg auf 13.515 MitarbeiterInnen verzeichnet werden. Die MitarbeiterInnenanzahl bildet somit die im Jahr 2007 beginnende Finanz- und Wirtschaftskrise, die sich anschließend in eine realwirtschaftliche Krise verwandelte und im Jahr 2009 seinen Tiefpunkt fand (wie auch in Abschn. 2.4 dargestellt), in dieser Studie gut ab.

5.3   Das Konstrukt Entrepreneurial Marketing

In diesem Kapitel wird zunächst der aktuelle Stand der Skalenentwicklung aufgezeigt und anschließend die statistische Analyse des Konstrukts EM vorgenommen.

5.3.1   Aktueller Stand der Skalenentwicklung

Die Entwicklung eines reliablen und validen Messmodells wird in der Forschung als eine herausfordernde Aufgabe angesehen. Rossiter (vgl. 2002, S. 306 f., 332) zeigt im Zusammenhang mit der Konstruktentwicklung das C-OAR-SE-Modell auf. Hierbei sind die wesentlichen Schritte die Konstruktdefinition, wobei darin die Klassifizierung des Objektes und der Indikatoren (Attribute) beinhaltet sind, die Ermittlung der Beurteilungssubjekte, die Skalenbildung mit der darin beinhalteten Skalenbereinigung und die abschließende Darstellung des Gesamtwerts für das Konstrukt *(enumeration)*. Beim C-OAR-SE-Modell steht die Inhaltsvalidität im Zentrum. Slavec und Drnovsek (vgl. 2012, S. 39–62) zeigen im Zuge der Skalenentwicklung einen Prozess mit drei Phasen auf. Darin sind zehn Schritte inkludiert, die bei der Skalenentwicklung unterstützen sollen. Beginnend bei der Darstellung der Phase eins, stehen die theoretische Relevanz und die Existenz des Konstrukts (vgl. Slavec und Drnovsek 2012, S. 53–56) im Vordergrund. Im ersten Schritt dieser Phase muss die inhaltliche Spezifizierung der Forschung z. B. mittels Literaturrecherche vorgenommen werden. Darauf aufbauend werden im zweiten Schritt mögliche Items identifiziert bzw. generiert. Im dritten Schritt wird die inhaltliche Gültigkeit dieser Items z. B. mithilfe der Unterstützung von ExpertInnen und ForscherInnen evaluiert. Legt man die ersten drei Schritte der ersten Phase auf diese Dissertation um, bedeutet dies Folgendes: In den Kap. 1 und 2 wurde durch die Aufarbeitung der Forschungsergebnisse der letzten 30 Jahre u. a. auf die Relevanz und Existenz von EM eingegangen. Weiters wurden im Abschn. 2.2.3 bestehende Bezugsrahmen von EM aufgezeigt. Hierbei wurde festgestellt, dass der Bezugsrahmen nach Morris et al. (vgl. 2002, S. 5–8) geeignet sein kann, um EM konzeptionell zu fassen. Es wird deshalb die Formulierung „geeignet sein kann" verwendet, da der Bezugsrahmen nach Morris et al. (vgl. 2002, S. 5–8), wie auch im Abschn. 2.2.3 ersichtlich, aufgrund von neuen Forschungsergebnissen (*opportunity-focus* wird durch *market driving* ersetzt) adaptiert wurde. Aufgrund des Bezugsrahmens konnten einerseits bestehende Skalen, die zur Messung von EM beitragen, identifiziert und andererseits neue Items entwickelt werden. Die inhaltliche Gültigkeit der Items wurde anschließend durch die Unterstützung von ForscherInnen evaluiert. Zusätzlich wurden die Items auch auf der Academy of Marketing Conference (vgl. Schmid 2012, S. 1–12) präsentiert und diskutiert.

In der Phase zwei der Skalenentwicklung stehen die Repräsentativität und die Eignung der Datensammlung (vgl. Slavec und Drnovsek 2012, S. 57–59) im Zentrum. Diese Phase gliedert sich in vier Schritte: Entwicklung und Evaluierung des Fragebogens,

Übersetzung und Rückübersetzung von fremdsprachigen Items, Pilotstudie/Beschreibung der Stichprobe und Datenerhebung. Diese Phase wurde in Kap. 4 dieser Arbeit erörtert.

Phase drei (vgl. Slavec und Drnovsek 2012, S. 59–62) beschäftigt sich mit der statistischen Analyse und den statistischen Beweisen für das Konstrukt und gliedert sich in drei Schritte: Beurteilung der Dimensionalität, Reliabilität und Validierung des Konstrukts. Auf Phase drei wird im nachfolgenden Unterkapitel eingegangen.

5.3.2 Statistische Analyse von EM

In Abschn. 4.4.1 wurde EM durch 34 Items operationalisiert. Diese Items weisen ein Cronbachs Alpha von 0,902 auf. Mittels explorativer Faktorenanalyse (EFA) soll nun der hohe Grad an Komplexität, der durch die Vielzahl an Items abgebildet wird, durch eine Zusammenführung zu Faktoren verringert werden (vgl. Brosius 2008, S. 771). Im Zuge der EFA kommt als Extraktionsmethode die Hauptachsenanalyse[1] zur Anwendung, da unterstellt wird, dass die Messung der Indikatoren nicht frei von Messfehlern ist und somit nicht die ganze Varianz der Ausgangsvariable erklärt werden kann. Russell (vgl. 2002, S. 1630–1632) empfiehlt daher die Verwendung der Hauptachsenanalyse. Weiters kommt die schiefwinkelige Rotation Promax zur Anwendung, da ein Indikatorset inhaltlich demselben Konstrukt zugeordnet wird und dies folglich die Vermutung aufwirft, dass auch eine gewisse Korrelation zwischen den Faktoren vorhanden sein könnte (vgl. Weiber und Mühlhaus 2010, S. 107 f.; Russell 2002, S. 1634 f., 1637). Morris et al. (vgl. 2002, S. 5–8) zeigen in ihrem konzeptionellen Bezugsrahmen, dass es sich bei EM um ein Konstrukt aus sieben Dimensionen handelt und diese zu vier Variablen verdichtet werden können. Obwohl diese Annahme besteht, wird im ersten Schritt dieser Arbeit die Extraktion basierend auf dem Eigenwert (Eigenwert > 1) vorgenommen. Dabei zeigt die Extraktion acht Faktoren auf (62,356 % erklärte Gesamtvarianz). Betrachtet man den theoretischen Hintergrund von EM, ist keine sinnvolle Zuordnung der Items, die auf die acht Faktoren laden, erkennbar. Ebenfalls können acht Faktoren auch nicht aus der Literatur abgeleitet werden. Analysiert man den Screeplot (siehe Abb. 5.7), ist ersichtlich, dass der erste große Knick nach Faktor 1 und ein weiterer stärkerer Knick nach Faktor 4 zu erkennen ist. Eine Vier-Faktoren-Lösung ist nicht nur aufgrund des Screeplots gut

---

[1]Im Zusammenhang mit der EFA findet auch die Hauptkomponentenanalyse ihre Anwendung. Diese Analysetechnik kann als „rein beschreibend" bezeichnet werden, da die Kommunalitäten zu Beginn auf „1" gesetzt werden. Dies hat zur Folge, dass die gesamte Varianz der Items durch Komponenten beschrieben wird (vgl. Bühner 2011, S. 314 f.; siehe dazu auch Russell 2002, S. 1632). Bühner (vgl. 2011, S. 309) weist daher darauf hin, dass es sich hierbei eigentlich um keine faktoranalytische Methode handelt. Backhaus et al. (vgl. 2008, S. 350) sehen die Hauptkomponentenanalyse eher als eigenständiges Verfahren. Unterschiede zwischen der Hauptkomponenten- und Hauptachsenanalyse entstehen nicht durch die Rechentechnik, sondern durch die Interpretation der Faktoren (Sammelbegriff vs. Ursache).

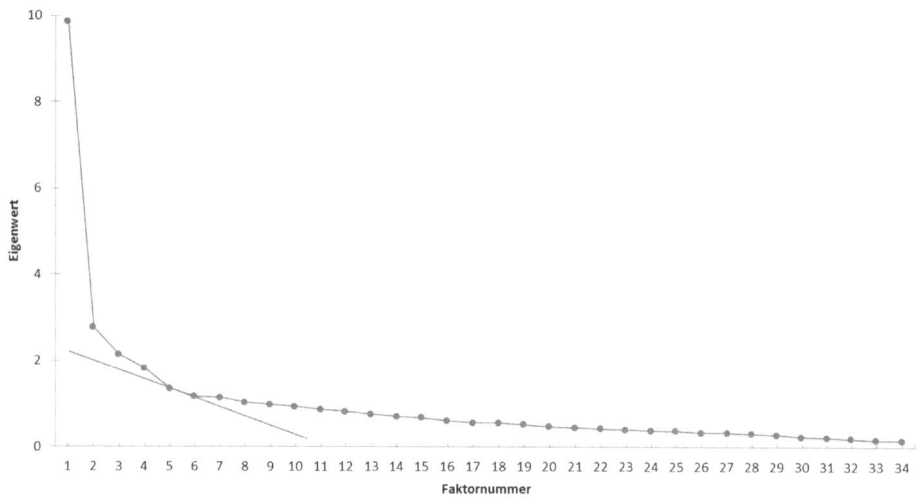

Abb. 5.7 Screeplot EM. (Quelle: Eigene Darstellung)

geeignet, sondern kann auch aus der Theorie abgeleitet werden. EM wird nämlich in der Theorie durch die vier Elemente EO, MO, MD und RL dargestellt.

Basierend auf diesem Ergebnis wird nun, ausgehend von den 34 Items, bei der Extraktion eine feste Anzahl von vier Faktoren vorgegeben und die EFA erneut durchgeführt. Das Ergebnis der EFA (siehe Tab. 5.2) zeigt, dass eine Vier-Faktoren-Lösung, wie auch in der Theorie vermutet, gut geeignet ist. Diese wird nun näher erörtert.

Faktor 1 setzt sich aus den Dimensionen *proactiveness* (EO6, EO7), *proactive market orientation* (PMO1–PMO8) und *market driving* (MD1–MD4) zusammen und wird durch 14 Items abgebildet. Dies ergibt sich aus den hohen Faktorladungen, die deutlich auf diesen Faktor laden. Das Ergebnis spiegelt somit das in der Literatur beschriebene Zusammenspiel dieser Dimensionen wider. Wichtig ist es einerseits, Marktchancen proaktiv vor den Konkurrenten zu erkennen, und andererseits latente KundInnenwünsche zu entdecken. Daraus kann KundInnennutzen, der KundInnen in eine neue Richtung führt und darüber hinaus das Verhalten der Konkurrenten beeinflusst, geschaffen werden (vgl. Kraus et al. 2008, S. 95 f.; Schindehutte et al. 2008, S. 21).

Faktor 2 wird durch die Dimension *responsive market orientation* (RMO1–RMO7) abgebildet, da alle Items dieser Dimension auf Faktor 2 laden. Die Verflechtung dieser Items, bei der die Entdeckung und die Befriedigung von bedarfsabhängigen KundInnenbedürfnissen maßgebend sind, wurde in der Literatur von Narver et al. (vgl. 2004, S. 336) aufgezeigt. Dies spiegelt sich auch im Faktor 2 wider.

Faktor 3 wird durch die Dimension *resource leveraging* (RL1, RL2, RL6, RL7) abgebildet. Ursprünglich waren in der Dimension *resource leveraging* acht Items enthalten. Aufgrund zu geringer Faktorladungen (Faktorladung < 0,2) wurden die Items RL3, RL4, RL5 und RL8 eliminiert. Betrachtet man diese Items inhaltlich, ist ersichtlich, dass sich die Items mit der Verleihung/Entlehnung von Geräten/Maschinen/Personal beschäftigen oder die Ressourcen der MitarbeiterInnen in den Vordergrund stellen und somit die internen Ressourcen des Unternehmens abbilden.

Hingegen fokussieren jene vier Items, die auf Faktor 3 laden, Ressourcen, die mit Beziehungen zu GeschäftspartnerInnen/FreundInnen in Verbindung stehen. Wie im Abschn. 4.4.1 dargestellt, wurde *resource leveraging* von Morris et al. (vgl. 2002, S. 8) nur durch die Nennung von exemplarischen Maßnahmen aufgezeigt. Dabei wurde vermutet, dass bei der Ressourcennutzung auch die internen Ressourcen eines Unternehmens inkludiert sind. Aufgrund der viel zu geringen Faktorladungen kann diese Sichtweise in dieser Dissertation nicht unterstützt werden.

Faktor 4 wird durch die Dimensionen *calculated risk-taking* (EO3–EO5) und *innovativeness* (EO2) abgebildet. Das Zusammenspiel dieser Dimensionen wird in der Entrepreneurial-Orientation-Literatur beschrieben (vgl. Miller 1983, S. 771, 778; Lumpkin und Dess 1996, S. 137) und ist daher inhaltlich begründbar. Während alle Items der Dimension *calculated risk-taking* (EO3–EO5) auf Faktor 4 laden, musste das Item EO1, das der Dimension *innovativeness* entstammt, eliminiert werden. Eine zu geringe Ladung dieses Items auf Faktor 4 (Faktorladung < 0,2) und die nichtvorhandene inhaltliche Zuordenbarkeit zu anderen Faktoren waren dafür ausschlaggebend.

Mittels der Analyse konnte vorerst aufgezeigt werden, dass EM aus 29 Items besteht und diese vier Faktoren (siehe Tab. 5.2), wie auch in der Theorie vermutet, zugeordnet werden können. Wie in der dritten Phase bei der Skalenentwicklung gefordert (vgl. Slavec und Drnovsek 2012, S. 59–62), werden nun die statistischen Beweise für das soeben dargestellte EM-Konstrukt aufgezeigt. Anschließend werden die Faktoren interpretiert.

Zur Bestimmung der Dimensionalität der Faktorstruktur wird auf das Kaiser-Kriterium zurückgegriffen. Tab. 5.1 zeigt das KMO-Kriterium von 0,900, wobei Werte zwischen 0,8 bis 0,9 als gut bezeichnet werden (vgl. Brosius 2008, S. 780). Weiters zeigt der Bartlett-Test auf Sphärizität, dass die Nullhypothese (die Korrelationsmatrix ist nur zufällig von der Einheitsmatrix verschieden bzw. die Variablen entstammen aus einer unkorrelierten Grundgesamtheit) (vgl. Dziuban und Shirkey 1974, S. 358 ff.), mit einer Irrtumswahrscheinlichkeit von 0,000 %, abgelehnt werden kann.

Tab. 5.2 stellt die MSA-Koeffizienten (Measure of Sampling Adequacy), Kommunalitäten, Faktorladungen, Eigenwerte, Summe der quadrierten Ladungen und den erklärten Varianzanteil dar. Die MSA-Koeffizienten zeigen bei allen Items, außer bei EO3, EO4 und EO5, hohe Werte, da diese größer als 0,80 sind. Dies bedeutet, dass eine

Tab. 5.1 EM: KMO- und Bartlett-Test. (Quelle: Eigene Darstellung)

Maß der Stichprobeneignung nach Kaiser-Meyer-Olkin	0,900
Ungefähres Chi-Quadrat	3803,610
Bartlett-Test auf Sphärizität df	406
Signifikanz nach Bartlett	0,000

Tab. 5.2 Mustermatrix, MSA-Koeffizienten und Kommunalitäten. (Quelle: Eigene Darstellung)

	MSA	Kommunalität	F1	F2	F3	F4
EO_2	0,889	0,316	–	–	–	0,401
EO_3	0,750	0,452	–	–	–	0,659
EO_4	0,655	0,835	–	–	–	0,912
EO_5	0,695	0,547	–	–	–	0,729
EO_6	0,903	0,233	0,459	–	–	–
EO_7	0,885	0,173	0,395	–	–	–
PMO_1	0,943	0,500	0,706	–	–	–
PMO_2	0,904	0,594	0,765	–	–	–
PMO_3	0,913	0,586	0,761	–	–	–
PMO_4	0,910	0,385	0,561	–	–	–
PMO_5	0,916	0,514	0,712	–	–	–
PMO_6	0,913	0,619	0,774	–	–	–
PMO_7	0,939	0,514	0,713	–	–	–
PMO_8	0,912	0,442	0,631	–	–	–
RMO_1	0,933	0,571	–	0,754	–	–
RMO_2	0,892	0,552	–	0,732	–	–
RMO_3	0,937	0,538	–	0,686	–	–
RMO_4	0,892	0,559	–	0,727	–	–
RMO_5	0,937	0,433	–	0,649	–	–
RMO_6	0,894	0,269	–	0,515	–	–
RMO_7	0,861	0,645	–	0,797	–	–
MD_1	0,963	0,594	0,765	–	–	–
MD_2	0,938	0,565	0,728	–	–	–
MD_3	0,954	0,424	0,636	–	–	–
MD_4	0,910	0,378	0,613	–	–	–
RL_1	0,830	0,474	–	–	0,684	–
RL_2	0,912	0,387	–	–	0,529	–
RL_6	0,760	0,408	–	–	0,639	–
RL_7	0,823	0,605	–	–	0,772	–
Eigenwerte der Faktoren (vor Rotation):			9,064	2,244	1,544	1,261
Summe der quadrierten Ladungen (nach Rotation):			8,369	6,415	3,680	2,358
Erklärter Varianzteil der 4 Faktoren:			55,071[a]			

[a]Erklärter Varianzteil nach Rotation: Wenn die Faktoren korreliert sind, können die Summen der quadrierten Ladungen nicht addiert werden. Folglich ist es nicht möglich, eine Gesamtvarianz nach der Rotation darzustellen

gute Eignung für die Faktoranalyse vorliegt. Lediglich die Items EO3, EO4, EO5 weisen geringere Werte auf. Diese sind jedoch nicht kleiner als 0,50 und sind daher für die Faktorenanalyse noch geeignet (vgl. Bühner 2011, S. 356). Die Kommunalitäten geben Aufschluss darüber, welcher Teil der Streuung einer Variable durch alle Faktoren des Modells erklärt wird (vgl. Brosius 2008, S. 782). Diese Werte sind zumeist größer 0,50 bzw. sehr nahe am Grenzwert angesiedelt und können daher als hinreichend angesehen werden (vgl. Weiber und Mühlhaus 2010, S. 109). Außerdem wird die Grenze kleiner 0,10 nicht unterschritten (vgl. Bühner 2011, S. 358). Die vier Faktoren zeigen, dass ein Anteil von 55,07 % der Varianz (vor Rotation) aufgeklärt werden kann.

In Tab. 5.3 werden die Gütekriterien der ersten Generation durch die Reliabilitätsprüfung auf Konstruktebene mittels Cronbachs Alpha und Inter-Item-Korrelation (IIK) geprüft. Das Cronbachs Alpha soll nach Nunnally (vgl. 1978, S. 245, zitiert nach Weiber und Mühlhaus 2010, S. 115) einen Wert größer/gleich 0,7 annehmen (Cronbachs Alpha nach Rossiter circa 0,8 [vgl. Rossiter 2002, S. 331]). Die IIK hingegen soll nach Robinson et al. (vgl. 1991, S. 13, zitiert nach Weiber und Mühlhaus 2010, S. 115) einen Wert größer/gleich 0,3 annehmen. Weiters wird die Reliabilitätsprüfung auf Indikatorebene durch die „Korrigierte Item-to-Total-Korrelation" (KITK) vorgenommen. Die Trennschärfekoeffizienten dürfen dabei nicht kleiner als 0,30 sein (vgl. Bühner 2011, S. 244). Weise (vgl. 1975, S. 219, zitiert nach Bortz und Döring 2003, S. 218 f.) postuliert, dass Werte zwischen 0,3 und 0,5 mittelmäßig und Werte größer 0,5 hoch sind. Die Ergebnisse der Reliabilitätsprüfung der ersten Generation zeigen, wie in Tab. 5.3 ersichtlich, dass alle Cronbachs Alphas Werte über 0,7 aufweisen. Die IIK weist bei allen vier Faktoren Werte größer 0,3 auf. Daraus ist ersichtlich, dass das Indikatorset zur Konstruktmessung geeignet ist. Zusätzlich wird analysiert, inwieweit einzelne Indikatorvariablen für die Konstruktmessung geeignet sind. Aus der Spalte KITK ist ersichtlich, dass die Trennschärfekoeffizienten bei EO6, EO7, RMO6, RL2 und EO2 als mittelmäßig und bei allen anderen Items als hoch eingestuft werden können.

Nachdem die Dimensionalität von EM aufgezeigt wurde und im Zuge der EFA die Reliabilitätsprüfung der ersten Generation gezeigt hat, dass eine Vier-Faktoren-Lösung geeignet ist, werden nun die identifizierten Faktoren benannt. Dazu werden die einzelnen Faktoren mit den dazugehörigen Items und ihren Kurzbezeichnungen (siehe Tab. 5.4 bis Tab. 5.7) dargestellt. Anschließend werden die Kernelemente des jeweiligen Faktors identifiziert und abschließend der Faktor benannt.

Aufgrund der Faktorladungen konnten 14 Items, wie in Tab. 5.4 ersichtlich, dem Faktor 1 zugeordnet werden.

Die Items EO6 und EO7 entstammen der Dimension *proactiveness*. Bei Betrachtung dieser Items ist ersichtlich, dass einerseits Marktveränderungen Chancen schaffen und andererseits MitarbeiterInnen eher Chancen als Probleme wahrnehmen. Chancenorientierung kann als Voraussetzung für proaktives Verhalten angesehen werden. Denn nur wer die Umwelt nicht als gegeben sieht, kann durch proaktives Verhalten Chancen wahrnehmen respektive schaffen und in weiterer Folge nutzen (vgl. Van de Ven und Poole 1995, S. 531). Das proaktive Verhalten steht somit bei EO6 und EO7 im Vordergrund.

Tab. 5.3 EM: Reliabilitätsprüfung der ersten Generation. (Quelle: Eigene Darstellung)

Faktoren	Indikatoren	Cronbachs Alpha (standardisiert)	Inter-Item-Korrelation (IIK)	Korrigierte Item-to-Total-Korrelation (KITK)
Faktor 1	EO6	0,915 (0,914)	0,431	0,433
	EO7			0,386
	PMO1			0,679
	PMO2			0,730
	PMO3			0,721
	PMO4			0,523
	PMO5			0,675
	PMO6			0,728
	PMO7			0,681
	PMO8			0,601
	MD1			0,738
	MD2			0,703
	MD3			0,612
	MD4			0,585
Faktor 2	RMO1	0,867 (0,867)	0,481	0,690
	RMO2			0,681
	RMO3			0,646
	RMO4			0,650
	RMO5			0,620
	RMO6			0,473
	RMO7			0,731
Faktor 3	RL1	0,752 (0,753)	0,433	0,591
	RL2			0,448
	RL6			0,540
	RL7			0,635
Faktor 4	EO2	0,758 (0,761)	0,443	0,354
	EO3			0,538
	EO4			0,726
	EO5			0,637

Die Items PMO1 bis PMO8 gehören zur Dimension *proactive market orientation*. Nach Narver et al. (vgl. 2004, S. 346; 1990, S. 21) spiegeln diese das Verhalten im Unternehmen wider, das notwendig ist, um einen hohen Mehrwert für KundInnen zu schaffen. Bei genauerer Betrachtung der acht Items kann festgestellt werden, dass PMO4 und PMO5 sich mit bestehenden Produkten/Dienstleistungen beschäftigen. Hierbei stehen

Tab. 5.4 Faktor 1: Marktorientiertes Auslösen von Verhaltensänderungen der MarktteilnehmerInnen (Items inkl. Kurzbezeichnungen). (Quelle: Eigene Darstellung)

Proactiveness	EO6	Wir sind uns ganz sicher, dass Marktveränderungen Chancen für uns schaffen
	EO7	Die MitarbeiterInnen unseres Unternehmens sprechen mehr über Chancen als über Probleme
Proactive market orientation	PMO1	Wir unterstützen unsere KundInnen dabei, Marktentwicklungen im Voraus zu erkennen
	PMO2	Wir versuchen laufend, zusätzliche Bedürfnisse unserer KundInnen ausfindig zu machen, noch bevor die KundInnen diese Bedürfnisse selbst erkennen
	PMO3	Wir beziehen auch Lösungen für bisher nicht geäußerte KundInnenbedürfnisse in unsere neuen Produkte/Dienstleistungen ein
	PMO4	Wir machen uns Gedanken darüber, wie die KundInnen unsere Produkte/Dienstleistungen verwenden
	PMO5	Wir entwickeln unsere Produkte/Dienstleistungen ständig weiter, auch auf die Gefahr hin, dass unsere bisherigen Produkte/Dienstleistungen dadurch veralten
	PMO6	Wir suchen sogar Marktchancen in solchen Bereichen, in denen die KundInnen noch Probleme haben, ihre Bedürfnisse zu äußern
	PMO7	Wir arbeiten eng mit innovationsinteressierten KundInnen zusammen, die versuchen, Bedürfnisse früher als der Großteil der KundInnen zu erkennen
	PMO8	Wir erstellen Prognosen über die zukünftigen Bedürfnisse unserer KundInnen
Market driving	MD1	Wir versuchen immer wieder neue Produkte/Dienstleistungen zu entwickeln, welche unsere KundInnen dazu bringen sollen, ihr Kaufverhalten zu überdenken
	MD2	Wir sind Vorreiter am Absatzmarkt und gehen davon aus, dass uns KundInnen und Konkurrenten folgen werden
	MD3	Wir greifen immer wieder gezielt Ideen aus anderen Branchen auf, um damit KundInnen und/oder Konkurrenten zu überraschen
	MD4	Wir entwickeln immer wieder neue, aufsehenerregende Marketingkonzepte, die von der Konkurrenz nachgeahmt werden

die Verwendung und die Weiterentwicklung dieser, auch wenn bestehende Produkte/ Dienstleistungen veralten, im Zentrum. Die Items PMO2, PMO3, PMO7 und PMO8 fokussieren die Erkennung von latenten KundInnenbedürfnissen. Diese werden durch die Erstellung von Prognosen, die Zusammenarbeit mit innovationsorientierten KundInnen und die Auseinandersetzung mit zusätzlichen Bedürfnissen erkannt. PMO1 und PMO6 beleuchten die Marktsicht eines Unternehmens, da einerseits Marktchancen aufgegriffen werden, obwohl KundInnen ihre Bedürfnisse in diesen Bereichen noch nicht geäußert haben, andererseits den KundInnen zukünftige Marktentwicklungen aufgezeigt werden. Trends werden somit vom Unternehmen gesetzt und dadurch eine Vorreiterstellung am Markt erlangt. Die acht Items bilden somit nicht nur den Mehrwert, der für KundInnen geschaffen werden soll, ab, sondern zeigen auf, dass KundInnen durch eine proaktive Marktorientierung in eine neue Richtung geführt werden können, die nicht nur KundInnen, sondern auch Konkurrenten beeinflussen.

Die Items MD1 bis MD4 entstammen der Dimension *market driving* und zielen auf eine Beeinflussung der MarktteilnehmerInnen ab. Dies kann durch die kontinuierliche Entwicklung von neuen Produkten/Dienstleistungen, bei der branchenübergreifende Ideen einfließen, erreicht werden. Nicht nur das Kaufverhalten der KundInnen, sondern auch das Verhalten der Konkurrenz kann sich dadurch verändern. Gelingt es, KundInnen und Konkurrenten durch innovatives, proaktives Handeln, wie z. B. durch die Entwicklung von aufsehenerregenden Marketingkonzepten oder Produktneuentwicklungen, zu überraschen, so kann eine Vorreiterstellung am Markt erlangt werden.

Zusammenfassend betrachtet zeichnet sich Faktor 1 durch die proaktive Marktorientierung und die Marktbeeinflussung kombiniert mit proaktivem Verhalten aus. Diese Kombination ermöglicht ein Auslösen von Verhaltensänderungen bei den MarktteilnehmerInnen. Faktor 1 wird daher als „Marktorientiertes Auslösen von Verhaltensänderungen der MarktteilnehmerInnen (MAV)" bezeichnet.

Aufgrund der Faktorladungen konnten sieben Items, wie in Tab. 5.5 ersichtlich, Faktor 2 zugeordnet werden.

Alle Items (RMO1 bis RMO7) dieses Faktors gehören zur Dimension *responsive market orientation* (vgl. Narver et al. 2004, S. 346; Narver und Slater 1990, S. 21). Während die Items RMO1 und RMO4 die Analyse der KundInnen, i. S. v. regelmäßigen Messungen der KundInnenzufriedenheit und des Erfüllungsgrads der KundInnenwünsche, aufgreifen,

Tab. 5.5 Faktor 2: KundInnenorientierung (Items inkl. Kurzbezeichnungen). (Quelle: Eigene Darstellung)

Responsive market orientation	RMO1	Wir kontrollieren ständig, inwieweit wir den Wünschen unserer KundInnen nachkommen
	RMO2	Wir verbreiten Informationen über positive und negative Erfahrungen unserer KundInnen im gesamten Unternehmen
	RMO3	Unsere Strategie zur Erzielung von Wettbewerbsvorteilen basiert auf dem Erkennen von KundInnenbedürfnissen
	RMO4	Wir messen die Zufriedenheit unserer KundInnen systematisch und regelmäßig
	RMO5	Wir sind stärker kundenorientiert als unsere Konkurrenz
	RMO6	Das Unternehmen ist vor allem dazu da, um KundInnenbedürfnisse zu befriedigen
	RMO7	Informationen über die KundInnenzufriedenheit werden regelmäßig über alle Ebenen des Unternehmens verbreitet

spiegeln die Items RMO2 und RMO7 die Verbreitung der gewonnenen Erkenntnisse im gesamten Unternehmen wider. Die Items RMO3 und RMO6 stellen das Erkennen und die Befriedigung von KundInnenbedürfnissen in den Mittelpunkt, wodurch ein wesentlicher Wettbewerbsvorteil generiert werden kann. Dies kann gelingen, wenn, wie im Item RMO5 abgebildet, eine stärkere KundInnenorientierung als bei der Konkurrenz vorhanden ist. Als Kernelemente können die Analyse der KundInnen, der Umgang mit den gewonnenen Erkenntnissen und das Erkennen und die Befriedigung von KundInnenbedürfnissen iden-tifiziert werden. Faktor 2 spiegelt daher die KundInnenorientierung eines Unternehmens wider und wird deshalb als „KundInnenorientierung (KO)" bezeichnet.

Aufgrund der Faktorladungen konnten vier Items, wie in Tab. 5.6 ersichtlich, Faktor 3 zugeordnet werden.

Diese vier Items gehören zur Dimension *resource leveraging*. Die Nutzung von Beziehungen zu FreundInnen, GeschäftspartnerInnen bzw. Unternehmen stehen bei den Items RL1, RL6 und RL7 im Mittelpunkt. Diese Beziehungen ermöglichen eine kosten-günstige Realisierung von gemeinsamen, erweiterten Leistungsangeboten, gemeinsamen Marketingaktionen, wie z. B. die Weiterempfehlung des Unternehmens, und die Beschaf-fung von Informationen respektive Rat. Während die soeben beschriebenen Items Bezie-hungen aufgreifen, verkörpert RL2 die Bereitschaft, diese zu schaffen und/oder zu nutzen, um daraus resultierend eine Streckung der Ressourcen zu erzielen. Obwohl bei allen Items die Ersparnis von Kosten vordergründig zu sein scheint, werden nicht nur finanzielle, sondern auch z. B. personelle Ressourcen (z. B. Know-how, Erfahrung der MitarbeiterInnen) durch die Nutzung von Beziehungen effizienter genutzt. Faktor 3 zielt somit auf die Schaffung, Nutzung und folglich Streckung von Ressourcen ab und wird deshalb als „Nutzung von Beziehungen zur Ressourcenstreckung (NBR)" bezeichnet.

Aufgrund der Faktorladungen konnten vier Items, wie in Tab. 5.7 ersichtlich, Faktor 4 zugeordnet werden.

Die Items EO3 bis EO5 gehören der Dimension *calculated risk-taking* und das Item EO2 der Dimension *innovativeness* an und werden im Faktor 4 vereint. Bei Betrach-tung dieser Items kann festgestellt werden, dass der Aspekt der Sicherheit maßgebend für diese Items ist. Aus allen Items geht hervor, dass Unternehmen Risiken nur dann

Tab. 5.6 Faktor 3: Nutzung von Beziehungen zur Ressourcenstreckung (Items inkl. Kurzbezeich-nungen). (Quelle: Eigene Darstellung)

Resource leveraging	RL1	In unserem Unternehmen nutzen wir Beziehungen zu Freunden, Geschäfts-partnern etc., um kostengünstig Informationen und Rat einzuholen
	RL2	In unserem Unternehmen probieren wir immer wieder etwas aus, um beson-ders kostengünstig wirtschaften zu können
	RL6	Wir vereinbaren mit anderen Unternehmen, uns gegenseitig weiterzuempfeh-len, um Marketingkosten zu sparen
	RL7	Wir nutzen Beziehungen zu anderen Unternehmen, um kostengünstig ein erweitertes Leistungsangebot bieten zu können

Tab. 5.7 Faktor 4: Akzeptanz kalkulierbaren Risikos (Items inkl. Kurzbezeichnungen). (Quelle: Eigene Darstellung)

Innovativeness	EO2	In unserem Unternehmen werden innovative Marketingstrategien gefördert, obwohl man weiß, dass manche davon scheitern werden
Calculated risk-taking[a]	EO3*	In unserem Unternehmen wird eine geordnete und vorsichtige Unternehmensführung höher geschätzt als das Vorantreiben risikoreicher Veränderungsprozesse
	EO4*	Die Geschäftsführung in unserem Unternehmen ist gerne auf der sicheren Seite
	EO5*	Die Geschäftsführung in unserem Unternehmen setzt Pläne nur dann um, wenn sie sicher ist, dass diese funktionieren werden

[a]*Reversed Items

eingehen, wenn das Ausmaß des Risikos vorab kalkuliert werden kann und dieses dem Unternehmen bewusst ist. Ressourcen, sowohl materielle als auch immaterielle, werden nur dann investiert, wenn im Falle eines Misserfolgs die daraus resultierenden Verluste den erfolgreichen Fortbestand des Unternehmens nicht gefährden. Risiken müssen daher kalkulierbar und für das Unternehmen tragbar sein, um vom Unternehmen akzeptiert werden zu können. Folglich trägt Faktor 4 die Bezeichnung „Akzeptanz kalkulierbaren Risikos (AKR)".

Diese vier Faktoren werden zusammenfassend in Abb. 5.8 dargestellt.

Im Zuge der konfirmatorischen Faktorenanalyse (KFA) wird nun die Reliabilitätsanalyse der zweiten Generation vorgenommen. Hierbei stehen die Indikatorreliabilität, die Faktorreliabilität und die durchschnittlich extrahierte Varianz (DEV) im Zentrum der Analyse. Die Indikatorreliabilität soll einen Wert zwischen größer/gleich 0,4 und kleiner/gleich 0,9 aufweisen (vgl. Bagozzi und Baumgartner 1994, S. 402, zitiert nach Weiber und Mühlhaus 2010, S. 127; Netemeyer et al. 2003, S. 153, zitiert nach Weiber und Mühlhaus 2010, S. 127). Zusätzlich zu diesem Wert findet häufig eine Betrachtung der Ladungen statt, wobei diese Prüfung als Mindestanforderung angesehen wird. Hierbei ist wesentlich, dass die Ladungen statistisch signifikant von null verschieden sind. Kann dies nicht erfüllt werden, muss ein Ausschluss der jeweiligen Indikatoren erfolgen (vgl. Weiber und Mühlhaus 2010, S. 122). Nach Bagozzi und Yi (vgl. 1988, S. 82) soll die Faktorreliabilität einen Wert größer/gleich 0,6 und nach Fornell und Larcker (vgl. 1981, S. 46) die DEV einen Wert größer/gleich 0,5 aufweisen.

Tab. 5.8 zeigt die vier Faktoren, deren Faktorladungen, die Ladungsquadrate, die errechnete Fehlervarianz und die Indikatorreliabilität. Ausgehend von diesen Werten können die Faktorreliabilität und die durchschnittlich extrahierte Varianz (DEV), die eine Aussage über die Konstruktvalidität zulassen (vgl. Weiber und Mühlhaus 2010, S. 139), berechnet werden. Betrachtet man Faktor 1, ist ersichtlich, dass sechs von 14 Indikatoren die Indikatorreliabilität nicht erfüllen, da die Werte unter 0,4 liegen. Hingegen kann

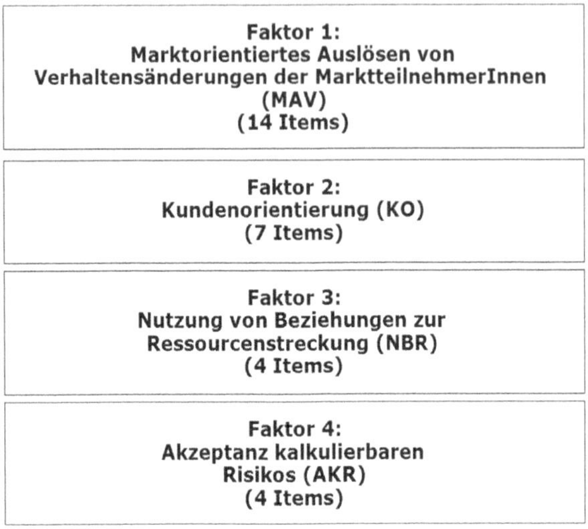

Abb. 5.8 Identifizierte
Faktoren von EM. (Quelle:
Eigene Darstellung)

> **Faktor 1:**
> **Marktorientiertes Auslösen von**
> **Verhaltensänderungen der MarktteilnehmerInnen**
> **(MAV)**
> **(14 Items)**

> **Faktor 2:**
> **Kundenorientierung (KO)**
> **(7 Items)**

> **Faktor 3:**
> **Nutzung von Beziehungen zur**
> **Ressourcenstreckung (NBR)**
> **(4 Items)**

> **Faktor 4:**
> **Akzeptanz kalkulierbaren**
> **Risikos (AKR)**
> **(4 Items)**

bei Faktor 2 die Indikatorreliabilität bei sechs von sieben Indikatoren erfüllt werden. Die Faktoren 3 und 4 zeigen, dass eine ausreichend hohe Indikatorreliabilität bei circa der Hälfte der Indikatoren gegeben ist (F3: drei von vier Indikatoren, F4: zwei von vier Indikatoren). Der AMOS-Output zeigt (ist nicht in der Abb. 5.8 ersichtlich), dass alle Ladungen im Konstrukt EM signifikant von null verschieden sind (p-Werte der Indikatorvariablen ***) und deshalb ein Ausschluss einzelner Indikatoren nicht zwingend erforderlich ist. Aus der Spalte Faktorreliabilität ist ersichtlich, dass alle Faktoren einen Wert größer 0,6 aufweisen. Hingegen liegt die DEV bei allen Faktoren unter 0,5 und kann somit nicht als ausreichend angesehen werden.

Führt man in einem nächsten Schritt die Prüfung des Modell-Fits durch, zeigen die Werte folgendes Bild: Der Modelltest ist signifikant (p = 0,000). Dies würde bedeuten, dass das Modell abgelehnt werden muss. Betrachtet man jedoch „Chi-Quadrat/d. f.", ergibt dies einen Wert von 2,54. Dieses deskriptive Gütemaß würde nach Homburg und Baumgartner (vgl. 1996, S. 13, zitiert nach Weiber und Mühlhaus 2010, S. 290) noch auf einen akzeptablen Modell-Fit hinweisen. Auch der RMSEA, der zu den inferenzstatistischen Gütekriterien zählt, zeigt noch einen akzeptablen Wert von 0,077 auf. Würde man nun einzelne Indikatoren, die im Zuge der Reliabilitätsanalyse der zweiten Generation als nicht reliabel identifiziert wurden (Indikatorreliabilität), eliminieren, würde durch nicht sachlogisches Eliminieren von Indikatoren eine theoretische Verzerrung von EM stattfinden. An dieser Stelle wird nochmals auf Rossiter (vgl. 2002, S. 332) referenziert, der postuliert, dass Inhaltsvalidität besonders wichtig ist und zwingend notwendig für die Skalenentwicklung. Für die in dieser Arbeit vorgenommenen Eliminationen von Indikatoren kann festgehalten werden, dass sie nicht nur aufgrund statistischer Parameter entschieden wurden, sondern auch sachlogisch begründet sind. Aufgrund der niedrigen Werte bei den Indikatorreliabilitäten wurde zusätzlich ein Vergleichsmodell gerechnet, das zu einem sehr ähnlichen Ergebnis führte (siehe Anhang Tab. A.4).

Tab. 5.8 EM – Reliabilitätsanalyse der zweiten Generation. (Quelle: Eigene Darstellung)

Faktor	Indikator	Ergebnisse der KFA			Reliabilitätsberechnungen		
		Faktorla-dungen	Ladungs-quadrate	Fehlerva-rianz	Indikatorre-liabilität	Faktorrelia-bilität	DEV
Faktor 1 (Varianz: 1,0)	MD1	0,754	0,568	0,432	0,568	0,908	0,422
	MD2	0,715	0,511	0,489	0,511		
	MD3	0,623	0,388	0,612	0,388		
	MD4	0,582	0,339	0,661	0,339		
	EO6	0,436	0,190	0,810	0,190		
	EO7	0,385	0,148	0,852	0,148		
	PMO1	0,689	0,475	0,525	0,475		
	PMO2	0,752	0,565	0,435	0,565		
	PMO3	0,749	0,561	0,439	0,561		
	PMO4	0,554	0,307	0,693	0,307		
	PMO5	0,686	0,470	0,530	0,470		
	PMO6	0,732	0,536	0,464	0,536		
	PMO7	0,684	0,468	0,532	0,468		
	PMO8	0,618	0,381	0,619	0,381		
	Summe	**8,959**	**5,907**	**8,093**	–	–	–
	Quadrate	**80,264**	–	–	–	–	–
Faktor 2 (Varianz: 1,0)	RMO1	0,709	0,503	0,497	0,503	0,835	0,422
	RMO2	0,717	0,514	0,486	0,514		
	RMO3	0,696	0,485	0,515	0,485		
	RMO4	0,652	0,425	0,575	0,425		
	RMO5	0,635	0,403	0,597	0,403		
	RMO6	0,474	0,225	0,775	0,225		
	RMO7	0,634	0,402	0,598	0,402		
	Summe	**4,517**	**2,957**	**4,043**	–		
	Quadrate	**20,403**	–				
Faktor 3 (Varianz: 1,0)	RL1	0,675	0,455	0,545	0,455	0,707	0,377
	RL2	0,611	0,374	0,626	0,374		
	RL6	0,583	0,340	0,660	0,340		
	RL7	0,583	0,340	0,660	0,340		
	Summe	**2,452**	**1,509**	**2,491**	–		
	Quadrate	**6,012**	–				

(Fortsetzung)

Tab. 5.8 (Fortsetzung)

Faktor	Indikator	Ergebnisse der KFA			Reliabilitätsberechnungen		
		Faktorla-dungen	Ladungs-quadrate	Fehlerva-rianz	Indikatorre-liabilität	Faktorrelia-bilität	DEV
Faktor 4 (Varianz: 1,0)	EO2	0,342	0,117	0,883	0,117	0,765	0,474
	EO3	0,664	0,440	0,560	0,440		
	EO4	0,949	0,901	0,099	0,901		
	EO5	0,662	0,438	0,562	0,438		
	Summe	**2,617**	**1,896**	**2,104**	–		
	Quadrate	**6,849**	–				

Was bedeutet das Ergebnis nun für diese Untersuchung? Das Ergebnis der explorativen Faktorenanalyse konnte aufzeigen, dass eine Vier-Faktoren-Lösung mit 29 Items gut geeignet ist. Die Literatur untermauert ebenfalls eine Vier-Faktoren-Lösung (vgl. Morris et al. 2002, S. 4–7). Hingegen ist das Ergebnis der konfirmatorischen Faktorenanalyse nicht eindeutig. Einerseits deutet der Chi-Quadrat-Test darauf hin, dass das Modell verworfen werden muss, andererseits deuten der „Chi-Quadrat/d. f." und der RMSEA auf akzeptable Werte hin. Hair et al. (vgl. 2010, S. 122) postulieren, dass die Konstruktvalidierung notwendig ist, um eine repräsentative Aussage für die Grundgesamtheit vornehmen zu können. Da im Hinblick auf die Konstruktvalidität keine eindeutigen Ergebnisse vorliegen, wird die identifizierte Vier-Faktoren-Lösung mit 29 Items den nachfolgenden Analysen zugrunde gelegt. Es sei jedoch darauf hingewiesen, dass es sich aufgrund des nicht eindeutigen Ergebnisses der KFA um keine generalisierbaren Aussagen/Ergebnisse handelt. An dieser Stelle der Dissertation wird schon festgehalten, dass weiterführende Forschungen bei der Konstruktentwicklung von EM notwendig sind. Man darf jedoch nicht vergessen, dass es sich bei EM um ein junges Forschungsfeld handelt und somit die Konstruktentwicklung von EM noch am Anfang steht.

Bevor nun in den folgenden Kapiteln die Wirkung von EM auf den Zustand vor der Krise (Z. v. K.), die Krisenbetroffenheit und die Krisenbewältigung näher untersucht wird, wird die Normalverteilung von EM mittels Kolmogorov-Smirnov-Test geprüft (vgl. Brosius 2008, S. 854). Das Ergebnis zeigt, dass die Nullhypothese: H0 = Es gibt keine Unterschiede zwischen der beobachteten Verteilung und einer Normalverteilung, nicht verworfen werden muss, da kein signifikantes Ergebnis (p = 0,798) vorliegt. Untersucht man die einzelnen Faktoren hinsichtlich der Normalverteilung, zeigt sich ein identes Bild (F1: p = 0,623, F2: p = 0,918, F3: p = 0,480, F4: p = 0,548). Folglich spricht der Verwendung von parametrischen Tests nichts entgegen.

5.4   Zustand vor der Krise

Der wirtschaftliche Zustand eines Unternehmens vor der (Wirtschafts-)Krise (Z. v. K.) spielt in dieser Dissertation eine maßgebende Rolle. Durch die Aufnahme des Zustands vor der Krise in das Analysemodell (siehe Abschn. 1.2.1) kann einerseits die Wirkung von EM auf diesen untersucht und andererseits geprüft werden, wie der wirtschaftliche Zustand eines Unternehmens vor der Krise auf die Krisenvermeidung wirkt.

Im Abschn. 4.4.2 wurde bereits auf die Messung des Zustands vor der Krise eingegangen. Zum besseren Verständnis wird dieser erneut dargelegt. Der wirtschaftliche Zustand eines Unternehmens vor der Krise wurde anhand einer Einschätzungsfrage, im Hinblick auf die Stärken/Schwächen der Unternehmen im Vergleich zu den stärksten Konkurrenten, erhoben („1 = viel schlechter" bis „7 = viel besser"). Dabei standen die acht betriebswirtschaftlichen Bereiche Führungsstruktur/Management, Finanzierung, Beschaffung, Unternehmensorganisation, Personal, Produktion/Leistungserstellung, Rechnungswesen und Absatz im Zentrum der Messung und wurden jeweils mittels fünf Items pro Bereich abgebildet. Diese Messung erfolgte in Anlehnung an Krystek (vgl. 1987, S. 240) und Hauschildt (vgl. 2006, S. 32) und wird in weiterer Folge als formativer Index verwendet.

Obwohl EM vor dem Hintergrund von wirtschaftlich krisenhaften Zeiten untersucht wird, konnte der theoretische Teil dieser Arbeit aufzeigen, dass EM auch außerhalb von wirtschaftlichen Krisenzeiten den Zustand eines Unternehmens vor der Wirtschaftskrise (Z. v. K.) positiv beeinflussen müsste (siehe Kap. 3). Dies wird nun durch folgende Hypothese geprüft:

▶   H1: Je höher die Ausprägung von EM im Unternehmen ist, desto besser ist der
   wirtschaftliche Zustand des Unternehmens vor der Wirtschaftskrise.

Hypothese 1 wurde mittels linearer Regression geprüft (N = 262). Als unabhängige Variable (Regressor) wurde EM mit seinen vier Faktoren und als abhängige Variable (Regressand) der Z. v. K definiert. Als Kontrollvariablen wurden das Alter des Unternehmens, die MitarbeiterInnenanzahl und die Umweltdynamik festgelegt. Das Regressionsmodell[2] weist ein signifikantes Ergebnis auf (p = 0,007) und leistet einen Erklärungsbeitrag, gemessen am korrigierten r2, von 4,8 %. Auf den ersten Blick erscheinen 4,8 % als eher gering. Bedenkt man die dynamische Umwelt, in der KMU tätig sind, und die zahlreichen externen Einflüsse, die auf KMU wirken, dann können 4,8 %, die vom Unternehmen – nur aus dem Bereich Marketing – selbst gesteuert werden, in einem anderen Licht erscheinen.

Tab. 5.9 zeigt, dass nur die KundInnenorientierung (Faktor 2: KO) einen signifikant positiven Beitrag auf den wirtschaftlichen Z. v. K. leistet (p = 0,014, B = 0,165). Die restlichen Faktoren (F1: MAV, F3: NBR, F4: AKR) sowie die Kontrollvariablen (Alter

---

[2]Multikollinearität, Kollinearität und Autokorrelationen sind nicht gegeben (Durbin-Watson-Test 2099, Kollinearitätsstatistik [Toleranzen sind größer 0,2 und VIF sind zwischen 2128 und 1024]).

Tab. 5.9 Lineare Regression – EM/Z. v. K. (Quelle: Eigene Darstellung)

Modell	Nicht standardisierte Koeffizienten	Standardisierte Koeffizienten	T	Sig.
	Regressionskoeffizient B	Beta		
(Konstante)	4,314	–	17,683	0,000
F1: MAV	0,088	0,113	1,281	0,201
F2: KO	0,165	0,208	2,469	**0,014**
F3: NBR	−0,066	−0,079	−1,111	0,268
F4: AKR	−0,017	−0,021	−0,329	0,743
Alter Unternehmen	0,014	0,060	0,984	0,326
Anzahl MitarbeiterInnen	−5,418E-005	−0,004	−0,062	0,950
Umweltdynamik	−0,018	−0,024	−0,387	0,699

und Größe des Unternehmens, Umweltdynamik) haben keinen signifikanten Einfluss auf den Z. v. K.. Eine genaue Betrachtung von Faktor 2 liefert eine mögliche Erklärung für das Ergebnis. Faktor 2 zeichnet sich durch die Erhebung von Informationen (z. B. KundInnenzufriedenheit, -wünsche), die Verbreitung dieser im Unternehmen und die Erkennung und Befriedigung von KundInnenbedürfnissen, um Wettbewerbsvorteile zu erzielen, aus (vgl. Narver et al. 2004, S. 346). Sind die Wünsche und Bedürfnisse der KundInnen identifiziert und im gesamten Unternehmen bekannt, können diese befriedigt werden. Dafür müssen Ziele definiert (z. B. Umsatz-, Gewinn-, Rentabilitätsziele), Strategien zur Erreichung dieser abgeleitet (z. B. neue Beschaffungs-, Absatzwege) und die Planung darauf aufgebaut werden. Diese Vorgehensweise kann sich folglich auf die Funktionalbereiche (z. B. Unternehmensorganisation, Absatz, Beschaffung, Rechnungswesen) und somit auf den Zustand eines Unternehmens auswirken.

Aufgrund der soeben dargestellten Ergebnisse kann Hypothese 1 nur teilweise bestätigt werden, denn nur die KundInnenorientierung wirkt signifikant auf den Z. v. K.

Kap. 3 zeigte, dass die betriebswirtschaftlichen Funktionalbereiche (Management, Unternehmensorganisation, Personal, Finanzierung, Rechnungswesen, Beschaffung, Produktion und Absatz) eines Unternehmens nicht nur Auskunft über Krisenursachen geben können, sondern den wirtschaftlichen Zustand eines Unternehmens abbilden. Unternehmen, die einen guten wirtschaftlichen Unternehmenszustand aufweisen, sollten daher Krisen eher vermeiden können. Folglich wird ein positiver Zusammenhang zwischen dem Z. v. K. und der Krisenvermeidung unterstellt und durch H2 überprüft:

▶   H2: Je besser der wirtschaftliche Zustand eines Unternehmens vor der Wirtschaftskrise ist, desto eher können Unternehmen Krisen[3] vermeiden.

---

[3]Unter dem Begriff Krise werden extern (Auswirkungen der Wirtschaftskrise auf das Unternehmen) und intern (Unternehmenskrisen) induzierte Krisen subsumiert.

Tab. 5.10 Binär logistische Regression – Z. v. K./Krisenbetroffenheit. (Quelle: Eigene Darstellung)

	Regressionkoeffizient B	Sig.	Exp(B)
Z. v. K.	0,189	0,270	1,208
Alter Unternehmen	−0,068	0,086	0,934
Anzahl MitarbeiterInnen	−0,001	0,643	0,999
Umweltdynamik	0,163	0,211	1,177
Konstante	−1,341	0,172	0,262

Die Variable Krisenvermeidung wurde durch die Kombination von zwei Fragestellungen erhoben. Erstens wurden die Auswirkungen der Wirtschaftskrise auf den wirtschaftlichen Z. v. K. abgefragt und zweitens ob Unternehmenskrisen seit 2007/2008, unabhängig von der Wirtschaftskrise, vorhanden waren (Details zur Messung und Verankerung der Variable Krisenvermeidung siehe Abschn. 4.4.3).

Hypothese zwei wurde durch eine binär logistische Regression geprüft (N = 262). Als Regressor wurde der Z. v. K. und als Regressand die Krisenvermeidung festgelegt. Das Unternehmensalter, die MitarbeiterInnenanzahl und die Umweltdynamik fungierten als Kontrollvariablen.

Das Ergebnis zeigt, dass 3,2 % der Varianz durch den Regressand erklärt werden können. Weiters zeigt das Regressionsmodell kein signifikantes Ergebnis (p = 0,178) auf. Auch die Koeffizienten (siehe Tab. 5.10) sind nicht signifikant.

Aufgrund des Ergebnisses wird H2 falsifiziert, da kein signifikanter Zusammenhang zwischen dem Z. v. K. und der Krisenvermeidung vorliegt.

5.5 EM und Krisenbetroffenheit

Der theoretische Teil dieser Arbeit zeigte, dass österreichische KMU von der in den Jahren 2007 und 2008 beginnenden Wirtschaftskrise betroffen waren. Weiters wurde dargelegt, dass EM dazu beitragen soll, Auswirkungen der Wirtschaftskrise auf das Unternehmen und/oder Unternehmenskrisen entgegenzuwirken (siehe Abschn. 2.3 und 2.4). Ziel dieses Kapitels ist es, den Zusammenhang zwischen EM und der Krisenbetroffenheit darzustellen. Wie im Abschn. 4.4.3 aufgezeigt, werden die Begriffe Krisenvermeidung und Krisenausmaß im Begriff Krisenbetroffenheit vereint.

5.5.1 EM und Krisenvermeidung

In krisenhaften Zeiten ist ein proaktives, innovatives Verhalten maßgebend, um den Markt und die Wettbewerber zu beeinflussen (vgl. Weigand und Kreutter 2006, S. 76; Moldenhauer 2004, S. 35, 44 f.). In Abschn. 2.3 und 2.4 konnte erörtert werden, dass EM

Tab. 5.11 Binär logistische Regression – EM/Krisenvermeidung. (Quelle: Eigene Darstellung)

	Regressionskoeffizient B	Sig.	Exp(B)
F1: MAV	0,669	**0,001**	1,952
F2: KO	−0,180	0,356	0,835
F3: NBR	−0,051	0,767	0,951
F4: AKR	−0,200	0,179	0,819
Alter Unternehmen	−0,077	0,062	0,926
Anzahl MitarbeiterInnen	−0,002	0,362	0,998
Umweltdynamik	0,101	0,450	1,106
Konstante	−0,146	0,835	0,864

die notwendigen Eigenschaften aufweisen müsste, um Krisen zu vermeiden. Hypothese drei wird mittels binär logistischer Regression geprüft.

▶   H3: Je höher die Ausprägung von EM im Unternehmen ist, desto eher können Krisen[4] vermieden werden.

Im Regressionsmodell stellte EM den Regressor und die Variable Krisenvermeidung den Regressand dar. Als Kontrollvariablen kamen das Alter des Unternehmens, die MitarbeiterInnenanzahl und die Umweltdynamik zum Einsatz. In die binär logistische Regression wurden 262 Fälle miteinbezogen.

Betrachtet man in einem ersten Schritt den Erklärungsbeitrag von EM in Bezug auf die Krisenvermeidung, dann zeigt sich ein Nagelkerkes r^2 von 0,096 (9,6 %). Dies bedeutet, dass andere Einflussfaktoren die Krisenvermeidung zu 90,4 % bestimmen. Auf den ersten Blick erscheint dieser Erklärungsbeitrag eher gering. Da die in dieser Dissertation untersuchte Krise durch gesamtwirtschaftliche und branchenbezogene Entwicklungen ausgelöst wurde, können 9,6 % aus einem anderen Blickwinkel betrachtet werden. Zusätzlich weist das Regressionsmodell eine Signifikanz von 0,007 auf und zeigt dadurch, dass dieser Zusammenhang nicht zufällig ist.

Betrachtet man im zweiten Schritt die Regressionskoeffizienten in Tab. 5.11, dann zeigt nur der Faktor marktorientiertes Auslösen von Verhaltensänderungen der MarktteilnehmerInnen (F1: MAV) ein signifikantes Ergebnis (p = 0,001, B = 0,669). In der Literatur wird betont, dass offensive Strategien helfen können, Unternehmenskrisen zu vermeiden (vgl. Müller 1986, S. 119). Dies spiegelt sich im vorliegenden Ergebnis wider und kann wie folgt erklärt werden: Faktor 1 zeichnet sich durch Proaktivität, einen hohen Grad an Marktorientierung und das Ziel, den Markt proaktiv und innovativ zu beeinflussen, aus.

---

[4]Unter dem Begriff Krise werden extern (Auswirkungen der Wirtschaftskrise auf das Unternehmen) und intern (Unternehmenskrisen) induzierte Krisen subsumiert.

Latente KundInnenbedürfnisse sollen dabei identifiziert und in weiterer Folge befriedigt werden. Durch dieses Vorgehen sollten sowohl die KundInnen als auch die Wettbewerber proaktiv beeinflusst werden. Außerdem kann durch proaktives Verhalten eine Vorreiterposition am Markt erlangt werden (vgl. Miles und Darroch 2006, S. 492; Schindehutte et al. 2008, S. 21). Dies kann wiederum Verhaltensänderungen bei den MarktteilnehmerInnen auslösen (siehe z. B. Apple, Nespresso [vgl. Stolper 2007, S. 26 ff.]).

Die Kontrollvariablen liefern keinen signifikanten Beitrag zur Krisenvermeidung. Dies bedeutet, dass Faktor 1 unabhängig vom Unternehmensalter, der Größe des Unternehmens oder der Umweltdynamik einen Beitrag zur Krisenvermeidung leistet.

Aufgrund der soeben dargestellten Ergebnisse kann Hypothese 3 nur teilweise bestätigt werden, denn nur der Faktor MAV wirkte signifikant auf die Krisenvermeidung.

5.5.2   EM und Krisenausmaß

Die Wirtschaftskrise wirkte sich auf die österreichische Wirtschaftslage aus und beeinflusste ebenfalls die Ertragslage der Unternehmen (vgl. STATcube 2013, online). Abschn. 2.4 konnte aufzeigen, dass Marketing und Vertrieb, gerade in Krisenzeiten, besonders wichtig sind. In diesem Kapitel wird daher der Zusammenhang zwischen EM und dem individuellen unternehmerischen Krisenausmaß, gemessen an der Entwicklung von Umsatz und Bilanzgewinn während der Wirtschaftskrise, betrachtet.

5.5.2.1   Umsatzentwicklung

Der Zusammenhang zwischen EM und dem Erfolgsindikator Umsatzentwicklung wird durch Hypothese 4a mittels linearer Regression geprüft. Als Regressor wird EM und als Regressand der Erfolgsindikator Umsatzentwicklung definiert. Das Unternehmensalter, die MitarbeiterInnenanzahl und die Umweltdynamik werden, wie bei den vorherigen Regressionen, als Kontrollvariablen verwendet.

▶   H4a: Je höher die Ausprägung von EM in einem Unternehmen ist, desto positiver
         bzw. weniger negativ ist die Umsatzentwicklung während der Wirtschaftskrise.

Der Erklärungsbeitrag von EM in Bezug auf die Umsatzentwicklung zeigt ein korrigiertes r^2 von 0,058 (5,8 %). Dies bedeutet, dass andere Einflussfaktoren die Umsatzentwicklung zu 94,2 % bestimmen. Auch hier zeigt das Ergebnis einen geringen Wert auf. Betrachtet man jedoch die Marktkräfte, die sich gerade in Krisenzeiten als turbulent darstellen und somit auch die Umsatzentwicklung beeinflussen, dann relativiert sich dieses Ergebnis. Das Regressionsmodell[5] weist eine Signifikanz von 0,002 auf und zeigt dadurch, dass dieser Zusammenhang nicht zufällig ist. Bei Betrachtung der Koeffizienten

---

[5]Multikollinearität, Kollinearität und Autokorrelationen sind nicht gegeben (Durbin-Watson-Test 1976, Kollinearitätsstatistik [Toleranzen sind größer 0,2 und VIF sind zwischen 2128 und 1024]).

Tab. 5.12 Lineare Regression – EM/Umsatzentwicklung. (Quelle: Eigene Darstellung)

Modell	Nicht standardisierte Koeffizienten	Standardisierte Koeffizienten	T	Sig.
	Regressionskoeffizient B	Beta		
(Konstante)	2,543	–	5,208	0,000
F1: MAV	0,400	0,256	2,925	**0,004**
F2: KO	−0,225	−0,141	−1,677	0,095
F3: NBR	0,184	0,110	1,553	0,122
F4: AKR	−0,281	−0,176	−2,759	**0,006**
Alter Unternehmen	0,028	0,059	0,968	0,334
Anzahl MitarbeiterInnen	0,000	−0,004	−0,070	0,944
Umweltdynamik	0,139	0,092	1,490	0,137

in Tab. 5.12 zeigt sich, dass sowohl Faktor 1 (MAV) als auch Faktor 4 (AKR) signifikante Werte aufweisen (F1: B = 0,400, p = 0,004; F4: B = −0,281, p = 0,006). Während der Faktor marktorientiertes Auslösen von Verhaltensänderungen der MarktteilnehmerInnen (F1: MAV) signifikant positiv auf die Umsatzentwicklung wirkt, zeigt der Faktor Akzeptanz kalkulierbaren Risikos (F4: AKR) einen negativen Zusammenhang auf. Der negative Zusammenhang war auf Basis der Literatur nicht zu erwarten, kann jedoch aus zu vorschnellen Entscheidungen, die während krisenhafter Zeiten getroffen werden, resultieren. Eine weitere Erklärung für dieses Ergebnis könnte die Höhe der Risiken darstellen. Es müssen möglicherweise höhere Risiken in Krisenzeiten eingegangen werden, damit sich diese positiv bzw. weniger negativ auf die Umsatzentwicklung auswirken können. Obwohl sich Faktor 4 negativ auf die Umsatzentwicklung auswirkte, ist dieser nicht nur negativ behaftet. Unternehmen, die nämlich eine unternehmerische, strategische Grundhaltung im Unternehmen leben, wie dies bei EM der Fall ist, gehen Risiken nur dann ein, wenn das Ausmaß des Risikos vorab kalkuliert werden kann und somit dem Unternehmen bewusst ist. Ressourcen werden daher nur dann investiert, wenn im Falle eines Misserfolgs die daraus resultierenden Verluste den erfolgreichen Fortbestand des Unternehmens nicht gefährden. In der Literatur wird dies als *affordable loss* bezeichnet (vgl. Chandler et al. 2011, S. 388). Die signifikant positive Wirkung von Faktor 1 auf die Umsatzentwicklung kann durch die Fokussierung auf latente KundInnenbedürfnisse erklärt werden. Können Unternehmen latente KundInnenbedürfnisse frühzeitig identifizieren, diese befriedigen und dadurch einen First-Mover-Vorteil generieren, kann sich dies positiv auf die Umsatzentwicklung auswirken. Die Kontrollvariablen haben keinen signifikanten Einfluss auf die Umsatzentwicklung. Unternehmen, die eine proaktive Marktorientierung fokussieren und dadurch Verhaltensänderungen bei den MarktteilnehmerInnen auslösen, verzeichnen einen höheren Umsatz bzw. weniger Umsatzrückgang, unabhängig vom Alter bzw. der Größe des Unternehmens und der Umweltdynamik.

Tab. 5.13 Lineare Regression – EM/Entwicklung des Bilanzgewinns. (Quelle: Eigene Darstellung)

Modell	Nicht standardisierte Koeffizienten	Standardisierte Koeffizienten	T	Sig.
	Regressionskoeffizient B	Beta		
(Konstante)	2,659	–	5,252	0,000
F1: MAV	0,312	0,195	2,197	**0,029**
F2: KO	−0,231	−0,141	−1,661	0,098
F3: NBR	0,256	0,149	2,084	**0,038**
F4: AKR	−0,190	−0,116	−1,797	0,074
Alter Unternehmen	0,012	0,026	0,419	0,676
Anzahl MitarbeiterInnen	0,001	0,037	0,585	0,559
Umweltdynamik	0,116	0,075	1,204	0,230

Aufgrund der soeben dargestellten Ergebnisse kann Hypothese 4a nur teilweise bestätigt werden, da nur der Faktor MAV auf die Umsatzentwicklung signifikant positiv wirkt.

5.5.2.2 Entwicklung des Bilanzgewinns

Der Zusammenhang zwischen EM und der Entwicklung des Bilanzgewinns während der Wirtschaftskrise wird durch Hypothese 4b geprüft:

▶ H4b: Je höher die Ausprägung von EM in einem Unternehmen ist, desto positiver bzw. weniger negativ ist die Entwicklung des Bilanzgewinns während der Wirtschaftskrise.

Der Erklärungsbeitrag von EM in Bezug auf die Entwicklung des Bilanzgewinns zeigt ein korrigiertes r^2 von 0,034 (3,4 %). Das Regressionsmodell[6] weist eine Signifikanz von 0,026 auf. Die Koeffizienten in Tab. 5.13 zeigen, dass sowohl Faktor 1 (MAV) als auch Faktor 3 (NBR) signifikant positive Werte aufweisen (F1: B = 0,312, p = 0,029; F4: B = 0,256, p = 0,038). Dies bedeutet, dass sich diese Faktoren positiv auf die Entwicklung des Bilanzgewinns auswirken. Im Faktor 3 (NBR: Nutzung von Beziehungen zur Ressourcenstreckung) werden Beziehungen zu FreundInnen, Geschäftspartnern etc. abgebildet, die dazu beitragen können, Aufwände im Unternehmen zu verringern (z. B. durch ein gemeinsames erweitertes Leistungsangebot, Minimierung der Marketingaufwände durch Weiterempfehlungen, Preis- und/oder Mengeneffekte). Dadurch kann die Entwicklung des Bilanzgewinns verbessert werden. Die positive Wirkung von Faktor 1 auf die Entwicklung des Bilanzgewinns kann durch Umsatzerhöhungen erklärt werden.

---

[6]Multikollinearität, Kollinearität und Autokorrelationen sind nicht gegeben (Durbin-Watson-Test 2010, Kollinearitätsstatistik [Toleranzen sind größer 0,2 und VIF sind zwischen 2128 und 1024]).

Können Unternehmen am Markt eine Vorreiterstellung erlangen, dann wirkt sich diese auf den Umsatz und in weiterer Folge auf den Bilanzgewinn aus. Wie auch beim Erfolgsindikator Umsatzentwicklung leisten die Kontrollvariablen keinen signifikanten Beitrag.

Aufgrund der soeben dargestellten Ergebnisse kann H4b nur teilweise bestätigt werden.

5.6   EM und Krisenbewältigung

Die Analyse der österreichischen Wirtschaftslage von 2008 auf 2009 (siehe Abschn. 2.3.2 und 2.4) machte die hohe Anzahl an Insolvenzen bei österreichischen KMU deutlich. Daraus lässt sich schlussfolgern, dass in dieser Zeit Unternehmen mit Krisen konfrontiert waren und versucht haben, diese zu bewältigen (vgl. STATcube 2013, online; Bundesministerium für Wirtschaft, Familie und Jugend 2012, S. 17, online; Bundesministerium für Wirtschaft, Familie und Jugend 2010, S. 10 ff., online). Krystek (vgl. 2006, S. 49 f.; 1987, S. 29–32) konstatiert, dass Krisen durch geeignete Maßnahmen, wie z. B. Kooperationen mit Marktpartnern, Einführung neuer Produkte, Erschließung neuer Geschäftsfelder oder Ausbau der Marktanteile, bewältigt werden können. Da EM als unternehmerischer, risikoreicher, proaktiver, marktorientierter und Ressourcen streckender Ansatz gesehen wird und die proaktive Suche auf neue Wege fokussiert (vgl. Morrish et al. 2010, S. 304; Schindehutte und Morris 2010, S. 78; Morris et al. 2002, S. 5; Chaston 2000b, S. 6 f.; Stokes 2000b, S. 13), wird vermutet, dass ein positiver Zusammenhang zwischen EM und Krisenbewältigung besteht. Dies wurde durch H5, mittels einer binär logistischen Regression, geprüft.

▶   H5: Je höher die Ausprägung von EM in einem Unternehmen ist, desto eher können Krisen[7] bewältigt werden.

Im Regressionsmodell wurden als Regressor EM und als Regressand die Krisenbewältigung definiert. 262 Fälle wurden analysiert, wobei 197 KMU von einer Krise betroffen waren. Die Messung der Variable Krisenbewältigung erfolgte in zwei Schritten. Erstens wurden als Ausgangsbasis jene KMU ausgewählt, die von den Auswirkungen der Wirtschaftskrise und/oder einer Unternehmenskrise betroffen waren. Zweitens wurde aufbauend darauf analysiert, ob jene KMU, die von den Auswirkungen der Wirtschaftskrise bzw. einer Unternehmenskrise betroffen waren, diese bewältigten konnten.

Das Regressionsmodell weist einen signifikanten Wert auf (p = 0,002). Weiters zeigt Nagelkerkes r^2, dass EM mit 15,0 % einen Erklärungsbeitrag zur Krisenbewältigung leisten kann. In Anbetracht von turbulenten Marktgegebenheiten, die in Krisenzeiten vorherrschen

---

[7]Unter dem Begriff Krise werden extern (Auswirkungen der Wirtschaftskrise auf das Unternehmen) und intern (Unternehmenskrisen) induzierte Krisen subsumiert.

Tab. 5.14 Binär logistische Regression – EM/Krisenbewältigung. (Quelle: Eigene Darstellung)

	Regressionskoeffizient B	Sig.	Exp(B)
F1: MAV	0,516	**0,027**	1,675
F2: KO	0,013	0,952	1,014
F3: NBR	0,159	0,435	1,172
F4: AKR	−0,112	0,527	0,894
Alter Unternehmen	−0,058	0,255	0,944
Anzahl MitarbeiterInnen	0,007	**0,047**	1,007
Umweltdynamik	0,212	0,191	1,237
Konstante	−0,122	0,888	0,885

und aus exogenen Einflüssen resultieren, sind 15,0 % ein beachtlicher Wert, um Krisen in Unternehmen zu bewältigen.

Betrachtet man die Koeffizienten in Tab. 5.14, ist ersichtlich, dass Faktor 1 (MAV) signifikant positiv (B = 0,516, p = 0,027) auf die Krisenbewältigung wirkt. Dieser Faktor zeichnet sich durch Chancenorientierung und proaktives Handeln aus, die im Unternehmen verankert sind. Dies bedeutet, dass Marktveränderungen als Chance wahrgenommen werden. Diese werden nicht nur in der eigenen Branche proaktiv, z. B. durch die kontinuierliche Weiterentwicklung von neuen Produkten/Dienstleistungen, sondern auch branchenübergreifend, z. B. durch das Aufnehmen von Ideen aus anderen Branchen, aufgegriffen. Weiters fokussiert dieser Faktor die Erkennung von latenten KundInnenbedürfnissen, z. B. durch die Zusammenarbeit mit innovationsorientierten KundInnen. Dies führt nicht nur dazu, dass das Kaufverhalten der KundInnen, sondern auch das Verhalten der Konkurrenten, also der gesamten MarktteilnehmerInnen beeinflusst wird. Möglicherweise ist gerade solch eine Vorgehensweise notwendig, um Krisen zu bewältigen.

Die restlichen Faktoren weisen keine signifikanten Werte auf. Hingegen wirkt die Kontrollvariable Anzahl der MitarbeiterInnen signifikant positiv auf die Krisenbewältigung (p = 0,047, B = 0,007). Dies lässt darauf schließen, dass größere Unternehmen, möglicherweise aufgrund einer besseren Ressourcenausstattung (z. B. höhere Personalkapazitäten, bessere Kapitalausstattung), Krisen eher bewältigen können.

Aufgrund der soeben dargestellten Ergebnisse kann H5 nur teilweise bestätigt werden.

Schlussbetrachtung

6

Kap. 1 konnte aufzeigen, dass dem Begriff EM in den letzten 30 Jahren hohe Aufmerksamkeit zuteilwurde. Vor allem die Entrepreneurship/Marketing-Schnittstelle und der operative Einsatz von EM, in Gründungsunternehmen bzw. etablierten KMU, wurden fokussiert. Aus der Literatur ist ersichtlich, dass trotz der Forschungsbemühungen der letzten Jahre ein uneinheitliches Begriffsverständnis von EM vorherrscht und daher ein etabliertes, quantitatives Messinstrument für EM als fehlend angesehen werden kann (vgl. Bettiol et al. 2012, S. 227; Eggers et al. 2009, S. 207). Der erste Schwerpunkt dieser Arbeit lag daher in der Konzeption, Operationalisierung und Messung von EM. Im theoretischen Teil dieser Arbeit wurde weiters aufgezeigt, dass ein Zusammenhang zwischen EM und dem Unternehmenserfolg bestehen müsste. Der zweite Schwerpunkt dieser Arbeit lag daher darin, die Wirkung von EM auf den Unternehmenserfolg, vor dem Hintergrund wirtschaftlich krisenhafter Zeiten, zu prüfen.

Basierend auf den dargestellten Ergebnissen (siehe Kap. 5) werden nun abschließend die zwei Schwerpunkte dieser Arbeit getrennt voneinander betrachtet. Im Abschn. 6.1 wird auf die Konzeption, Operationalisierung und Messung von EM Bezug genommen und somit Forschungsfrage 1 beantwortet.

Forschungsfrage 1
Was ist Entrepreneurial Marketing?

- Wie kann Entrepreneurial Marketing konzeptionell gefasst werden?
- Wie kann Entrepreneurial Marketing operationalisiert werden?

In Abschn. 6.2 wird auf die Erfolgswirkung von EM eingegangen und somit Forschungsfrage 2 beantwortet.

© Springer Fachmedien Wiesbaden GmbH 2017
J. Schmid, *Entrepreneurial Marketing,* Forschung und Praxis an der FHWien der WKW,
DOI 10.1007/978-3-658-15172-0_6

Forschungsfrage 2

Wie wirkt Entrepreneurial Marketing auf den Unternehmenserfolg*[1]?

- Welche Rolle nimmt der „Zustand vor der Krise" dabei ein?
  - Wie wirkt der Zustand vor der Krise auf die Krisenvermeidung?
  - Wie wirkt Entrepreneurial Marketing auf den Zustand vor der Krise?
- Wie wirkt Entrepreneurial Marketing auf die Krisenvermeidung?
- Wie wirkt Entrepreneurial Marketing auf das individuelle unternehmerische Krisenausmaß bzw. auf die Stärke, mit der eine Krise das Unternehmen trifft (Ausmaß der Krise**)?
- Wie wirkt Entrepreneurial Marketing auf die Krisenbewältigung?

In jedem dieser Kapitel werden zunächst die Kernergebnisse zusammengefasst, anschließend diese mit dem bisherigen Forschungsstand verglichen und neu gewonnene Erkenntnisse aufgezeigt. Abschließend wird auf Limitationen und Forschungsperspektiven Bezug genommen. Der praxisorientierten Perspektive wird durch die Handlungsempfehlungen für KMU im Abschn. 6.3 Rechnung getragen.

6.1   Konzeption, Operationalisierung und Messung von EM

6.1.1   Zusammenfassung der Kernergebnisse

Im zweiten Literaturstrang wird EM als risikoreicher, proaktiver, marktorientierter und Ressourcen streckender Ansatz verstanden. Dieser ist als unternehmerische, strategische Grundhaltung im Unternehmen verankert und schafft durch die proaktive Suche nach neuen Wegen Mehrwert für die KundInnen, unabhängig von der Größe oder dem Alter eines Unternehmens (vgl. Kraus et al. 2008, S. 95 f.; Chaston 2000b, S. 6; Morris et al. 2002, S. 5; Morrish et al. 2010, S. 304; Rößl et al. 2007, S. 590) (siehe dazu Abschn. 2.2.2). Aufbauend auf diesem Begriffsverständnis und der detaillierten Darstellung der Dimensionen wurde der Bezugsrahmen nach Morris et al. (vgl. 2002, S. 5–8) ausgewählt. Weiters war aus der Literatur ersichtlich, dass seit der Veröffentlichung des Beitrags von Morris et al. (vgl. 2002, S. 1–14) namhafte ForscherInnen, wie z. B. Hills,

---

[1]*In dieser Dissertation wird ein Unternehmen als erfolgreich bezeichnet, wenn im Erhebungszeitraum mögliche Auswirkungen der Wirtschaftskrise auf das Unternehmen bzw. endogen induzierte Krisen vermieden oder bereits auftretende Auswirkungen dieser bewältigt wurden.**Unter „Ausmaß der Krise" wird das Ausmaß, mit der eine Krise das Unternehmen trifft, verstanden, nicht aber die Größe der Krise an sich!

Hultman (Hultman und Hills 2006; Hills et al. 2008), Schindehutte et al. (vgl. 2009), diesen Beitrag verwenden und darauf referenzieren. Folglich wurde dieser Bezugsrahmen als geeignet angesehen, um als Ausgangsbasis für die Weiterentwicklung von EM zu fungieren. Ursprünglich bilden Morris et al. (vgl. 2002, S. 5–8) EM durch die sieben Dimensionen *proactiveness, innovativeness, calculated risk-taking, value creation, customer intensity, resource leveraging* und *opportunity-focus* ab. Der aktuelle Forschungsstand konnte jedoch aufzeigen, dass nur das Erkennen von Markchancen und somit das Reagieren auf den Markt nicht mehr als ausreichend angesehen werden kann. Um KundInnen in eine neue Richtung zu führen, ist es notwendig, Marktchancen vor den Konkurrenten zu erkennen und proaktiv zu ergreifen (vgl. Eggers et al. 2009, S. 196; Kraus et al. 2008, S. 95; Schindehutte et al. 2008, S. 21 f.). Deshalb wurde der Bezugsrahmen an den aktuellen Forschungsstand angepasst und somit die Dimension *opportunity-focus* durch die Dimension *market driving* ersetzt. Wie im Abschn. 4.4.1 dargestellt, verwenden Morris et al. (vgl. 2002, S. 5–8) die Bezeichnungen *value creation* und *customer intensity*. Inhaltlich stimmen diese Dimensionen weitgehend mit der proaktiven und reaktiven Marktorientierung von Narver et al. (vgl. 2004, S. 346) überein. Aufgrund der hohen Bekanntheit wurden in weiterer Folge diese Dimensionen als *responsive market orientation* (RMO) und *proactive market orientation* (PMO) bezeichnet.

Die Dimensionen *proactiveness, innovativeness, calculated risk-taking, responsive market orientation* und *proactive market orientation* wurden, basierend auf den etablierten Skalen von Matsuno et al. (vgl. 2002, S. 29 f.) und Naver et al. (vgl. 2004, S. 346), operationalisiert. Hingegen fand eine eigenständige Operationalisierung der Dimensionen *market driving,* in Anlehnung an Stolper (vgl. 2007, S. 62), und *resource leveraging,* in Anlehnung an Morris et al. (vgl. 2002, S. 5–7), statt. Das reflektive Messmodell EM, bestehend aus 34 Items, wurde anschließend anhand von österreichischen KMU im produzierenden Bereich vor dem Hintergrund der aktuellen Wirtschaftskrise mittels explorativer Faktorenanalyse (EFA) geprüft. Als Ergebnis der EFA konnten, aufgrund theoretischer Überlegungen und solider statistischer Kennwerte, schlussendlich 29 Items identifiziert werden, die zu vier Faktoren verdichtet wurden. Die Reduktion von ursprünglich 34 auf 29 Items erfolgte in der Dimension *resource leveraging* (Details dazu können aus Abschn. 5.3.2 entnommen werden). Die Interpretation der Faktoren führte zu folgender Benennung der Faktoren: F1: marktorientiertes Auslösen von Verhaltensänderungen der MarktteilnehmerInnen (MAV), F2: KundInnenorientierung, F3: Nutzung von Beziehungen zur Ressourcenstreckung (NBR), F4: Akzeptanz kalkulierbaren Risikos (AKR). Anschließend wurde eine konfirmatorische Faktorenanalyse (KFA) durchgeführt. Die statistischen Werte der KFA zeigten, dass die Indikatorreliabilität nicht bei allen Indikatoren ausreichend vorhanden war. Hingegen wies die Faktorreliabilität bei allen Faktoren solide Werte auf. Die durchschnittlich erklärte Varianz (DEV) musste bei allen vier Faktoren als nicht ausreichend angesehen werden. Dieses Ergebnis spiegelte sich zum Teil in den Modell-Fits wider, da der Chi-Quadrat-Test aufzeigte, dass das Modell verworfen werden muss. „Chi-Quadrat/d. f." und RMSEA wiesen jedoch akzeptable Werte auf. Dies bedeutet, dass die Konstruktvalidität von EM nicht eindeutig nachgewiesen werden konnte (Details zu den statistischen Werten können dem Abschn. 5.3.2 entnommen werden).

Hätte man nun einzelne Indikatoren, die im Zuge der Reliabilitätsanalyse der zweiten Generation als nicht ausreichend identifiziert wurden, eliminiert, könnte dies zu einer theoretischen Verzerrung durch nicht sachlogisches Eliminieren von Indikatoren führen. Außerdem konnte durch die Berechnung eines Vergleichsmodells, bei dem jene Indikatoren, die eine nicht ausreichende Reliabilität aufzeigten, eliminiert wurden, dargelegt werden, dass dieses zu einem sehr ähnlichen Ergebnis führte (siehe Anhang Tab. A.4). Rossiter (vgl. 2002, S. 332) postuliert, dass Inhaltsvalidität bei der Konstruktentwicklung wesentlich ist und nicht aufgrund statistischer Werte wahllos Veränderungen durchgeführt werden sollen. Im Gegensatz dazu konstatieren Hair et al. (vgl. 2010, S. 122), dass die Konstruktvalidierung notwendig ist, um eine repräsentative Aussage für die Grundgesamtheit vornehmen zu können. Beruhend auf diesen zwei unterschiedlichen Perspektiven wird mit dem Ergebnis wie folgt umgegangen: Weiterfolgende Berechnungen wurden auf dem Ergebnis der EFA aufgebaut. Erstens erscheint die Vier-Faktoren-Lösung mit 29 Items aufgrund der Herleitung aus der Literatur und der statistischen Werte, die aus der EFA resultieren, als gut geeignet (vgl. Morris et al. 2002, S. 4–8). Zweitens wird die Inhaltsvalidität bei einem solch jungen Forschungsgebiet, wie dies bei EM der Fall ist, als vorrangig angesehen. Aufgrund der nicht eindeutigen Ergebnisse der KFA wird das Modell nicht verworfen. Es wurde aber in der Arbeit dezidiert darauf hingewiesen, dass aufgrund der nicht eindeutigen Ergebnisse der KFA keine generalisierbaren Aussagen getroffen werden können.

6.1.2 Diskussion der Ergebnisse

Das in den Abschn. 5.3 und 6.1.1 dargestellte Ergebnis leistet einen wesentlichen Beitrag zur Messung von EM und kann als Weiterentwicklung des konzeptionellen Bezugsrahmens von Morris et al. (vgl. 2002, S. 5–8) angesehen werden. Morris et al. (vgl. 2002, S. 4–8) bilden EM durch sieben Dimensionen ab, wobei aus übergeordneter Sicht betrachtet festgestellt werden kann, dass EO, MO und RL den Kern von EM darstellen. Obwohl in dieser Dissertation die sieben Dimensionen die Ausgangsbasis darstellten, wird aufgrund der konzeptionellen Darstellung und der identifizierten Vier-Faktoren-Lösung der Kern von EM unterschiedlich aufgefasst. EM zeichnet sich in der vorliegenden Arbeit erstens durch das marktorientierte Auslösen von Verhaltensänderungen der MarktteilnehmerInnen (F1) aus. Dies bedeutet, dass durch proaktives Verhalten und eine proaktive Marktorientierung der Markt beeinflusst wird. Durch diese Marktbeeinflussung findet ein Auslösen von Verhaltensänderungen der MarktteilnehmerInnen statt. Die Proaktivität spiegelt sich somit im „Auslösen" wider. Zweitens zeichnet sich EM durch die KundInnenorientierung (F2) aus. Dies bedeutet, dass durch eine hohe KundInnenorientierung manifeste KundInnenbedürfnisse erkannt und befriedigt werden. Obwohl die Erforschung von manifesten KundInnenbedürfnissen in der Literatur eher dem klassischen Marketing zugeordnet wird (vgl. Kotler et al. 2007, S. 79, 1164), kann diese, basierend auf den Ergebnissen dieser Arbeit, auch als wesentlicher Bestandteil von EM angesehen werden. Drittens zeichnet sich EM durch die Nutzung von Beziehungen zur Ressourcenstreckung (F3) aus. Morris et al. (vgl. 2002, S. 7 f.) verstehen unter Ressourcenstreckung nicht nur die Nutzung von Beziehungen zu FreundInnen, GeschäftspartnerInnen respektive Unternehmen, sondern auch den besonders effizienten Einsatz von Geräten, Einrichtungen, Maschinen und Personal (z. B. Vermietung von Personal/Geräten/Maschinen/Einrichtungen an andere Unternehmen, wenn diese nicht ausgelastet sind). Die starke Nutzung von Beziehungen zur Ressourcenstreckung konnte in dieser Arbeit als Teil von EM identifiziert werden und geht deshalb mit der Sichtweise von Morris et al. (vgl. 2002, S. 7 f.) einher. Der besonders effiziente Einsatz von Geräten, Einrichtungen, Maschinen und Personal konnte hingegen nicht aufgezeigt werden. Drittens zeichnet sich EM in dieser Dissertation durch die Akzeptanz von kalkulierbarem Risiko (F4) aus. Das Kalkulieren und der bewusste Umgang mit möglichen Risiken sind als maßgeblich anzusehen. Dies bedeutet, dass Risiken nur dann eingegangen werden, wenn der Misserfolg und damit einhergehende Verluste für das Unternehmen tragbar sind und somit der Fortbestand des Unternehmens nicht gefährdet wird.

Die Kernelemente von EM gehen somit über die Sichtweise von Morris et al. (vgl. 2002, S. 5–8) hinaus und werden als Weiterentwicklung angesehen.

Möchte man dieses Forschungsergebnis mit dem aktuellen Stand der Literatur vergleichen, wird ersichtlich, dass dies mit einem wesentlichen Problem behaftet ist. Ein unterschiedliches Begriffsverständnis führt zu einer unterschiedlichen Entwicklung von konzeptionellen Bezugsrahmen und daher zu unterschiedlichen Messungen. Zum Beispiel ist ein Vergleich zwischen diesem Forschungsergebnis und der quantitativen Studie von Hills und Hultman (vgl. 2006, S. 222 f.; vgl. Hultman und Hills 2006, S. 1–26) zweifach als nicht sinnvoll anzusehen. Erstens wird im Vergleich zu dieser Arbeit eine andere Interpretationslinie von EM verfolgt. Zweitens befindet sich der Bezugsrahmen sowohl auf der strategischen als auch auf der operativen Ebene und greift eine andere Abstraktionsebene, im Vergleich zu dieser Arbeit, auf. Aus diesem Grund soll das Ergebnis der vorliegenden Arbeit mit einer quantitativen Studie verglichen werden, in der der Bezugsrahmen nach Morris et al. (vgl. 2002, S. 5–8) als Ausgangsbasis für die Konstruktentwicklung gewählt wurde. Kocak (vgl. 2004) führte solch eine Forschung durch. Dabei entwickelte er anhand der ursprünglichen sieben Dimensionen ein Messmodell für EM und prüfte dieses anhand türkischer Unternehmen. Von ursprünglich 40 Items führten schlussendlich nur 13 Items, abgebildet durch die fünf Dimensionen *value creation*, *customer orientation*, *proactiveness*, *opportunity-focus* und *innovation*, zu einer validen und reliablen Messung von EM. Interessant ist, dass im Vergleich zu dieser Dissertation für die Messung der einzelnen Dimensionen unterschiedliche Skalen verwendet wurden. Trotzdem sind die Dimensionen *value creation* (= PMO), *customer orientation* (= RMO) und *proactiveness* ein Bestandteil von EM. Überraschend ist, dass die Dimensionen *calculated risk-taking* und *resource leveraging* im Messmodell nicht integriert wurden. Gerade dies sind zentrale Aspekte von EM, wie sowohl die Literatur (siehe dazu Kap. 2) als auch das Forschungsergebnis dieser Arbeit aufzeigen.

6.1.3 Limitationen und Forschungsperspektiven

Abschn. 5.3 konnte aufzeigen, dass einerseits das Item EO1 aufgrund einer zu geringen Faktorladung aus der Dimension *innovativeness* eliminiert werden musste und andererseits die Items aus den Dimensionen *calculated risk-taking* und *proactiveness* (bis auf EO4) eher geringe Faktorladungen aufwiesen. Diese Items wurden aus der EO-Literatur abgeleitet und durch die Verwendung der Skala von Matsuno et al. (vgl. 2002, S. 29) gemessen. Obwohl diese Skala in der Literatur als reliabel und valide angesehen wird, sollte der Einsatz dieser Skala im Zusammenhang mit EM überdacht werden. Möglicherweise resultieren die geringen Faktorladungen daraus, dass die Dimensionen *proactiveness* und *innovativeness* jeweils nur über zwei Items pro Dimension und *calculated risk-taking* nur über drei Items abgebildet wurden. Folglich stellt sich rückwirkend die Frage, ob eine detailliertere Darstellung der Dimensionen sinnvoll gewesen wäre.

Die Dimension *resource leveraging* wird von Morris et al. (vgl. 2002, S. 7 f.) durch die Nennung von exemplarischen Maßnahmen beschrieben. Diese befinden sich auf der operativen Ebene und behandeln unterschiedliche Elemente, wie z. B. die Nutzung von Maschinen und Geräten, die Nutzung von Beziehungen zu GeschäftspartnerInnen bzw. FreundInnen und den Einfluss auf die eigenen MitarbeiterInnen. Die Forschungsergebnisse dieser Arbeit konnten aufzeigen, dass nur die Ebene der Beziehungen zu GeschäftspartnerInnen bzw. FreundInnen Eingang in das Messmodell fand. Außerdem konnte im Abschn. 5.3 dargestellt werden, dass die Faktorladungen zwar als ausreichend angesehen werden können, jedoch nicht sehr hoch sind. Für weiterführende Forschungen wäre es daher empfehlenswert, *resource leveraging* erneut zu beleuchten und die vorliegende Skala zu erweitern. Dabei sollte *resource leveraging* einerseits unter dem Aspekt der drei unterschiedlichen Ebenen betrachtet werden und andererseits die Anzahl der Items innerhalb der jeweiligen Ebene erhöht werden.

Zusammenfassend kann festgehalten werden, dass weiterführende Forschungen zur Positionierung von EM als theoretisches Konstrukt notwendig sind. Daher scheint es sinnvoll, das in dieser Dissertation entwickelte Konstrukt um die oben genannten Punkte zu ergänzen und in weiterer Folge auch in anderen österreichischen Branchen respektive anderen Ländern zu überprüfen.

6.2 Erfolgswirkung von EM

Im Zentrum der Abschn. 5.4 bis 5.6 stand die Prüfung der postulierten Hypothesen. Im Folgenden werden die daraus resultierenden Kernergebnisse zusammengefasst, diese vor dem Hintergrund des bisherigen Forschungsstands diskutiert und abschließend die Limitationen und Forschungsperspektiven aufgezeigt.

6.2.1 Zusammenfassung der Kernergebnisse

Hypothese 1 überprüfte den Zusammenhang zwischen EM und dem wirtschaftlichen Zustand eines Unternehmens vor der Wirtschaftskrise. Als Ergebnis konnte festgestellt werden, dass das Regressionsmodell ein signifikantes Ergebnis aufwies. Außerdem konnte die KundInnenorientierung (Faktor 4: KO) einen signifikant positiven Beitrag leisten. Die Kontrollvariablen waren hingegen nicht signifikant. Hypothese 1 konnte nur teilweise bestätigt werden, da nur der Faktor KundInnenorientierung ein signifikant positives Ergebnis aufwies.

Hypothese 2 überprüfte den Zusammenhang zwischen dem wirtschaftlichen Zustand eines Unternehmens vor der Wirtschaftskrise und der Krisenvermeidung. Dabei waren weder das Regressionsmodell noch die darin enthaltenen Koeffizienten signifikant. Hypothese 2 wurde folglich falsifiziert.

Der Zusammenhang zwischen EM und der Krisenvermeidung wurde durch Hypothese 3 überprüft. Wie im Abschn. 5.5.1 dargestellt, liefert das Regressionsmodell einen signifikanten Wert. Weiters zeigte sich bei Betrachtung der Koeffizienten, dass Faktor 1 (MAV: marktorientiertes Auslösen von Verhaltensänderungen der MarktteilnehmerInnen) ein hochsignifikantes Ergebnis lieferte. Die Kontrollvariablen Alter und Größe des Unternehmens wiesen, so wie die Umweltdynamik, keine signifikanten Werte auf.

Während Hypothese 4a den Zusammenhang zwischen EM und der Entwicklung des Umsatzes während der Wirtschaftskrise überprüfte, wurde durch Hypothese 4b der Zusammenhang zwischen EM und der Entwicklung des Bilanzgewinns während der Wirtschaftskrise untersucht. Aus Abschn. 5.5.2 ist ersichtlich, dass das Regressionsmodell sowohl bei EM im Zusammenhang mit der Umsatzentwicklung als auch bei EM im Zusammenhang mit der Entwicklung des Bilanzgewinns signifikant war. Bei den Koeffizienten ergaben sich jedoch Unterschiede. Bei H4a wiesen die Faktoren marktorientiertes Auslösen von Verhaltensänderungen der MarktteilnehmerInnen (Faktor 1: MAV) und Akzeptanz kalkulierbaren Risikos (Faktor 4: AKR) signifikante Werte auf, wobei Faktor 1 positiv und Faktor 4 negativ auf die Entwicklung des Umsatzes während der Wirtschaftskrise wirkten. Im Gegensatz dazu wirkten bei H4b die Faktoren marktorientiertes Auslösen von Verhaltensänderungen der MarktteilnehmerInnen (Faktor 1: MAV) und Nutzung von Beziehungen zur Ressourcenstreckung (Faktor 3: NBR) signifikant positiv auf die Entwicklung des Bilanzgewinns während der Wirtschaftskrise. In beiden Regressionsmodellen wiesen die Kontrollvariablen keine signifikanten Werte auf.

Durch Hypothese 5 wurde der Zusammenhang zwischen EM und der Krisenbewältigung überprüft. Das Ergebnis, wie in Abschn. 5.6 dargestellt, zeigte, dass das Regressionsmodell einen signifikanten Beitrag zur Krisenbewältigung leistet. Die Betrachtung der Koeffizienten machte deutlich, dass sich Faktor 1 (MAV) und die Kontrollvariable Anzahl der MitarbeiterInnen signifikant positiv auf die Krisenbewältigung auswirkte.

Details zu den einzelnen Hypothesen können aus den Abschn. 5.4 bis Abschn. 5.6 entnommen werden.

6.2.2 Diskussion der Ergebnisse

Welche Faktoren in den Regressionsmodellen wirken und warum, wurde in den Ergebnissen der Hypothesen in den Abschn. 5.4 bis Abschn. 5.6 diskutiert. An dieser Stelle wird Forschungsfrage 2 aufgegriffen und anhand der Ergebnisse der Hypothesen aus übergeordneter Sicht beleuchtet.

Eingangs stellte sich die Frage, welche Rolle der Zustand vor der Krise (Z. v. K.) in Verbindung mit EM und dem Unternehmenserfolg einnimmt. Aufgrund der Hypothesenprüfung konnte aufgezeigt werden, dass EM – durch Faktor 2 (KundInnenorientierung) – zwar den Z. v. K. beeinflusst, jedoch der Z. v. K. keinen Beitrag zur Krisenvermeidung leisten konnte. Dieses Ergebnis kann wie folgt interpretiert werden:

Der theoretische Teil dieser Arbeit konnte aufzeigen, dass es sich bei EM um einen unternehmerisch-proaktiven Marketingansatz handelt. Dieser ist als unternehmerische, strategische Grundhaltung im Unternehmen verankert und zeichnet sich durch eine langfristige Sichtweise aus. Dies führt zur Annahme, dass EM nicht binnen kurzer Zeit im Unternehmen implementiert oder aus dem Unternehmen entfernt werden kann. Es kann daher angenommen werden, dass jene Unternehmen, die EM „leben", automatisch, auch wenn nicht beabsichtigt, den Unternehmenszustand (Z. v. K.) beeinflussen. Kritisch muss angemerkt werden, dass nur ein Teil von EM, nämlich die KundInnenorientierung (F2: KO), den Z. v. K. positiv beeinflusste. Der/die LeserIn könnte nun anmerken, dass die KundInnenorientierung aufgrund des reaktiven Verhaltens eher dem klassischen Marketing zuzuordnen ist (vgl. Kotler et al. 2007, S. 79, 1164). Aus übergeordneter Sicht betrachtet muss trotzdem unternehmerisches Verhalten, das sich z. B. durch eine hohe Motivation oder Vertrauen in die eigenen Fähigkeiten auszeichnet (vgl. Stevenson und Jarillo 1990, S. 25), bei dem/der UnternehmerIn bzw. den MitarbeiterInnen vorherrschen. Manifeste KundInnenwünsche/-bedürfnisse können durch unternehmerisches Verhalten besser erkannt respektive befriedigt und daher als Teil von EM betrachtet werden.

Eine mögliche Erklärung, warum der Z. v. K. nicht dazu beitragen konnte, Krisen zu vermeiden, kann darin liegen, dass der Z. v. K. im Vergleich zu den stärksten Konkurrenten erfragt wurde. Nehmen die Befragten den Zustand vor der Krise besser als jenen der Konkurrenten wahr, bedeutet dies noch nicht, dass der Z. v. K. ausreichend war, um eine Krise zu vermeiden. Eine weitere Erklärung könnte sein, dass die in den Jahren 2007 und 2008 beginnende Finanz- und Wirtschaftskrise zu stark war und daher ein guter respektive solider Unternehmenszustand nicht ausreichte, um Krisen zu vermeiden. In der Literatur wurde die Finanzkrise des Jahres 2007, die sich auf die wirtschaftliche Lage maßgeblich auswirkte, als die schwerste wirtschaftliche Krise nach dem Zweiten Weltkrieg bezeichnet (vgl. Michler und Smeets 2011, S. 6; Schulmeister 2011, S. 38), was Erklärung 2 stützt.

Weiters wurde die Frage aufgeworfen, wie EM auf die Krisenvermeidung, das individuelle unternehmerische Krisenausmaß, die Krisenbewältigung und folglich auf den Unternehmenserfolg wirkt. Die Ergebnisse in den Abschn. 5.5 bis Abschn. 5.6 konnten aufzeigen, dass die Faktoren von EM sowohl einen Beitrag zur Erklärung der Krisenbetroffenheit (Krisenvermeidung und Ausmaß der Krise) als auch zur Erklärung der Krisenbewältigung leisteten und folglich positiv auf den Unternehmenserfolg[2] wirkten. Während Faktor 3 (NBR) einen signifikanten Wert in Zusammenhang mit der Entwicklung des Erfolgsindikators Bilanzgewinn aufwies, zeigte Faktor 4 einen signifikanten Wert im Zusammenhang mit der Entwicklung des Erfolgsindikators Umsatz auf. Faktor 1 (MAV) war hingegen sowohl für die Krisenbetroffenheit – Krisenvermeidung und Ausmaß der Krise (Entwicklung Bilanzgewinn und Umsatz) – als auch für die Krisenbewältigung ausschlaggebend (siehe Abschn. 5.5 und 5.6). Gerade in Krisenzeiten sind besonders dynamische Märkte vorherrschend und Unternehmen werden von diesen stark beeinflusst (vgl. Weigand und Kreutter 2006, S. 76; Moldenhauer 2004, S. 35, 44 f.). Aufgrund der Ergebnisse in dieser Arbeit kann vermutet werden, dass Unternehmen durch das marktorientierte Auslösen von Verhaltensänderungen der MarktteilnehmerInnen (MAV) nicht nur Veränderungen rascher erkennen, sondern diese z. B. durch alternative, neue Produkte/Dienstleistungen oder neu geschaffene Geschäftsfelder auch herbeiführen können. Dabei ist die Fokussierung auf latente KundInnenbedürfnisse unumgänglich. Forschungsergebnisse von Eggers und Kraus (vgl. 2011, S. 109) stützen diese Sichtweise, da auch sie die globale Finanzkrise 2009 untersuchten und dabei herausfanden, dass KMU während der Krise zusätzliche und neue KundInnensegmente forcierten.

Aus übergeordneter Sicht betrachtet nehmen alle vier Faktoren vor dem Hintergrund wirtschaftlich krisenhafter Zeiten eine wichtige Rolle ein. Es wird daher empfohlen, EM in seiner Gesamtheit abzubilden und nicht auf einzelne Faktoren zu dezimieren.

6.2.3 Limitationen und Forschungsperspektiven

Rückwirkend betrachtet kann die Erfassung des Zustands vor der Krise mit Problemen behaftet sein. Der Zustand vor der Krise wurde retrospektiv erhoben und stand grundsätzlich mit einem prägenden Ereignis, nämlich mit der in den Jahren 2007 und 2008 beginnenden Finanz- und Wirtschaftskrise, in Verbindung. Trotzdem könnten die Ergebnisse, die in Verbindung mit dem Z. v. K. stehen, verzerrt sein (Key Informant Bias). Dies resultiert daraus, dass der Z. v. K. im Vergleich zu den stärksten Konkurrenten erfragt wurde. Nehmen die ProbandInnen den Zustand vor der Krise besser als jenen der Konkurrenten wahr, bedeutet dies noch nicht, dass der Z. v. K. ausreichend war, um eine Krise zu vermeiden. Außerdem besteht die Möglichkeit, dass der Zustand vor der Krise von den Unternehmen als besser wahrgenommen wurde, als dieser tatsächlich war. Folglich sollte in zukünftigen Forschungen der Z. v. K. nicht nur durch die in dieser Arbeit

---

[2]In dieser Dissertation wird ein Unternehmen als erfolgreich bezeichnet, wenn im Erhebungszeitraum mögliche Auswirkungen der Wirtschaftskrise auf das Unternehmen bzw. endogen induzierte Krisen vermieden oder bereits auftretende Auswirkungen dieser bewältigt wurden.

verwendete Messung erfolgen, sondern zusätzlich der tatsächliche Zustand des Unternehmens quantifiziert werden. Dadurch könnte die Wahrnehmung der Unternehmen mit dem tatsächlichen Unternehmenszustand verglichen werden.

Unter anderem war das Ziel dieser Arbeit, die Erfolgswirkung von EM vor dem Hintergrund wirtschaftlich krisenhafter Zeiten zu erfassen. Dabei wurde festgelegt, dass jene Unternehmen als erfolgreich angesehen werden, die die Auswirkungen der Wirtschaftskrise auf das Unternehmen und/oder Unternehmenskrisen vermeiden bzw. Auswirkungen dieser bewältigen konnten. Der produzierende Bereich war, wie in Abschn. 4.1 dargelegt, besonders von der Wirtschaftskrise betroffen. Dies konnte auch dadurch belegt werden, dass im Zeitraum zwischen 2007 und 2010 mehr Unternehmensschließungen als -gründungen stattfanden. Folglich stellt sich die Frage, ob jene KMU, die unter enormen Zeitdruck und Entscheidungszwang litten, also sich in einer akut/beherrschbaren Krise befanden bzw. überlebensnotwendige Unternehmensziele nicht mehr erreichen konnten und sich daher in einer akut/nicht beherrschbaren Krise befanden (siehe dazu Abschn. 2.4), tatsächlich an dieser Studie teilnahmen (Non Response Bias/Survivor Bias). Dieser Aspekt könnte sich auf die Ergebnisse ausgewirkt haben und sollte in zukünftigen Forschungen durch die Erfassung von möglichen Krisenstadien berücksichtigt werden.

Weitere Forschungen sind notwendig, um den Zusammenhang zwischen EM und dem Unternehmenserfolg zu ergründen. Dabei sollte EM nicht nur vor dem Hintergrund wirtschaftlich krisenhafter Zeiten erforscht werden, sondern mit Erfolgsindikatoren, wie z. B. Effizienz, Wachstum, Marktanteil, Unabhängigkeit von Sponsoren (vgl. Murphy et al. 1996, S. 16 f.), in Verbindung gebracht werden. Ein attraktives Forschungsthema wäre hierbei, die Wirkung von EM auf den Unternehmenserfolg, anhand der soeben erwähnten Erfolgsindikatoren, mittels Längsschnittanalyse zu erforschen.

6.3   Handlungsempfehlungen für KMU

Die Ergebnisse dieser Arbeit konnten aufzeigen, dass der Unternehmenserfolg durch den Einsatz von EM positiv beeinflusst werden kann. Was bedeutet dies nun konkret für österreichische KMU im produzierenden Bereich[3]?

Bei EM handelt es sich um eine unternehmerische, strategische Grundhaltung, die im Unternehmen „gelebt" werden muss. In der Praxis kann sich dies als schwierig erweisen, denn um EM im Unternehmen zu verankern, muss der/die UnternehmerIn respektive die gesamte Organisation das notwendige kreative, proaktive und unternehmerische Verhalten aufbringen. Dies benötigt Zeit und kann dem Unternehmen nicht von heute auf morgen „übergestülpt" werden.

---

[3]An dieser Stelle wird nochmals darauf hingewiesen, dass es sich aufgrund der KFA nicht um generalisierbare Aussagen handelt und die Schlussfolgerungen deshalb für die untersuchten Unternehmen Gültigkeit besitzen.

Unternehmen, die EM verankern möchten, müssen versuchen, EM ganzheitlich „zu leben" und nicht nur einzelne Faktoren zu fokussieren. Aus den Ergebnissen ist ersichtlich, dass jeder Faktor zumindest einmal seinen Beitrag leisten konnte. Der Faktor marktorientiertes Auslösen von Verhaltensänderungen der MarktteilnehmerInnen (F1) konnte nicht nur dazu beitragen, Krisen zu vermeiden, sondern diese auch zu bewältigen. Außerdem zeigte er eine positive Wirkung auf die Umsatzentwicklung und die Entwicklung des Bilanzgewinns während der Wirtschaftskrise. Die KundInnenorientierung wirkte positiv auf den Unternehmenszustand vor der Krise. Während der Faktor Nutzung von Beziehungen zur Ressourcenstreckung (F3) positiv auf die Entwicklung des Bilanzgewinns während der Wirtschaftskrise wirkte, zeigte der Faktor Akzeptanz kalkulierbaren Risikos (F4) eine negative Wirkung auf die Umsatzentwicklung. Dies kann einerseits aus zu vorschnellen Entscheidungen, die während krisenhafter Zeiten getroffen werden, resultieren. Andererseits aus der Höhe der Risiken, denn möglicherweise müssen in Krisenzeiten höhere Risiken eingegangen werden, damit eine positive Wirkung auf die Umsatzentwicklung erzielt werden kann.

Nachdem nun die positive Wirkung von EM aufgezeigt wurde, soll weiters dargelegt werden, was Unternehmen tun können, um EM im Unternehmen zu verankern. Dazu werden die vier Faktoren getrennt voneinander betrachtet.

Marktorientiertes Auslösen von Verhaltensänderungen der MarktteilnehmerInnen
Marktveränderungen gehen oftmals mit Unsicherheiten einher. Trotzdem sollten diese nicht als Bedrohung, sondern als Chance wahrgenommen werden. Wesentlich für Unternehmen sind die Überlegungen, wie KundInnen Produkte/Dienstleistungen verwenden und welche zusätzlichen Bedürfnisse respektive Wünsche KundInnen haben könnten. Prognosen über zukünftige KundInnenbedürfnisse können dabei unterstützend wirken. Eine ständige Weiterentwicklung der Produkte/Dienstleistungen sollte von Unternehmen angestrebt werden, auch wenn dadurch bestehende Produkte veralten könnten. Ideen, wie z. B. aufsehenerregende Marketingkonzepte oder Produktideen, sollten nicht nur aus der eigenen, sondern auch aus anderen Branchen aufgegriffen werden. Durch diese Vorgehensweise kann der Markt beeinflusst und folglich Verhaltensänderungen der MarktteilnehmerInnen ausgelöst werden. Die soeben aufgezählten Empfehlungen können aber nur umgesetzt werden, wenn im Unternehmen Proaktivität, Kreativität, Markt- und Chancenorientiertheit vorherrschend sind.

KundInnenorientierung
Unternehmen sollten stark kundenorientiert sein, denn nur wenn manifeste KundInnenwünsche respektive -bedürfnisse im Unternehmen bekannt sind, können diese befriedigt werden. Dabei können Erfahrungsberichte der KundInnen und regelmäßige Zufriedenheitsmessungen unterstützend wirken. Durch solch eine Vorgehensweise können Veränderungen bei den KundInnen schneller wahrgenommen und Alternativen früher geprüft werden.

Nutzung von Beziehungen zur Ressourcenstreckung

Ressourcen sind für Unternehmen notwendig, um am Markt erfolgreich agieren zu können. Im Unternehmen sind nicht immer ausreichend Ressourcen vorhanden und eine Streckung dieser ist daher notwendig. Folglich sollten Unternehmen Beziehungen zu GeschäftspartnerInnen und/oder FreundInnen nutzen, um Kosten zu sparen und den Zugang zu Informationen zu erleichtern. Kosten könnten z. B. durch die Entwicklung eines gemeinsamen Leistungsangebots oder auch durch vereinbarte Weiterempfehlungen gespart werden. Der Aufbau und die Nutzung von Beziehungen können somit als essenziell angesehen werden.

Akzeptanz kalkulierbaren Risikos

Obwohl Risiken für Unternehmen Chancen eröffnen, stellen diese ebenfalls eine Gefahr dar. Bevor Risiken (z. B. neue Marketingstrategien) eingegangen werden, müssen Unternehmen das Ausmaß des Risikos kalkulieren und sich dessen bewusst sein. Diese Vorgehensweise soll gewährleisten, dass Unternehmen nur so viele Ressourcen einsetzen, dass im Falle eines Misserfolgs der erfolgreiche Fortbestand des Unternehmens nicht gefährdet wird. Mögliche negative Auswirkungen werden somit vorab bedacht.

Zusammenfassend betrachtet kann EM einen wesentlichen Beitrag zum Erfolg von Unternehmen leisten. Insbesondere kann mit relativ geringem Mitteleinsatz eine hohe Wirkung erzielt werden.

Anhang

Auswertungen

Tab. A.1 Analyse fehlender Werte – Ausgangssituation. (Quelle: Eigene Darstellung)

				Univariate Statistiken				
Indikator	N	Mittelwert	Standardab-weichung	Fehlend			Anzahl der Extremwerte[a]	
				Anzahl	Prozent	Niedrig	Hoch	
EO_1	320	4,20	1,375	0	0,0	0	0
EO_2	320	3,37	1,604	0	0,0	0	0
EO_3	320	3,37	1,608	0	0,0	0	9
EO_4	320	3,17	1,458	0	0,0	0	2
EO_5	320	3,68	1,583	0	0,0	0	0
EO_6	320	5,03	1,472	0	0,0	10	0
EO_7	320	3,74	1,352	0	0,0	0	0
PMO_1	320	4,13	1,654	0	0,0	0	0
PMO_2	320	4,58	1,580	0	0,0	12	0
PMO_3	320	4,61	1,621	0	0,0	12	0
PMO_4	320	5,50	1,367	0	0,0	13	0
PMO_5	319	4,77	1,604	1	0,3	12	0
PMO_6	320	4,14	1,780	0	0,0	0	0
PMO_7	319	4,55	1,820	1	0,3	0	0
PMO_8	320	3,39	1,693	0	0,0	0	0
RMO_1	320	4,50	1,554	0	0,0	0	0
RMO_2	320	4,80	1,709	0	0,0	16	0
RMO_3	320	5,00	1,480	0	0,0	6	0
RMO_4	320	4,15	1,884	0	0,0	0	0

(Fortsetzung)

© Springer Fachmedien Wiesbaden GmbH 2017

J. Schmid, *Entrepreneurial Marketing,* Forschung und Praxis an der FHWien der WKW,

DOI 10.1007/978-3-658-15172-0

Tab. A.1 (Fortsetzung)

				Univariate Statistiken			

Indikator	N	Mittelwert	Standardab-weichung	Fehlend		Anzahl der Extremwerte[a]	
				Anzahl	Prozent	Niedrig	Hoch
RMO_5	320	5,01	1,545	0	0,0	8	0
RMO_6	320	5,47	1,371	0	0,0	14	0
RMO_7	320	4,52	1,797	0	0,0	0	0
MD_1	320	4,33	1,670	0	0,0	0	0
MD_2	320	4,07	1,740	0	0,0	0	0
MD_3	320	3,78	1,663	0	0,0	0	0
MD_4	320	3,01	1,761	0	0,0	0	12
RL_1	320	4,79	1,662	0	0,0	14	0
RL_2	320	4,89	1,389	0	0,0	3	0
RL_3	320	4,38	1,833	0	0,0	0	0
RL_4	320	3,50	2,048	0	0,0	0	0
RL_5	320	2,15	1,587	0	0,0	0	22
RL_6	320	3,37	1,917	0	0,0	0	0
RL_7	320	4,35	1,869	0	0,0	0	0
RL_8	320	4,61	1,667	0	0,0	0	0
U_1	318	3,88	1,597	2	0,6	0	0
U_2	317	4,69	1,601	3	0,9	13	0
U_3	316	4,43	1,407	4	1,2	33	23
U_4	314	4,23	1,365	6	1,9	40	10
U_5	317	4,69	1,571	3	0,9	15	0
WL_1	318	5,22	1,419	2	0,6	2	0
WL_2	320	3,56	1,495	0	0,0	30	38
WL_3	236	2,92	1,039	84	26,2	0	0
WL_4	320	1,86	0,345	0	0,0	.	.
WL_5	316	3,37	1,478	4	1,2	0	9
WL_7	318	3,34	1,506	2	0,6	0	8
SW_FM_1	302	4,38	1,216	18	**5,6**	18	12
SW_FM_2	303	4,23	1,104	17	**5,3**	18	7
SW_FM_3	300	4,18	1,033	20	**6,3**	20	2
SW_FM_4	299	4,11	0,982	21	**6,6**	18	1
SW_FM_5	298	3,90	1,131	22	**6,9**	11	21
SW_F_1	303	4,37	1,429	17	**5,3**	31	27
SW_F_2	297	4,16	1,349	23	**7,2**	35	19

(Fortsetzung)

Tab. A.1 (Fortsetzung)

Indikator	N	Mittelwert	Standardab-weichung	Fehlend		Anzahl der Extremwerte[a]	
				Anzahl	Prozent	Niedrig	Hoch
SW_F_3	299	4,32	1,307	21	**6,6**	27	17
SW_F_4	302	4,56	1,343	18	**5,6**	5	0
SW_F_5	301	4,27	1,313	19	**5,9**	28	16
SW_B_1	298	4,02	1,007	22	**6,9**	.	.
SW_B_2	300	4,18	0,986	20	**6,3**	13	6
SW_B_3	302	4,27	1,062	18	**5,6**	15	7
SW_B_4	301	4,05	1,226	19	**5,9**	0	0
SW_B_5	303	4,53	1,109	17	**5,3**	9	12
SW_UO_1	303	4,41	1,136	17	**5,3**	7	14
SW_UO_2	304	4,64	1,157	16	**5,0**	8	16
SW_UO_3	304	4,66	1,208	16	**5,0**	4	0
SW_UO_4	304	4,56	1,182	16	**5,0**	14	14
SW_UO_5	304	4,43	1,156	16	**5,0**	16	11
SW_P_1	304	4,37	1,067	16	**5,0**	9	9
SW_P_2	303	4,53	1,170	17	**5,3**	14	14
SW_P_3	301	4,42	1,168	19	**5,9**	16	11
SW_P_4	300	4,36	1,178	20	**6,3**	16	11
SW_P_5	299	4,17	1,155	21	**6,6**	18	11
SW_PL_1	298	4,34	1,056	22	**6,9**	12	7
SW_PL_2	300	4,16	1,068	20	**6,3**	18	7
SW_PL_3	300	4,15	1,108	20	**6,3**	19	6
SW_PL_4	302	4,52	1,211	18	**5,6**	11	22
SW_PL_5	300	4,70	1,120	20	**6,3**	1	0
SW_R_1	301	4,29	1,164	19	**5,9**	17	18
SW_R_2	302	4,31	1,089	18	**5,6**	14	11
SW_R_3	301	4,25	1,098	19	**5,9**	16	10
SW_R_4	301	4,40	1,225	19	**5,9**	19	18
SW_R_5	298	4,44	1,276	22	**6,9**	16	22
SW_A_1	301	4,17	0,986	19	**5,9**	15	5
SW_A_2	304	4,61	1,181	16	**5,0**	11	18
SW_A_3	304	4,27	1,068	16	**5,0**	13	9
SW_A_4	300	4,78	1,162	20	**6,3**	3	0
SW_A_5	303	4,43	1,174	17	**5,3**	10	17

(Fortsetzung)

Univariate Statistiken

Tab. A.1 (Fortsetzung)

				Univariate Statistiken			
Indikator	N	Mittelwert	Standardab-weichung	Fehlend		Anzahl der Extremwerte[a]	
				Anzahl	Prozent	Niedrig	Hoch
Stat_AUN_1	310	7,76	3,221	10	3,1	0	0
Stat_MA_3	302	59,68	108,725	18	**5,6**	0	39
Stat_F_1	316	1,42	0,779	4	1,2	0	19

[a]Anzahl der Fälle außerhalb des Bereichs (Q1 − 1,5 * IQR, Q3 + 1,5 * IQR)

Tab. A.2 Analyse fehlender Werte nach Bereinigung. (Quelle: Eigene Darstellung)

				Univariate Statistiken			
Indikator	N	Mittelwert	Standardab-weichung	Fehlend		Anzahl der Extremwerte[a]	
				Anzahl	Prozent	Niedrig	Hoch
EO_1	262	4,22	1,323	0	0,0	0	0
EO_2	262	3,35	1,589	0	0,0	0	0
EO_3	262	3,36	1,588	0	0,0	0	0
EO_4	262	3,21	1,482	0	0,0	0	2
EO_5	262	3,70	1,587	0	0,0	0	0
EO_6	262	5,03	1,446	0	0,0	8	0
EO_7	262	3,79	1,333	0	0,0	0	0
PMO_1	262	4,07	1,575	0	0,0	0	0
PMO_2	262	4,54	1,575	0	0,0	10	0
PMO_3	262	4,56	1,598	0	0,0	10	0
PMO_4	262	5,55	1,305	0	0,0	9	0
PMO_5	262	4,82	1,538	0	0,0	8	0
PMO_6	262	4,13	1,736	0	0,0	0	0
PMO_7	261	4,52	1,779	1	0,4	0	0
PMO_8	262	3,35	1,659	0	0,0	0	0
RMO_1	262	4,47	1,518	0	0,0	0	0
RMO_2	262	4,82	1,703	0	0,0	13	0
RMO_3	262	5,00	1,453	0	0,0	5	0
RMO_4	262	4,17	1,856	0	0,0	0	0
RMO_5	262	5,09	1,506	0	0,0	6	0
RMO_6	262	5,48	1,355	0	0,0	10	0
RMO_7	262	4,48	1,806	0	0,0	0	0
MD_1	262	4,39	1,664	0	0,0	0	0
MD_2	262	4,15	1,721	0	0,0	0	0

(Fortsetzung)

Tab. A.2 (Fortsetzung)

Indikator	N	Mittelwert	Standardab-weichung	Fehlend		Anzahl der Extremwerte[a]	
				Anzahl	Prozent	Niedrig	Hoch
MD_3	262	3,78	1,671	0	0,0	0	0
MD_4	262	3,05	1,770	0	0,0	0	11
RL_1	262	4,88	1,626	0	0,0	10	0
RL_2	262	4,93	1,408	0	0,0	3	0
RL_3	262	4,35	1,863	0	0,0	0	0
RL_4	262	3,50	2,060	0	0,0	0	0
RL_5	262	2,17	1,612	0	0,0	0	20
RL_6	262	3,40	1,923	0	0,0	0	0
RL_7	262	4,38	1,863	0	0,0	0	0
RL_8	262	4,68	1,635	0	0,0	11	0
U_1	261	3,93	1,561	1	0,4	0	0
U_2	260	4,64	1,601	2	0,8	10	0
U_3	260	4,39	1,367	2	0,8	27	15
U_4	260	4,25	1,313	2	0,8	31	8
U_5	261	4,54	1,611	1	0,4	15	0
WL_1	261	5,23	1,408	1	0,4	1	0
WL_2	262	3,58	1,516	0	0,0	24	33
WL_3	197	2,93	1,047	65	24,8	0	0
WL_4	262	0,86	0,349	0	0,0	.	.
WL_5	259	3,35	1,519	3	1,1	0	8
WL_7	261	3,31	1,549	1	0,4	0	7
SW_FM_1	261	4,41	1,204	1	0,4	14	12
SW_FM_2	262	4,23	1,094	0	0,0	16	6
SW_FM_3	260	4,18	1,037	2	0,8	17	2
SW_FM_4	261	4,09	0,964	1	0,4	14	1
SW_FM_5	261	3,90	1,098	1	0,4	9	17
SW_F_1	262	4,35	1,414	0	0,0	26	23
SW_F_2	258	4,15	1,328	4	1,5	29	16
SW_F_3	260	4,29	1,303	2	0,8	24	14
SW_F_4	262	4,52	1,341	0	0,0	18	22
SW_F_5	262	4,25	1,340	0	0,0	27	14
SW_B_1	259	4,02	1,023	3	1,1	15	6
SW_B_2	261	4,17	0,975	1	0,4	10	5

(Fortsetzung)

Tab. A.2 (Fortsetzung)

Indikator	N	Mittelwert	Standardab-weichung	Fehlend		Anzahl der Extremwerte[a]	
				Anzahl	Prozent	Niedrig	Hoch
			Univariate Statistiken				
SW_B_3	261	4,25	1,044	1	0,4	12	5
SW_B_4	261	3,99	1,234	1	0,4	0	0
SW_B_5	262	4,51	1,137	0	0,0	9	11
SW_UO_1	262	4,42	1,148	0	0,0	7	12
SW_UO_2	262	4,66	1,160	0	0,0	7	13
SW_UO_3	262	4,65	1,228	0	0,0	4	0
SW_UO_4	262	4,53	1,193	0	0,0	13	11
SW_UO_5	262	4,42	1,171	0	0,0	15	9
SW_P_1	262	4,38	1,042	0	0,0	6	7
SW_P_2	261	4,51	1,195	1	0,4	14	12
SW_P_3	261	4,40	1,187	1	0,4	16	8
SW_P_4	260	4,34	1,179	2	0,8	15	8
SW_P_5	260	4,14	1,104	2	0,8	15	6
SW_PL_1	259	4,37	1,060	3	1,1	10	6
SW_PL_2	261	4,20	1,064	1	0,4	15	6
SW_PL_3	261	4,16	1,099	1	0,4	15	5
SW_PL_4	262	4,54	1,221	0	0,0	10	19
SW_PL_5	261	4,70	1,134	1	0,4	1	0
SW_R_1	262	4,30	1,170	0	0,0	14	16
SW_R_2	262	4,32	1,095	0	0,0	12	11
SW_R_3	262	4,29	1,117	0	0,0	13	10
SW_R_4	261	4,41	1,248	1	0,4	16	17
SW_R_5	259	4,44	1,263	3	1,1	15	17
SW_A_1	260	4,16	0,973	2	0,8	11	5
SW_A_2	262	4,58	1,187	0	0,0	10	14
SW_A_3	262	4,24	1,083	0	0,0	12	8
SW_A_4	258	4,73	1,178	4	1,5	3	0
SW_A_5	261	4,39	1,171	1	0,4	9	13
Stat_AUN_1	261	7,68	3,230	1	0,4	0	0
Stat_MA_3	262	51,58	54,557	0	0,0	0	31
Stat_F_1	261	1,39	0,765	1	0,4	0	15

[a]Anzahl der Fälle außerhalb des Bereichs (Q1 − 1,5 * IQR, Q3 + 1,5 * IQR)

Tab. A.3 Chi-Quadrat-Test – Subbranchen. (Quelle: Eigene Darstellung)

	Wert	df	Asymptotische Signifikanz (2-seitig)
Chi-Quadrat nach Pearson	30,103[a]	21	0,090
Likelihood-Quotient	32,772	21	0,049
Zusammenhang linear-mit-linear	1,480	1	0,224
Anzahl der gültigen Fälle	4010		

[a]10 Zellen (22,7 %) haben eine erwartete Häufigkeit kleiner 5. Die minimale erwartete Häufigkeit ist 0,33

Tab. A.4 EM – Reliabilitätsanalyse der zweiten Generation (Vergleichsmodell). (Quelle: Eigene Darstellung)

Faktor	Indikator	Ergebnisse der KFA			Reliabilitätsberechnungen		
		Faktorla-dungen	Ladungs-quadrate	Fehlerva-rianz	Indikatorre-liabilität	Faktorrelia-bilität	DEV
F1: Proak-tive Markt-Orientierung (Varianz: 1,0)	PMO1	0,704	0,496	0,504	0,496	0,915	0,518
	PMO2	0,773	0,597	0,403	0,597		
	PMO3	0,760	0,577	0,423	0,577		
	PMO5	0,697	0,486	0,514	0,486		
	PMO6	0,755	0,570	0,430	0,570		
	PMO7	0,702	0,493	0,507	0,493		
	PMO8	0,652	0,425	0,575	0,425		
	MD1	0,771	0,594	0,406	0,594		
	MD2	0,727	0,529	0,471	0,529		
	MD3	0,644	0,414	0,586	0,414		
	Summe	7,185	5,181	4,819			
	Quadrate	51,624					
F2: Kundeno-rientierung (Varianz: 1,0)	RMO1	0,734	0,539	0,461	0,539	0,870	0,528
	RMO2	0,775	0,601	0,399	0,601		
	RMO3	0,704	0,496	0,504	0,496		
	RMO4	0,701	0,491	0,509	0,491		
	RMO5	0,652	0,425	0,575	0,425		
	RMO7	0,785	0,616	0,384	0,616		
	Summe	4,351	3,168	2,832			
	Quadrate	18,931					
F3: Nutzung externer UN-Beziehungen (Varianz: 1,0)	RL1	0,681	0,464	0,536	0,464	0,760	0,443
	RL2	0,595	0,353	0,647	0,353		
	RL6	0,645	0,417	0,583	0,417		
	RL7	0,733	0,538	0,462	0,538		
	Summe	2,654	1,772	2,228			
	Quadrate	7,044					

(Fortsetzung)

Tab. A.4 (Fortsetzung)

Faktor	Indikator	Ergebnisse der KFA			Reliabilitätsberechnungen		
		Faktorla-dungen	Ladungs-quadrate	Fehlerva-rianz	Indikatorre-liabilität	Faktorrelia-bilität	DEV
F4: Risikonei-gung der GF (Varianz: 1,0)	EO3	0,657	0,432	0,568	0,432	0,826	0,622
	EO4	0,985	0,970	0,030	0,970		
	EO5	0,681	0,463	0,537	0,463		
	Summe	2,323	1,865	1,135			
	Quadrate	5,396					

Obwohl die Werte bei der Reliabilitätsanalyse der zweiten Generation (KFA) im Vergleichsmodell höher sind, führt dieses Modell zu ähnlichen Gütekriterien (Chi-Quadrat-Test: p = 0,000; Chi-Quadrat/d.f.: 2,57; RMSEA: 0,078).

Fragebogen

Marketing

Inwieweit stimmen Sie folgenden Aussagen über Ihr Unternehmen zu?

Tab. A.5 Fragebogen – Marketing – Teil 1

*1 = stimme **überhaupt nicht** zu 7 = stimme **vollständig** zu*

	1	2	3	4	5	6	7
Bei Problemen bevorzugen wir neue Lösungen anstelle von herkömmlichen Lösungen.	☐	☐	☐	☐	☐	☐	☐
In unserem Unternehmen werden innovative Marketingstrategien gefördert, obwohl man weiß, dass manche davon scheitern werden.	☐	☐	☐	☐	☐	☐	☐
(R) In unserem Unternehmen wird eine geordnete und vorsichtige Unternehmensführung höher geschätzt als das Vorantreiben risikoreicher Veränderungsprozesse.	☐	☐	☐	☐	☐	☐	☐
(R) Die Geschäftsführung in unserem Unternehmen ist gerne auf der sicheren Seite.	☐	☐	☐	☐	☐	☐	☐
(R) Die Geschäftsführung in unserem Unternehmen setzt Pläne nur dann um, wenn sie sicher ist, dass diese funktionieren werden.	☐	☐	☐	☐	☐	☐	☐
Wir sind uns ganz sicher, dass Marktveränderungen Chancen für uns schaffen.	☐	☐	☐	☐	☐	☐	☐
Die Mitarbeiter unseres Unternehmens sprechen mehr über Chancen als über Probleme.	☐	☐	☐	☐	☐	☐	☐

Inwieweit stimmen Sie folgenden Aussagen über Ihr Unternehmen zu?

Tab. A.6 Fragebogen – Marketing – Teil 2

*1 = stimme **überhaupt nicht** zu 7 = stimme **vollständig** zu*

	1	2	3	4	5	6	7
Wir unterstützen unsere Kunden dabei, Marktentwicklungen im Voraus zu erkennen.	☐	☐	☐	☐	☐	☐	☐
Wir versuchen laufend, zusätzliche Bedürfnisse unserer Kunden ausfindig zu machen, noch bevor die Kunden diese Bedürfnisse selbst erkennen.	☐	☐	☐	☐	☐	☐	☐
Wir beziehen auch Lösungen für bisher nicht geäußerte Kundenbedürfnisse in unsere neuen Produkte/Dienstleistungen ein.	☐	☐	☐	☐	☐	☐	☐
Wir machen uns Gedanken darüber, wie die Kunden unsere Produkte/Dienstleistungen verwenden.	☐	☐	☐	☐	☐	☐	☐
Wir entwickeln unsere Produkte/Dienstleistungen ständig weiter, auch auf die Gefahr hin, dass unsere bisherigen Produkte/Dienstleistungen dadurch veralten.	☐	☐	☐	☐	☐	☐	☐
Wir suchen sogar Marktchancen in solchen Bereichen, in denen die Kunden noch Probleme haben, ihre Bedürfnisse zu äußern.	☐	☐	☐	☐	☐	☐	☐
Wir arbeiten eng mit innovationsinteressierten Kunden zusammen, die versuchen, Bedürfnisse früher als der Großteil der Kunden zu erkennen.	☐	☐	☐	☐	☐	☐	☐
Wir erstellen Prognosen über die zukünftigen Bedürfnisse unserer Kunden.	☐	☐	☐	☐	☐	☐	☐

Inwieweit stimmen Sie folgenden Aussagen über Ihr Unternehmen zu?

Tab. A.7 Fragebogen – Marketing – Teil 3

*1 = stimme **überhaupt nicht** zu 7 = stimme **vollständig** zu*

	1	2	3	4	5	6	7
Wir kontrollieren ständig, inwieweit wir den Wünschen unserer Kunden nachkommen.	☐	☐	☐	☐	☐	☐	☐
Wir verbreiten Informationen über positive und negative Erfahrungen unserer Kunden im gesamten	☐	☐	☐	☐	☐	☐	☐
Unsere Strategie zur Erzielung von Wettbewerbsvorteilen basiert auf dem Erkennen von Kundenbedürfnissen.	☐	☐	☐	☐	☐	☐	☐
Wir messen die Zufriedenheit unserer Kunden systematisch und regelmäßig.	☐	☐	☐	☐	☐	☐	☐
Wir sind stärker kundenorientiert als unsere Konkurrenz.	☐	☐	☐	☐	☐	☐	☐
Das Unternehmen ist vor allem dazu da, um Kundenbedürfnisse zu befriedigen.	☐	☐	☐	☐	☐	☐	☐
Informationen über die Kundenzufriedenheit werden regelmäßig über alle Ebenen des Unternehmens verbreitet.	☐	☐	☐	☐	☐	☐	☐

Inwieweit stimmen Sie folgenden Aussagen über Ihr Unternehmen in Bezug auf Kunden und Konkurrenten zu?

Tab. A.8 Fragebogen – Marketing – Teil 4

*1 = stimme **überhaupt nicht** zu   7 = stimme **vollständig** zu*

	1	2	3	4	5	6	7
Wir versuchen immer wieder, neue Produkte/Dienstleistungen zu entwickeln, welche unsere Kunden dazu bringen sollen, ihr Kaufverhalten zu überdenken.	☐	☐	☐	☐	☐	☐	☐
Wir sind Vorreiter am Absatzmarkt und gehen davon aus, dass uns Kunden und Konkurrenten folgen werden.	☐	☐	☐	☐	☐	☐	☐
Wir greifen immer wieder gezielt Ideen aus anderen Branchen auf, um damit Kunden und/oder Konkurrenten zu überraschen.	☐	☐	☐	☐	☐	☐	☐
Wir entwickeln immer wieder neue, aufsehenerregende Marketingkonzepte, die von der Konkurrenz nachgeahmt werden.	☐	☐	☐	☐	☐	☐	☐

Inwieweit stimmen Sie folgenden Aussagen über Ihr Unternehmen zu?

Tab. A.9 Fragebogen – Marketing – Teil 5

*1 = stimme **überhaupt nicht** zu   7 = stimme **vollständig** zu*

	1	2	3	4	5	6	7
In unserem Unternehmen nutzen wir Beziehungen zu Freunden und Geschäftspartnern etc., um kostengünstig Informationen und Rat einzuholen.	☐	☐	☐	☐	☐	☐	☐
In unserem Unternehmen probieren wir immer wieder etwas aus, um besonders kostengünstig wirtschaften zu können.	☐	☐	☐	☐	☐	☐	☐
In unserem Unternehmen verwenden wir Geräte/Maschinen/Einrichtungen, solange sie den Zweck erfüllen, auch wenn wir uns modernere leisten könnten.	☐	☐	☐	☐	☐	☐	☐
(R) In unserem Unternehmen werden Geräte/Maschinen gekauft, da das Ausleihen für den fallweisen Bedarf für uns nicht in Betracht kommt.	☐	☐	☐	☐	☐	☐	☐
Wenn in unserem Unternehmen Personal/Geräte/Räume längerfristig nicht ausgelastet sind, vermieten wir sie.	☐	☐	☐	☐	☐	☐	☐
Wir vereinbaren mit anderen Unternehmen, uns gegenseitig weiterzuempfehlen, um Marketingkosten zu sparen.	☐	☐	☐	☐	☐	☐	☐
Wir nutzen Beziehungen zu anderen Unternehmen, um kostengünstig ein erweitertes Leistungsangebot bieten zu können.	☐	☐	☐	☐	☐	☐	☐
Unsere Mitarbeiter erwarten sich nicht sofort eine Gegenleistung, wenn sie bei Bedarf mehr Einsatz zeigen.	☐	☐	☐	☐	☐	☐	☐

Umwelt

Bitte bewerten Sie die Entwicklungen in Ihrer Branche in den vergangenen 3 Jahren.

Kreuzen Sie an, wie stark Sie zu der einen oder anderen Aussage tendieren.

Tab. A.10 Fragebogen – Umwelt

Die Wachstumspotenziale sind in unserer Branche dramatisch gesunken.	☐	☐	☐	☐	☐	☐	☐	Die Wachstumspotenziale sind in unserer Branche beträchtlich gestiegen.
Produktions-/ Dienstleistungsprozesse haben sich überhaupt nicht verändert.	☐	☐	☐	☐	☐	☐	☐	Produktions- /Dienstleistungs-prozesse haben sich stark verändert.
Die Innovationsrate bei Produktionsprozessen und neuen Produkten bzw. Dienstleistungen ist stark gesunken.	☐	☐	☐	☐	☐	☐	☐	Die Innovationsrate bei Produktionsprozessen und neuen Produkten bzw. Dienstleistungen ist stark gestiegen.
Forschungs- und Entwicklungsaktivitäten sind stark gesunken.	☐	☐	☐	☐	☐	☐	☐	Forschungs- und Entwicklungsaktivitäten sind stark gestiegen.
Die Vielfalt der Kundenwünsche ist dramatisch gestiegen.	☐	☐	☐	☐	☐	☐	☐	Die Vielfalt der Kundenwünsche ist dramatisch gesunken.

Wirtschaftliche Lage

Wie beurteilen Sie die wirtschaftliche Lage Ihres Unternehmens vor der Wirtschaftskrise (in den Jahren 2007/2008)?

Tab. A.11 Fragebogen – wirtschaftliche Lage – Teil 1

1 = sehr schlecht   *7 = sehr gut*

1	2	3	4	5	6	7
☐	☐	☐	☐	☐	☐	☐

Wie hat sich die Wirtschaftskrise auf die wirtschaftliche Lage Ihres Unternehmens ausgewirkt?

Bei Antworten von 1–3 und 5–7 bitte weiter zur nächsten Frage. Bei Antwort 4 bitte zur übernächsten Frage wechseln.

Tab. A.12 Fragebogen – wirtschaftliche Lage – Teil 2

1 = sehr negativ   *4 = gar nicht*   *7 = sehr positiv*

1	2	3	4	5	6	7
☐	☐	☐	☐	☐	☐	☐

Unser Unternehmen ist …

Tab. A.13 Fragebogen – wirtschaftliche Lage – Teil 3

noch von der Wirtschaftskrise betroffen.	☐
aus der Wirtschaftskrise geschwächt herausgegangen.	☐
aus der Wirtschaftskrise unverändert herausgegangen.	☐
aus der Wirtschaftskrise gestärkt herausgegangen.	☐

War Ihr Unternehmen seit 2007/2008 – unabhängig von der Wirtschaftskrise – in einer Unternehmenskrise?

Tab. A.14 Fragebogen – wirtschaftliche Lage – Teil 4

Ja	Nein
☐	☐

Inwieweit hat sich die Wirtschaftskrise in folgenden Bereichen bemerkbar gemacht?

Tab. A.15 Fragebogen – wirtschaftliche Lage – Teil 5

1 = stark gesunken; 4 = weder noch 7 = stark gestiegen

	1	2	3	4	5	6	7
Umsatz	☐	☐	☐	☐	☐	☐	☐
Bilanzgewinn	☐	☐	☐	☐	☐	☐	☐

Situation vor der Wirtschaftskrise
Führungsstruktur/Management

Erinnern Sie sich bitte an die Situation vor der Wirtschaftskrise (etwa Ende 2007). Bitte beurteilen Sie bei folgenden Punkten, inwieweit Sie damals besser oder schlechter waren als Ihre stärksten Konkurrenten.

Tab. A.16 Fragebogen – Situation vor der Wirtschaftskrise – Teil 1

1 = viel schlechter   *7 = viel besser*

	1	2	3	4	5	6	7
kurzfristige Planung	☐	☐	☐	☐	☐	☐	☐
langfristige Planung	☐	☐	☐	☐	☐	☐	☐
Teilbereichsplanung (bspw. Absatzplan, Finanzplan)	☐	☐	☐	☐	☐	☐	☐
Verknüpfung von Teilplänen	☐	☐	☐	☐	☐	☐	☐
Nutzung externer Meinungen für die Planung (bspw. Unternehmensberater, Freunde, Geschäftspartner)	☐	☐	☐	☐	☐	☐	☐

Finanzierung

Erinnern Sie sich bitte an die Situation vor der Wirtschaftskrise (etwa Ende 2007). Bitte beurteilen Sie bei folgenden Punkten, inwieweit Sie damals besser oder schlechter waren als Ihre stärksten Konkurrenten.

Tab. A.17 Fragebogen – Situation vor der Wirtschaftskrise – Teil 2

1 = viel schlechter   *7 = viel besser*

	1	2	3	4	5	6	7
Eigenkapitalausstattung	☐	☐	☐	☐	☐	☐	☐
Möglichkeiten der Eigenkapitalaufstockung	☐	☐	☐	☐	☐	☐	☐
Zugang zu Fremdkapital	☐	☐	☐	☐	☐	☐	☐
Zahlungsfähigkeit	☐	☐	☐	☐	☐	☐	☐
Gewinn	☐	☐	☐	☐	☐	☐	☐

Beschaffung

Erinnern Sie sich bitte an die Situation vor der Wirtschaftskrise (etwa Ende 2007). Bitte beurteilen Sie bei folgenden Punkten, inwieweit Sie damals besser oder schlechter waren als Ihre stärksten Konkurrenten.

Tab. A.18 Fragebogen – Situation vor der Wirtschaftskrise – Teil 3

1 = viel schlechter   7 = viel besser

	1	2	3	4	5	6	7
Lagerwirtschaft	☐	☐	☐	☐	☐	☐	☐
Wissen über den Beschaffungsmarkt	☐	☐	☐	☐	☐	☐	☐
Verfügbarkeit geeigneter Lieferanten (Qualität, Preis etc.)	☐	☐	☐	☐	☐	☐	☐
Verhandlungsmacht gegenüber den Lieferanten	☐	☐	☐	☐	☐	☐	☐
Beziehungen zu den wichtigsten Lieferanten	☐	☐	☐	☐	☐	☐	☐

Unternehmensorganisation

Erinnern Sie sich bitte an die Situation vor der Wirtschaftskrise (etwa Ende 2007). Bitte beurteilen Sie bei folgenden Punkten, inwieweit Sie damals besser oder schlechter waren als Ihre stärksten Konkurrenten.

Tab. A.19 Fragebogen – Situation vor der Wirtschaftskrise – Teil 4

1 = viel schlechter   7 = viel besser

	1	2	3	4	5	6	7
Entscheidungsfreudigkeit des Unternehmens	☐	☐	☐	☐	☐	☐	☐
Zusammenhalt im Unternehmen	☐	☐	☐	☐	☐	☐	☐
Identifikation der Mitarbeiter mit dem Unternehmen	☐	☐	☐	☐	☐	☐	☐
Veränderungsbereitschaft des Unternehmens	☐	☐	☐	☐	☐	☐	☐
Effizienz der Umsetzung von Entscheidungen	☐	☐	☐	☐	☐	☐	☐

Personal

Erinnern Sie sich bitte an die Situation vor der Wirtschaftskrise (etwa Ende 2007). Bitte beurteilen Sie bei folgenden Punkten, inwieweit Sie damals besser oder schlechter waren als Ihre stärksten Konkurrenten.

Tab. A.20 Fragebogen – Situation vor der Wirtschaftskrise – Teil 5

1 = viel schlechter   7 = viel besser

	1	2	3	4	5	6	7
Qualifikation der Mitarbeiter	☐	☐	☐	☐	☐	☐	☐
Motivation der Mitarbeiter	☐	☐	☐	☐	☐	☐	☐
Attraktivität als Arbeitgeber	☐	☐	☐	☐	☐	☐	☐
Selbständige („unternehmerische") Mitarbeiter	☐	☐	☐	☐	☐	☐	☐
Anpassungsmöglichkeit der Personalstruktur (flexible Dienstverträge etc.)	☐	☐	☐	☐	☐	☐	☐

Produktion/Leistungserstellung

Erinnern Sie sich bitte an die Situation vor der Wirtschaftskrise (etwa Ende 2007).

Bitte beurteilen Sie bei folgenden Punkten, inwieweit Sie damals besser oder schlechter waren als Ihre stärksten Konkurrenten.

Tab. A.21 Fragebogen – Situation vor der Wirtschaftskrise – Teil 6

1 = viel schlechter   7 = viel besser

	1	2	3	4	5	6	7
Anpassungsfähigkeit an Nachfrageschwankungen	☐	☐	☐	☐	☐	☐	☐
Effizienz der Material- und Energienutzung	☐	☐	☐	☐	☐	☐	☐
Betriebs- und Geschäftsausstattung	☐	☐	☐	☐	☐	☐	☐
Auslastung	☐	☐	☐	☐	☐	☐	☐
Qualität der Produkte/Dienstleistungen	☐	☐	☐	☐	☐	☐	☐

Rechnungswesen

Erinnern Sie sich bitte an die Situation vor der Wirtschaftskrise (etwa Ende 2007). Bitte beurteilen Sie bei folgenden Punkten, inwieweit Sie damals besser oder schlechter waren als Ihre stärksten Konkurrenten.

Tab. A.22 Fragebogen – Situation vor der Wirtschaftskrise – Teil 7

1 = viel schlechter   7 = viel besser

	1	2	3	4	5	6	7
Finanz- und Liquiditätsplanung	☐	☐	☐	☐	☐	☐	☐
Kostenrechnung und Kalkulation	☐	☐	☐	☐	☐	☐	☐
Nutzung von Informationen des Rechnungswesens für Entscheidungen	☐	☐	☐	☐	☐	☐	☐
Regelmäßige Soll/Ist-Vergleiche	☐	☐	☐	☐	☐	☐	☐
Rasche Verfügbarkeit von Ergebnissen aus dem Rechnungswesen	☐	☐	☐	☐	☐	☐	☐

Absatz

Erinnern Sie sich bitte an die Situation vor der Wirtschaftskrise (etwa Ende 2007). Bitte beurteilen Sie bei folgenden Punkten, inwieweit Sie damals besser oder schlechter waren als Ihre stärksten Konkurrenten.

Tab. A.23 Fragebogen – Situation vor der Wirtschaftskrise – Teil 8

1 = viel schlechter   7 = viel besser

	1	2	3	4	5	6	7
Informationslage über den Absatzmarkt	☐	☐	☐	☐	☐	☐	☐
Stammkundenanteil	☐	☐	☐	☐	☐	☐	☐
Verhandlungsmacht gegenüber den Kunden	☐	☐	☐	☐	☐	☐	☐
Beziehung zu den wichtigsten Kunden	☐	☐	☐	☐	☐	☐	☐
Konkurrenzfähiges Angebot	☐	☐	☐	☐	☐	☐	☐

Statistische Angaben

Bitte geben Sie das Alter Ihres Unternehmens an.

Tab. A.24 Fragebogen – Statistische Angaben – Teil 1

bis 5 J.	6-10 J.	11-15 J.	16-20 J.	21-25 J.	26-30 J.	31-35 J.	36-40 J.	41-45 J.	46-50 J.	über 50 J.
☐	☐	☐	☐	☐	☐	☐	☐	☐	☐	☐

Tab. A.25 Fragebogen – Statistische Angaben – Teil 2

Bitte geben Sie die durchschnittliche Mitarbeiteranzahl für folgendes Jahr an:
2011: ca. _____

Bitte geben Sie an, welche Funktion Sie in Ihrem Unternehmen innehaben.

Tab. A.26 Fragebogen – Statistische Angaben – Teil 3

1. Führungsebene: Unternehmer, Vorstand, Geschäftsführer	2. Führungsebene: mittleres Management (z.B. Bereichs-/Abteilungsleiter)	Sonstiges: _____
☐	☐	☐

Literatur

Academy of Management. (2011). Academy of management division & interest group domain statements. http://aom.org/Content.aspx?id=237#ent. Zugegriffen: 17. Apr. 2012.

American Marketing Association. (2013). Entrepreneurial marketing general information. http://www.marketingpower.com/Community/ARC/Pages/EntrepeneurialMarketingCurrentYearInitiatives.aspx. Zugegriffen: 31. Dez. 2013.

Assfalg, K. (2006). Krisenursachen in der Praxis. In R. Werry (Hrsg.), *Krisenbewältigung in kleinen und mittelständischen Unternehmen: 10 Praxisbeispiele der Krisenbewältigung* (S. 11–30). Norderstedt: Book on Demand.

Aurelia. (2011). Österreichs Firmeninformationen auf einen Blick. https://aurelia.bvdinfo.com/version-2013925/home.serv?product=aurelianeo. Zugegriffen: 30. Aug. 2011.

Bagozzi, R. P., & Yi, Y. (1988). On the evaluation of structural equation models. *Journal of the Academy Marketing Science, 16,* 74–94.

Baker, W. E., & Sinkula, J. M. (2009). The complementary effects of market orientation and entrepreneurial orientation on profitability in small business. *Journal of Small Business Management, 47*(4), 443–464.

Barney, J. (1991). Firm resources and sustained competitive advantage. *Journal of Management, 17*(1), 99–120.

Bateman, T. S., & Crant, J. M. (1993). The proactive component of organizational behavior: A measure and correlates. *Journal of Organizational Behavior, 14*(2), 103–118.

Becherer, R. C., Haynes, P. J., & Fletcher, L. P. (2006). Paths to profitability in owner-operated firms: The role of entrepreneurial marketing. *Journal of Business and Entrepreneurship, 18*(1), 17–31.

Belz, C. (2009). Segmentierung – Die Kritik. *Marke 41 – das Marketingjournal – Marketingforum Universität St. Gallen, 04,* 20–27.

Berekoven, L., Eckert, W., & Ellenrieder, P. (2009). *Marktforschung – Methodische Grundlagen und praktische Anwendung* (12. Aufl.). Wiesbaden: Gabler GWV Fachverlage.

Bettiol, M., Di Maria, E., & Finotto, V. (2012). Marketing in SMEs: The role of entrepreneurial sensemaking. *International Entrepreneurship and Management Journal, 8*(2), 223–248.

Bjerke, B., & Hultman, C. M. (2002). *Entrepreneurial marketing – The growth of small firms in the new economic era.* Cheltenham: Elgar.

Bortz, J., & Döring, N. (2002). *Forschungsmethoden und Evaluation* (3. Aufl.). Berlin: Springer.

Brosius, F. (2008). *SPSS 16 – Das mitp-Standardwerk.* Heidelberg: Redline.

Bühner, M. (2011). *Einführung in die Test- und Fragebogenkonstruktion* (3. Aufl.). München: Pearson Deutschland.

© Springer Fachmedien Wiesbaden GmbH 2017
J. Schmid, *Entrepreneurial Marketing,* Forschung und Praxis an der FHWien der WKW,
DOI 10.1007/978-3-658-15172-0

Bundesministerium für Wirtschaft, Familie und Jugend. (2010). Mittelstandsbericht 2010. http://www.bmwfj.gv.at/Unternehmen/UnternehmensUndKMU-Politik/Documents/Mittelstandsbericht%202010%20final.pdf. Zugegriffen: 26. Apr. 2013.

Bundesministerium für Wirtschaft, Familie und Jugend. (2012). Mittelstandsbericht 2012. http://www.bmwfj.gv.at/Unternehmen/UnternehmensUndKMU-Politik/Seiten/EntwurfMittelstandsbericht2012.aspx. Zugegriffen: 26. Apr. 2013.

Buskirk, B., & Lavik, M. (2004). *Entrepreneurial marketing: Real stories and survival strategies.* Ohio: South Western.

Cano, C. R., Carrillat, F., & Jaramillo, F. (2004). A meta-analysis of the relationship between market orientation and business performance: Evidence from five continents. *International Journal of Research in Marketing, 21*(2), 179–200.

Carson, D. (1993). A philosophy for marketing education in small firms. *Journal of Marketing Management, 9*(2), 189–204.

Carson, D., & Cromie, S. (1989). Marketing planning in small enterprises: A model and some empirical evidence. *Journal of Marketing Management, 5*(1), 33–49.

Carson, D., Cromie, S., McGowan, P., & Hill, J. (1995). *Marketing and entrepreneurship in SMEs: An innovative approach.* Hemel Hempstead: Prentice-Hall Europe.

Chandler, A. D., Jr. (1990). *Strategy and structure: Chapters in the history of the industrial enterprise.* Cambridge: MIT Press.

Chandler, G. N., DeTienne, D. R., McKelvie, A., & Mumford, T. V. (2011). Causation and effectuation processes: A validation study. *Journal of Business Venturing, 26*, 375–390.

Chaston, I. (1997). Small firm performance: Assessing the interaction between entrepreneurial style and organizational structure. *European Journal of Marketing, 31*(11/12), 814–831.

Chaston, I. (1998). Evolving 'new marketing' philosophies by merging existing concepts: Application of process within small high-technology firms. *Journal of Marketing Management, 14*, 273–291.

Chaston, I. (2000a). Book review – Entrepreneurial marketing: Competing by challenging convention. *Journal of Marketing Management, 16*, 663–668.

Chaston, I. (2000b). *Entrepreneurial marketing – Competing by challenging convention.* Basingstoke: Macmillan Press.

Cheah, H. (1990). Schumpetrian and Austrian entrepreneurship: Unity within duality. *Journal of Business Venturing, 5*, 341–347.

Chell, E., Haworth, J., & Brearley, S. (1991). *The entrepreneurial personality: Concepts, cases and categories.* London: Routledge.

Christophersen, T., & Grape, C. (2009). Die Erfassung latenter Konstrukte mit Hilfe formativer und reflektiver Messmodelle. In S. Albers, D. Klapper, U. Konradt, A. Walter, & H. Wolf (Hrsg.), *Methodik der empirischen Forschung* (3. Aufl., S. 103–118). Wiesbaden: GWV Fachverlage.

Collinson, E. (2002). Editorial: The marketing/entrepreneurship interface. *Journal of Marketing Management, 18*, 337–340.

Collinson, E., & Shaw, E. (2001). Entrepreneurial marketing – A historical perspective on development and practice. *Management Decision, 39*(9), 761–766.

Covin, J. G. (1991). Entrepreneurial versus conservative firms: A comparison of strategies and performance. *Journal of Management Studies, 28*(5), 439–462.

Covin, J. G., & Slevin, D. P. (1989). Strategic management of small firms in hostile and benign environments. *Strategic Management Journal, 10*(1), 75–87.

Crane, F. G. (2010). *Marketing for entrepreneurs – Concepts and applications for new ventures.* California: Sage Publications.

D'Amboise, G., & Muldowney, M. (1986). Zur betriebswirtschaftlichen Theorie der kleinen und mittleren Unternehmung. In J. Pleitner (Hrsg.), *Internationales Gewerbearchiv: Aspekte einer Managementlehre für kleinere Unternehmen* (S. 9–31). Berlin: Duncker & Humblot (Sonderheft 1).

Davis, C. D., Hills, G. E., & LaForge, R. W. (1985). The marketing/small enterprise paradox: A research agenda. *International Small Business Journal, 1985*(Spring), 31–42.

Deshpande, R., & Farley, J. U. (1998). Measuring market orientation: Generalization and synthesis. *Journal of Market Focused Management, 2,* 213–232.

Diamantopoulos, A., & Siguaw, J. A. (2006). Formative versus reflective indicators in organizational measure development: A comparison and empirical illustration. *British Journal of Management, 17,* 263–282.

Dickson, P. R., & Giglierano, J. J. (1986). Missing the boat and sinking the boat: A conceptual model of entrepreneurial risk. *Journal of Marketing, 50*(3), 58–70.

Diekmann, A. (2009). *Empirische Sozialforschung – Grundlagen, Methoden, Anwendungen* (20. Aufl.). Reinbek bei Hamburg: Rowohlt Taschenbuch.

Dill, A., & Lieven, T. (2009). Folgen der Krise für die internationale Realwirtschaft. In R. Elschen & T. Lieven (Hrsg.), *Werdegang der Krise: Von der Subprime- zur Systemkrise* (S. 197–218). Wiesbaden: GWV Fachverlage.

Dömötör, R., Franke, N., & Hienerth, C. (2007). What a difference a DV makes … The impact of conceptualizing the dependent variable in innovation success factor studies. *Zeitschrift für Betriebswirtschaft, 2*(Special Issue), 23–46.

Dye, R. (2000). The buzz on buzz. *Harvard Business Review, 78*(6), 139–146.

Dziuban, C. D., & Shirkey, E. C. (1974). When is a correlation matrix appropriate for factor analysis? *Psychological Bulletin, 81,* 358–361.

Ebner, G. (2011). Ursprünge der Finanzkrise – fremdverschuldete und selbstverschuldete Komponenten. In W. Hummer (Hrsg.), *Die Finanzkrise aus internationaler und österreichischer Sicht – Vom Rettungspakte für Griechenland zum permanenten Rettungsschirm für den Euro-Raum* (S. 117–135). Innsbruck: Studienverlag.

Eggers, F., & Kraus, S. (2011). Growing young SMEs in hard economic times: The impact of entrepreneurial and customer orientations – A qualitative study from Silicon Valley. *Journal of Small Business and Entrepreneurship, 24*(1), 99–111.

Eggers, F., Kraus, S., & Filser, M. (2009). Entrepreneurial Marketing. Zum Bedarf eines modifizierten Marketingansatzes für junge wachstumsorientierte Unternehmen. *Zeitschrift für KMU und Entrepreneurship, 57,* 187–217.

Eggers, F., Kraus, S., Harms, R., Hultman, C.M., & Hills, G. (2011). Entrepreneurial Marketing: aktueller Stand und Entwicklungslinien – eine Zitationsanalyse. *Zeitschrift für Betriebswirtschaft, 81*(Special Issue 06/11), 27–58.

Eisenhardt, K. M., & Martin, J. A. (2000). Dynamic capabilities: What are they? *Strategic Management Journal, 21,* 1105–1121.

Ellis, P. D. (2006). Market orientation and performance: A meta-analysis and cross-national comparisons. *Journal of Management Studies, 43*(5), 1089–1107.

Emerald. (2013). Offizielle Homepage von Emerald. http://www.emeraldinsight.com/. Zugegriffen: 1. Juni 2013.

Engelen, A., & Brettel, M. (2009). Determinanten und Effekte der Marktorientierung. Eine Analyse nicht-linearer Zusammenhänge. *Die Betriebswirtschaft, 69*(6), 717–739.

Europäische Kommission. (2003). Empfehlung der Kommission vom 6. Mai 2003 betreffend die Definition der Kleinstunternehmen sowie der kleinen und mittleren Unternehmen. Amtsblatt der EU, 2003/361/EG, L124/36–41, Brüssel.

Fallgatter, M. J. (2002). *Theorie des Entrepreneurship – Perspektiven zur Erforschung der Entstehung und Entwicklung junger Unternehmungen.* Wiesbaden: Deutscher Universitäts-Verlag.

Fillis, I. (2002a). Small firm marketing theory and practice: Insights from the outside. *Journal of Research in Marketing & Entrepreneurship, 4*(2), 134–157.

Fillis, I. (2002b). Creative marketing and the art organization: What can the artist offer? *International Journal of Nonprofit and Voluntary Sector Marketing, 7*(2), 131–145.

Fillis, I. (2003). A plea for biographical research as insight into smaller firm marketing theory generation. *Journal of Enterprising Culture, 11*(1), 25–45.

Fillis, I. (2010). The art of the entrepreneurial marketer. *Journal of Research in Marketing and Entrepreneurship, 12*(2), 87–107.

Fillis, I., & Rentschler, R. (2005). Using creativity to achieve an entrepreneurial future for arts marketing. *International Journal of Nonprofit and Voluntary Sector Marketing, 10,* 275–287.

Fink, D., & Deimel, K. (2006). Krisenvorsorge. In J. Blöse & A. Kihm (Hrsg.), *Unternehmenskrisen: Ursachen – Sanierungskonzepte – Krisenvorsorge – Steuern* (S. 213–237). Berlin: Schmidt.

Fornell, C., & Larcker, D. F. (1981). Evaluation structural equation models with unobservable variables and measurement error. *Journal of Marketing Research, 18,* 39–50.

Frank, H., Kessler, A., & Fink, M. (2010). Entrepreneurial orientation and business performance – A replication study. *Schmalenbach Business Review, 62,* 175–198.

Frank, H., Kessler, A., & Korunka, C. (2012). The impact of market orientation on family firm. *International Journal of Entrepreneurship and Small Business, 16*(4), 372–385.

Fredebeul-Krein, T., Krafft, M., & Suwelack, T. (2010). Gegen den Strom – Proaktives Marketing- und Vertriebsmanagement in schwierigen Zeiten. *Marketing Review St. Gallen, 1,* 8–13.

Freiling, J. (2006). *Entrepreneurship – Theoretische Grundlagen und unternehmerische Praxis.* München: Vahlen.

Freiling, J., & Kollmann, T. (2008). Entrepreneurial Marketing: Besonderheiten und Ausgestaltungsmöglichkeiten. In J. Freiling & T. Kollmann (Hrsg.), *Entrepreneurial Marketing. Besonderheiten, Aufgaben und Lösungsansätze für Gründungsunternehmen* (S. 4–22). Wiesbaden: GWV Fachverlage.

Freiling, J., & Reckenfelderbäumer, M. (2010). *Markt und Unternehmung – Eine marktorientierte Einführung in die Betriebswirtschaftslehre* (3. Aufl.). Wiesbaden: GWV Fachverlage.

Fueglistaller, U., Müller, C., & Volery, T. (2008). *Entrepreneurship: Modelle – Umsetzung – Perspektiven mit Fallbeispielen aus Deutschland, Österreich und der Schweiz* (2. Aufl.). Wiesbaden: GWV Fachverlage.

Gaddefors, J., & Anderson, A. R. (2008). Market creation: The epitome of entrepreneurial marketing practices. *Journal of Research in Marketing and Entrepreneurship, 10*(1), 19–39.

Gardner, D. (1994). Marketing/entrepreneurship interface – A conceptualization. In G. Hills (Hrsg.), *Marketing and entrepreneurship – Research ideas and opportunities* (S. 35–54). Westport: Greenwood Press.

Gartner, W. B. (1990). What are we talking about when we talk about entrepreneurship. *Journal of Business Venturing, 5*(1), 15–28.

Giere, J., Wirtz, B. W., & Schilke, O. (2006). Mehrdimensionale Konstrukte: Konzeptionelle Grundlagen und Möglichkeiten ihrer Analyse mithilfe von Strukturgleichungsmodellen. *Die Betriebswirtschaft, 66*(6), 678–695.

Gilmore, A., & Carson, D. (1999). Entrepreneurial marketing by networking. *New England Journal of Entrepreneurship, 2*(2), 31–38.

Gilmore, A., Carson, D., & Grant, K. (2001). SME marketing in practice. *Marketing Intelligence & Planning, 19*(1), 6–11.

Göthlich, S. E. (2009). Zum Umgang mit fehlenden Daten in großzahligen empirischen Erhebungen. In S. Albers, D. Klapper, U. Konradt, A. Walter, & H. Wolf (Hrsg.), *Methodik der empirischen Forschung* (3. Aufl., S. 119–135). Wiesbaden: GWV Fachverlage.

Greving, B. (2009). Messen und Skalieren von Sachverhalten. In S. Albers, D. Klapper, U. Konradt, A. Walter, & H. Wolf (Hrsg.), *Methodik der empirischen Forschung* (3. Aufl., S. 65–78). Wiesbaden: GWV Fachverlage.

Grichnik, D., & Witt, P. (2011). Entrepreneurial Marketing. *Zeitschrift für Betriebswirtschaft, 6*, 1–136.

Grinstein, A. (2008). The relationships between market orientation and alternative strategic orientations: A meta-analysis. *European Journal of Marketing, 42*(1/2), 115–134.

Gruber, M. (2004a). Entrepreneurial marketing. *Die Betriebswirtschaft, 64*, 78–100.

Gruber, M. (2004b). Marketing in new ventures: Theory and empirical evidence. *Schmalenbach Business Review, 56*(4), 164–199.

Grünhagen, M., & Mishra, C. S. (2008). Entrepreneurial and small business marketing: An introduction. *Journal of Small Business Management, 46*(1), 1–3.

Hair, J. F., Black, W. C., Babin, B. J., & Anderson, R. E. (2010). *Multivariate data analysis: A global perspective* (7. Aufl.). New Jersey: Pearson Education.

Hamel, G., & Prahalad, C. K. (1994). *Competing for the future*. Boston: Harvard Business School Press.

Han, J. K., Kim, N., & Srivastava, R. K. (1998). Market orientation and organizational performance: Is innovation a missing link? *Journal of Marketing, 62*, 30–45.

Hansen, D. J., & Eggers, F. (2010). The marketing/entrepreneurship interface: A report on the Charleston „Summit". *Journal of Research in Marketing and Entrepreneurship, 12*(1), 42–53.

Harms, R., & Grichnik, D. (2007). Zur Zukunft der deutschsprachigen Entrepreneurshipforschung – Strategien und thematische Schwerpunkte. *Zeitschrift für KMU & Entrepreneurship, 55*(4), 266–275.

Hauschildt, J. (2006). Entwicklungen in der Krisenforschung. In T. Hutzschenreuter & T. Griess-Nega (Hrsg.), *Krisenmanagement: Grundlagen – Strategien – Instrumente* (S. 19–39). Wiesbaden: GWV Fachverlage.

Hildebrandt, L. (1984). Kausalanalytische Validierung in der Marketingforschung. *Marketing: Zeitschrift für Forschung und Praxis, 6*(1), 5–24.

Hill, J. (2001a). A multidimensional of the key determinants of effective SME marketing activity: Part 1. *International Journal of Entrepreneurial Behaviour & Research, 7*(5), 171–204.

Hill, J. (2001b). A multidimensional study of the key determinants of effective SME marketing activity: Part 2. *International Journal of Entrepreneurial Behaviour & Research, 7*(6), 211–235.

Hill, J., & Wright, L. T. (2000). Defining the scope of entrepreneurial marketing. A qualitative approach. *Journal of Enterprising Culture, 8*(1), 23–46.

Hill, J., McGowan, P., & Drummond, P. (1999). The development and application of a qualitative approach to researching the marketing networks of small firm entrepreneurs. *Qualitative Market Research, 2*(2), 71–81.

Hill, J., Nancarrow, C., & Wright, L. T. (2002). Lifecycles and crisis points in SMEs: A case approach. *Marketing Intelligence & Planning, 20*(6), 361–369.

Hills, G. E. (1987). *Research at the marketing/entrepreneurship interface – Proceedings of the UIC symposium on marketing and entrepreneurship*. Chicago: United States Association for Small Business and Entrepreneurship.

Hills, G. E., & Hultman, C. M. (2006). Entrepreneurial marketing. In S. Lagrosen & G. Svensson (Hrsg.), *Marketing – Broadening the horizons* (S. 219–234). Lund: Studentlitteratur.

Hills, G. E., & Hultman, C. M. (2011). Academic roots: The past and present of entrepreneurial marketing. *Journal of Small Business & Entrepreneurship, 24*(1), 1–10.

Hills, G. E., & LaForge, R. W. (1992). Research at the marketing interface to advance: Entrepreneurship theory. *Entrepreneurship Theory and Practice, 16,* 33–59.

Hills, G. E., Hultman, C. M., & Miles, M. P. (2008). The evolution and development of entrepreneurial marketing. *Journal of Small Business Management, 46*(1), 99–112.

Hills, G. E., Hultman, C. M., Kraus, S., & Schulte, R. (2010). History, theory and evidence of entrepreneurial marketing – An overview. *International Journal of Entrepreneurship and Innovation Management, 11*(1), 3–18.

Hinson, R. (2011). Entrepreneurship marketing. In S. Nwankwo & A. Gbadamosi (Hrsg.), *Entrepreneurship marketing: Principles and practice of SME marketing* (S. 13–29). Oxon: Routlege.

Hultman, C. (2011). Some issues for a research agenda in entrepreneurial marketing. European Entrepreneurial Marketing Summit. Montpellier. 12.–13. Mai 2011.

Hultman, C., & Hills, G. E. (2006). Marketing perspectives. *NFIB National Small Business Poll, 6*(8), 1–26.

IBM. (2011). SPSS Missing Values 20. ftp://public.dhe.ibm.com/software/analytics/spss/documentation/statistics/20.0/de/client/Manuals/IBM_SPSS_Missing_Values.pdf. Zugegriffen: 2. Mai 2013.

Iversen, J., Jorgensen, R., & Malchow-Moller, N. (2008). Defining and measuring entrepreneurship. *Foundations and Trends in Entrepreneurship, 4*(1), 1–63.

Jaworski, B., & Kohli, A. K. (1993). Market orientation: Antecedents and consequences. *Journal of Marketing, 57,* 53–70.

Jaworksi, B., Kohli, A. K., & Sahay, A. (2000). Market-driven versus driving markets. *Journal of Academy of Marketing Science, 28*(1), 45–54.

Jones, B. (2010). Entrepreneurial marketing and the Web 2.0 interface. *Journal of Research in Marketing and Entrepreneurship, 12*(2), 143–152.

Jones, R., & Rowley, J. (2009a). Presentation of a generic 'EMICO' framework for research exploration of entrepreneurial marketing in SMEs. *Journal of Research in Marketing and Entrepreneurship, 11,* 5–21.

Jones, R., & Rowley, J. (2009b). Marketing activities of companies in the educational software sector. *Qualitative Market Research: An International Journal, 12*(3), 337–354.

Jones, R., & Rowley, J. (2011). Entrepreneurial marketing in small businesses: A conceptual exploration. *International Small Business Journal, 29,* 25–36.

Jones, R., & Rowley, J. (2012). Card-based game methods: Exploring SME entrepreneurial marketing practice. *International Journal of Entrepreneurship and Small Business, 16*(4), 485–502.

Keefe, L. (2004). What is the meaning of 'marketing'? *Marketing News, American Marketing Association, 15*(9), 17–18.

Keh, H. T., Nguyen, T. T. M., & Ng, P. H. (2007). The effects of entrepreneurial orientation and marketing information on the performance of SMEs. *Journal of Business Venturing, 22,* 592–611.

Khandwalla, P. N. (1972). Environment and its impact on the organization. *International Studies of Management and Organization, 2*(3), 297–313.

Kilenthong, P., Hills, G. E., Hultman, C., & Sclove, S. L. (2010). Entrepreneurial marketing practice: Systematic relationships with firm age, firm size and operators status. In U. Fueglistaller, T. Volery, & W. Weber (Hrsg.), *Strategic entrepreneurship – The promise for future entrepreneurship, family business and SME research?* St. Gallen: KMU-HSG (Papers presented to the Rencontres de St-Gall2010, Verlag KMU HSG, S. 1–15).

Kilenthong, P., Hills, Gerald E., Hultman, C., & Sclove, S. L. (2011). Entrepreneurial marketing practice: Systematic relationships with firm age, firm size and operators status. In G. E. Hills, C. Hultman, F. Eggers, & M. P. Miles (Hrsg.), *Research at the marketing/entrepreneurship interface.* e. Boston: Blue Book (Global Research Symposium on Marketing and Entrepreneurship, Blue Book, Boston Symposium, S. 194–202).

Kirca, A. H., Jayachandran, S., & Bearden, W. O. (2005). Market orientation: A meta-analytic review and assessment of its antecedents and impact on performance. *Journal of Marketing, 69*(2), 24–41.

Kirzner, I. M. (1973). *Competition and entrepreneurship.* Chicago: University of Chicago Press.

Klein, U. (2006). Einzelne Maßnahmen zur Überwindung der Unternehmenskrise. In J. Blöse & A. Kihm (Hrsg.), *Unternehmenskrisen: Ursachen – Sanierungskonzepte – Krisenvorsorge – Steuern* (S. 131–156). Berlin: Schmidt.

Klima- und Energiefonds. (2013). Aktuelle Förderungen. http://www.klimafonds.gv.at/foerderungen/aktuelle-foerderungen/. Zugegriffen: 28. Apr. 2013.

KMU Forschung. (2011). KMU-Daten ÖNACE – KMU gesamt. http://www.kmuforschung.ac.at/index.php?option=com_content&view=article&id=110&Itemid=101&lang=de. Zugegriffen: 7. Aug. 2012.

Knight, G. A. (1997). Cross-cultural reliability and validity of a scale to measure firm entrepreneurial orientation. *Journal of Business Venturing, 12,* 213–225.

Knight, G. A. (2000). Entrepreneurship and marketing strategy: The SME under globalization. *Journal of International Marketing, 8*(2), 12–32.

Kocak, A. (2004). Developing and validating a scale for entrepreneurial marketing. In University of Chicago at Illinois Research Symposium, France: Metz, 30.06–02.07.2004.

Kohli, A. K., & Jaworski, B. J. (1990). Market orientation: The construct, research propositions, and managerial implications. *Journal of Marketing, 54*(2), 1–18.

Kollmann, T., & Kuckertz, A. (2008). Implikationen des Market-Based-View für das Entrepreneurial Marketing. In J. Freiling & T. Kollmann (Hrsg.), *Entrepreneurial Marketing – Besonderheiten, Aufgaben und Lösungsansätze für Gründungsunternehmen* (S. 47–60). Wiesbaden: GWV Fachverlage.

Kotler, P. (1972). A generic concept of marketing. *Journal of Marketing, 36*(2), 46–54.

Kotler, P., Keller, K. L., & Bliemel, F. (2007). *Marketing-Management: Strategien für wertschaffendes Handeln* (12. Aufl.). München: Pearson Education Deutschland.

Kotler, P., Armstrong, G., Wong, V., & Saunders, J. (2011). *Grundlagen des Marketing* (5. Aufl.). München: Pearson Deutschland.

Kraus, S., Harms, R., Fink, M., & Rößl, D. (2008). Entrepreneurial Marketing: Innovatives und unternehmerisches Marketing für KMU und Gründungsunternehmen. In S. Kraus & M. Fink (Hrsg.), *Entrepreneurship: Theorien und Fallstudien zu Gründungs-, Wachstums- und KMU-Management* (S. 94–108). Wien: Facultas.

Kraus, S., Harms, R. & Fink, M. (2010). Entrepreneurial marketing: Moving beyond marketing in new ventures. *International Journal of Entrepreneurship and Innovation Management, 11*(1) 19–34.

Kraus, S., Egger, F., Harms, R., Hills, G. E., & Hultman, C. (2011). Diskussionslinien der Entrepreneurial Marketing Forschung: Ergebnisse einer Zitationsanalyse. *Zeitschrift für Betriebswirtschaft, 81*(6), 27–58.

Kraus, S., Filser, M., Eggers, F., Hills, G. E., & Hultman, C. M. (2012). The entrepreneurial marketing domain: A citation and co-citation analysis. *Journal of Research in Marketing and Entrepreneurship, 14*(1), 6–26.

Kropfberger, D. (1986). *Erfolgsmanagement statt Krisenmanagement. Strategisches Management in Mittelbetrieben.* Linz: Universitätsverlag Rudolf Trauner.

Kropfberger, D., & Mödritscher, G. (2007). Psychologie der Krise. In B. Feldbauer-Durstmüller & J. Schlager (Hrsg.), *Krisenmanagement* (S. 251–274). Wien: Linde.

Krystek, U. (1987). *Unternehmungskrisen. Beschreibung, Vermeidung und Bewältigung überlebenskritischer Prozesse*. Wiesbaden: Gabler.

Krystek, U. (2002). Unternehmungskrisen: Vermeidung und Bewältigung. In P. M. Pastors (Hrsg.), *Risiken des Unternehmens – vorbeugen und meistern* (S. 87–134). München: Hampp.

Krystek, U. (2006). Krisenarten und Krisenursachen. In T. Hutzschenreuter & T. Griess-Nega (Hrsg.), *Krisenmanagement: Grundlagen – Strategien – Instrumente* (S. 41–66). Wiesbaden: GWV Fachverlage.

Krystek, U., & Moldenhauer, R. (2007). *Handbuch Krisen- und Restrukturierungsmanagement – Generelle Konzepte, Spezialprobleme, Praxisberichte*. Stuttgart: Kollhammer.

Kumar, N., Scheer, L., & Kotler, P. (2000). From market driven to market driving. *European Management Journal, 18*(2), 129–142.

Lee, F. E. (1976). Entrepreneurial marketing management. *Industrial Marketing Management, 5*, 169–173.

Levinson, J. C. (1990). *Guerilla-Marketing: Offensives Werben und Verkaufen für kleinere Unternehmen*. Frankfurt a. M.: Campus.

Lodish, L., Morgan, H. L., & Kallianpur, A. (2001). *Entrepreneurial marketing – Lessons from Wharton's pioneering MBA course*. New York: Wiley.

Logman, M. (2011). *Entrepreneurial marketing – A guide for startups and companies with growth ambitions*. Antwerpen: Garant.

Lumpkin, G. T., & Dess, G. G. (1996). Clarifying the entrepreneurial orientation construct and linking it to performance. *Academy of Management Review, 21*(1), 135–172.

Lumpkin, G. T., & Dess, G. G. (2001). Linking two dimensions of entrepreneurial orientation to firm performance: The moderating role of environment and industry life cycle. *Journal of Business Venturing, 16*, 429–451.

Lumpkin, G. T., Cogliser, C. C., & Schneider, D. R. (2009). Understanding and measuring autonomy: An entrepreneurial orientation perspective. *Entrepreneurship Theory and Practice, 33*(1), 47–69.

Lynch, J., Mason, R. J., Beresford, A. K. C., & Found, P. A. (2012). An examination of the role for business orientation in an uncertain business environment. *International Journal of Production Economics, 137*(1), 145–156.

Makadok, R. (2001). Toward a synthesis of the resource-based and dynamic-capability view of rent creation. *Strategic Management Journal, 22*(5), 387–401.

Martin, D. M. (2009). The entrepreneurial marketing mix. *Qualitative Market Research: An International Journal, 12*(4), 391–403.

Matsuno, K., Mentzer, J. T., & Rentz, J. O. (2000). A refinement of validation of the MARKOR scale. *Journal of the Academy of Marketing Science, 28*(4), 527–539.

Matsuno, K., Mentzer, J. T., & Özsomer, A. (2002). The effects of entrepreneurial proclivity and market orientation on business performance. *Journal of Marketing, 66*(July), 18–32.

Mattson, J., & Praesto, A. (2005). The creation of a Swedish heritage destination: An insiders view of entrepreneurial marketing. *Scandinavian Journal of Hospitality and Tourism, 5*(2), 152–166.

Mauer, R., & Grichnik, D. (2011). Dein Markt, das unbekannte Wesen: Zum Umgang mit Marktunsicherheit als Kern des Entrepreneurial Marketing. *Journal of Business Economics, 6*(Special Issue), 59–82.

Meffert, H., Burmann, C., & Kirchgeorg, M. (2012). *Marketing: Grundlagen marktorientierter Unternehmensführung: Konzepte – Instrumente – Praxisbeispiele* (11. Aufl.). Wiesbaden: Gabler.

Michler, A. F., & Smeets, H. (2011). Die Finanzkrise: Ursachen, Wirkungen und Maßnahmen. In T. Apolte, M. Leschke, A. F. Michler, C. Müller, S. Voigt, & D. Wentzel (Hrsg.), *Die aktuelle Finanzkrise – Bestandsaufnahme und Lehren für die Zukunft* (S. 4–32). Stuttgart: Lucius & Lucius.

Miles, M. P., & Arnold, D. R. (1991). The relationship between marketing orientation and entrepreneurial orientation. *Entrepreneurship Theory and Practice, 15*(4), 49–65.

Miles, M. P., & Darroch, J. (2006). Large firms, entrepreneurial marketing processes, and the cycle of competitive advantage. *European Journal of Marketing, 40*(5/6), 485–501.

Miller, D. (1983). The correlates of entrepreneurship in three types of firms. *Management Science, 29*(7), 770–791.

Miller, D. (1987a). The structural and environmental correlates of business strategy. *Strategic Management Journal, 8*(1), 55–76.

Miller, D. (1987b). The genesis of configuration. *Academy of Management Review, 12*(4), 686–701.

Miller, D., & Friesen, P. H. (1978). Archetypes of strategy formulation. *Management Science, 24*(9), 921–933.

Mitterlehner, R., Grubmann, M., & Vana, S. (2011). KMU im Fokus der österreichischen Wirtschaftspolitik: Aktions- und Themenfelder. In C. Leitl, R. Mitterlehner, & D. Rößl (Hrsg.), *75 Jahre Institut für KMU-Management Wirtschaftsuniversität Wien* (S. 13–35). Wien: Facultas.

Mohr, I. (2007). Buzz marketing for movies. *Business Horizons, 50*(5), 395–403.

Moldenhauer, R. (2004). *Krisenbewältigung in der New Economy – Sanierungsansätze und Handlungsempfehlungen für Gründungs- und Wachstumsunternehmen*. Wiesbaden: GWV Fachverlage.

Morris, M. H., & Lewis, P. S. (1995). The determinants of entrepreneurial activity – Implications for marketing. *European Journal of Marketing, 29*(7), 31–48.

Morris, M. H., & Paul, G. W. (1987). The relationship between entrepreneurship and marketing in established firms. *Journal of Business Venturing, 2*, 247–259.

Morris, M. H., Schindehutte, M., & LaForge, R. W. (2002). Entrepreneurial marketing: A construct for integrating emerging entrepreneurship and marketing perspectives. *Journal of Marketing Theory and Practice, 10*, 1–19.

Morrish, S. C., & Deacon, J. H. (2011). A tale of two spirits: Entrepreneurial marketing at 42below vodka and penderyn whisky. *Journal of Small Business & Entrepreneurship, 24*(1), 113–124.

Morrish, S. C., Miles, M. P., & Deacon, J. H. (2010). Entrepreneurial marketing: Acknowledging the entrepreneur and customer-centric interrelationship. *Journal of Strategic Marketing, 18*(4), 303–316.

Motwani, J. G., Jiang, J. J., & Kumar, A. (1998). A comparative analysis of manufacturing practices of small vs large West Michigan organizations. *Industrial Management & Data Systems, 98*(1), 8–11.

Müller, R. (1982). *Krisenmanagement in der Unternehmung – Vorgehen, Maßnahmen und Organisation*, Frankfurt a. M.: Lang.

Müller, R. (1986). *Krisenmanagement in der Unternehmung – Vorgehen, Maßnahmen und Organisation* (2. Aufl.). Frankfurt a. M.: Lang.

Murphy, G. B., Trailer, J. W., & Hill, R. C. (1996). Measuring performance in entrepreneurship research. *Journal of Business Research, 36*, 15–23.

Murray, J. A. (1981). Marketing is home for the entrepreneurial process. *Industrial Marketing Management, 10*, 93–99.

Narver, J. C., & Slater, S. F. (1990). The effect of a market orientation on business profitability. *Journal of Marketing, 54*(4), 20–35.

Narver, J. C., Slater, S. F., & MacLachlan, D. L. (2004). Responsive and proactive market orientation and new-product success. *Journal of Product Innovation Management, 21*(5), 334–347.

Neuenburg, J. (2010). *Market-driving behaviour in emerging firms – A study on market-driving behavior, its moderators and performance implications in German emerging technology ventures*. Wiesbaden: GWV Fachverlage.

Nufer, G. (2011). Ambush Marketing: Beschreibung. Erscheinungsformen und Grenzen. *der markt, 50,* 55–69.

Nyström, H. (1998). The dynamic marketing – Entrepreneurship interface: A creative management approach. *Creativity and Innovation Management, 7*(3), 122–125.

O'Donnell, A. (2004). The nature of networking in small firms. *Qualitative Market Research, 7*(3), 206–217.

Parlament. (2010). Parlamentskorrespondenz Nr. 902 vom 19.11.2010 – KMU als Rückgrat der österreichischen Wirtschaft, Stand 19.11.2010. http://www.parlament.gv.at/PAKT/PR/JAHR_2010/PK0902/. Zugegriffen: 14. Mai 2012.

Parrot, G., Roomi, M. A., & Holliman, D. (2010). An analysis of marketing programmes adopted by regional small and medium-sized enterprises. *Journal of Small Business and Enterprise Development, 17*(2), 184–203.

Pfohl, H.-C. (1997). Abgrenzung der Klein- und Mittelbetriebe von Großbetrieben. In H.-C. Pfohl (Hrsg.), *Betriebswirtschaftslehre der Klein- und Mittelbetriebe, größenspezifische Probleme und Möglichkeiten zu ihrer Lösung* (3. Aufl., S. 1–25). Berlin: Schmidt.

Phelps, J. E., Lewis, R., Mobilio, L., Perry, D., & Raman, N. (2004). Viral marketing or electronic word-of-mouth advertising: Examining consumer responses and motivations to pass along email. *Journal of Advertising Research, 44*(4), 333–348.

Pulendran, S., & Speed, R. (1996). Planning and doing: The relationship between marketing planning styles and market orientation. *Journal of Marketing Management, 12*(1–3), 53–68.

Raithel, J. (2008). *Quantitative Forschung – Ein Praxiskurs* (2. Aufl.). Wiesbaden: VS Verlag.

Rauch, A., Wiklund, J., Lumpkin, G. T., & Frese, M. (2009). Entrepreneurial orientation and business performance: An assessment of past research and suggestions for the future. *Entrepreneurship Theory and Practice, 33*(3), 761–787.

Reijonen, H. (2010). Do all SMEs practise same kind of marketing? *Journal of Small Business and Enterprise Development, 17*(2), 279–293.

Rödl, H. (1979). *Kreditrisiken und ihre Früherkennung – Ein Informationssystem zur Erhaltung des Unternehmens.* Düsseldorf: Handelsblatt.

Rosen, E. (2000). *Net Geflüster – Kreatives Netzwerk-Marketing oder Wie man aus Geheimtipps Megaseller macht.* München: Econ Ullstein List.

Rößl, D. (2005). Marketing für Klein- und Mittelbetriebe – Spezifische Betrachtungslinien im Objektbereich. In H. H. Holzmüller & A. Schuh (Hrsg.), *Innovationen im sektoralen Marketing – Festschrift zum 60. Geburtstag von Fritz Scheuch* (S. 143–160). Heidelberg: Physica.

Rößl, D., Kraus, S., & Fink, M. (2007). Entrepreneurial Marketing. *Wirtschaftswissenschaftliches Studium, 12,* 590–592.

Rößl, D., Kraus, S., Fink, M., & Harms, R. (2009). Entrepreneurial Marketing: Geringer Mitteleinsatz mit hoher Wirkung. *Marketing Review St. Gallen, 1,* 18–22.

Rossiter, J. R. (2002). The C-OAR-SE procedure for scale development in marketing. *International Journal of Research in Marketing, 19,* 305–335.

Röthig, P. (1976). Organisation und Krisen-Management. Zur organisatorischen Gestaltung der Unternehmung unter den Bedingungen eines Krisen-Management. *Zeitschrift Führung + Organisation, 45,* 13–20.

Rugimbana, R., Shambare, R., & Shambare, M. (2011). Entrepreneurship marketing research and SMEs. In S. Nwankwo & A. Gbadamosi (Hrsg.), *Entrepreneurship marketing – Principles and practice of SME marketing* (S. 96–107). Oxon: Routledge.

Runser-Spanjol, J. (2001). Reconceptualizing organizational resources and their relationship with innovation. *American Marketing Association. Conference Proceedings, 12,* 120–127.

Russell, D. W. (2002). In search of underlying dimensions: The use (and abuse) of factor analysis in personality and social psychology bulletin. *Personality and Social Psychology Bulletin, 28*(12), 1629–1646.

Russo, P., Gleich, R., & Strascheg, F. (2008). *Von der Idee zum Markt. Wie Sie unternehmerische Chancen erkennen und erfolgreich umsetzen.* München: Vahlen.

Rutsch, J. C. (2011). Liquiditätserhaltung im Unternehmen – Eine Analyse unter besonderer Berücksichtigung der Folgen der Finanzmarktkrise. In S. Schöning, J. Richter, & A. Pape (Hrsg.), *Kleine und mittlere Unternehmen: Finanz-, Wirtschafts- und andere Krisen* (S. 145–162). Frankfurt a. M.: Lang.

Salm, M. (2002). Krisenmanagement – Strategien gegen die Insolvenzgefahr in kleinen und mittleren Unternehmen. In Deutsche Ausgleichsbank (Hrsg.), *Krisenmanagement.* Frankfurt a. M.: Frankfurter Allg. Buch im FAZ-Inst.

Sarasvathy, S. (2001). Causation and effectuation: Toward a theoretical shift from economic inevitability to entrepreneurial contingency. *Academy of Management Review, 26*(2), 243–263.

Schindehutte, M., & Morris, M. H. (2010). Entrepreneurial marketing strategy: Lessons from the Red Queen. *International Journal of Entrepreneurship and Innovation Management, 11*(1), 75–94.

Schindehutte, M., Morris, M. H., & Kuratko, D. F. (2000). Triggering events, corporate entrepreneurship and the marketing function. *Journal of Marketing Theory & Practice, 2000*(Spring), 18–30.

Schindehutte, M., Morris, M. H., & Kocak, A. (2008). Understanding market-driving behavior: The role of entrepreneurship. *Journal of Small Business Management, 46*(1), 4–26.

Schindehutte, M., Morris, M. H., & Pitt, L. F. (2009). *Rethinking marketing – The entrepreneurial imperative.* New Jersey: Pearson Education.

Schmid, J. (2012). Entrepreneurial marketing – Often described, rarely measured. A proposal for an operationalization of entrepreneurial marketing in SMEs based on established frameworks in the literature. Academy of Marketing Conference, Great Britain: Southampton, 2.–5. Juli 2012.

Schnell, R., Hill, P. B., & Esser, E. (2011). *Methoden der empirischen Sozialforschung* (9. Aufl.). München: Oldenbourg.

Schulmeister. (2011). Ursachen der großen Krise und ihre Auswirkungen auf die Finanz- und Realwirtschaft. In W. Hummer (Hrsg.), *Die Finanzkrise aus internationaler und österreichischer Sicht – Vom Rettungspaket für Griechenland zum permanenten Rettungsschirm für den Euro-Raum* (S. 37–65). Innsbruck: Studienverlag.

Schumpeter, J. A. (1950). *Capitalism, socialism and democracy* (3. Aufl.). New York: Harper & Row.

Selnes, F., Jaworski, B., & Kohli, A. (1996). Market orientation in United States and Scandinavian companies. A cross-cultural study. *Scandinavian Journal of Management, 12*(2), 139–157.

Shand, A. (1984). *The capitalist alternative: An introduction to neo-Austrian economics.* New York: New York University Press.

Shane, S., & Venkataraman, S. (2000). The promise of entrepreneurship as a field of research. *Academy of Management Review, 25*(1), 217–226.

Shaw, E. (2004). Marketing in the social enterprise context: Is it entrepreneurial? *Qualitative Market Research, 7*(3), 194–205.

Simmons, G., Brychan, T. C., & Packham, G. (2009). Opportunity and innovation – synergy within an entrepreneurial approach to marketing. *Entrepreneurship and Innovation, 10*(1), 63–72.

Slater, S. F., & Narver, J. C. (1995). Market-orientation and the learning organization. *Journal of Marketing, 59*(3), 63–74.

Slavec, A., & Drnovsek, M. (2012). A perspective on scale development in entrepreneurship research. *Economic and Business Review, 14*(1), 39–62.

Smart, C., & Vertinsky, I. (1984). Strategy and the environment: A study of corporate responses to crises. *Strategic Management Journal, 5*(Jul-Sept), 199–213.

Srinivasan, R., Rangaswamy, A., & Lilien, G. (2005). Turning adversity into advantage: Does proactive marketing pay off? *International Journal of Research in Marketing, 22*(2), 109–125.

Srivastava, R. K., Shervani, T. A., & Fahey, L. (1999). Marketing, business processes, and shareholder value: An organizationally embedded view of marketing activities and the discipline of marketing. *Journal of Marketing, 63*(4), 168–179.

STATcube. (2013). Branchendaten nach Beschäftigtengrößenklassen (ÖNACE 2003 C – K; ÖNACE 2008 B – N, 95), Stand 2012-09. www.statcube.at/statistik.at/ext/superweb/loadDatabase.do?db=dekjebet08j. Zugegriffen: 26. Apr. 2013.

Statistik Austria. (2010). Hauptergebnisse der Leistungs- und Strukturstatistik 2008. http://www.statistik.at/web_de/statistiken/produktion_und_bauwesen/index.html. Zugegriffen: 26. Apr. 2013.

Statistik Austria. (2011a). Wirtschaftsatlas Österreich. http://www.statistik.at/web_de/services/wirtschaftsatlas_oesterreich/index.html. Zugegriffen: 24. Okt. 2011.

Statistik Austria. (2011b). Hauptergebnisse der Leistungs- und Strukturstatistik 2007. http://www.statistik.at/web_de/statistiken/produktion_und_bauwesen/index.html. Zugegriffen: 26. Apr. 2013.

Statistik Austria. (2011c). Hauptergebnisse der Leistungs- und Strukturstatistik 2009. http://www.statistik.at/web_de/statistiken/produktion_und_bauwesen/index.html. Zugegriffen: 26. Apr. 2013.

Statistik Austria. (2012a). Hauptergebnisse der Leistungs- und Strukturstatistik 2010. http://www.statistik.at/web_de/statistiken/produktion_und_bauwesen/index.html. Zugegriffen: 26. Apr. 2013.

Statistik Austria. (2012b). Unternehmensneugründungen 2004–2010, Stand 07/2012. http://www.statistik.at/web_de/statistiken/unternehmen_arbeitsstaetten/unternehmensdemografie_insgesamt/neugruendungen/index.html. Zugegriffen: 26. Apr. 2013.

Statistik Austria. (2012c). Unternehmensschließungen 2004–2010, Stand 07/2012. http://www.statistik.at/web_de/statistiken/unternehmen_arbeitsstaetten/unternehmensdemografie_insgesamt/schliessungen/index.html. Zugegriffen: 26. Apr. 2013.

Statistik Austria. (2013a). Volkswirtschaftliche Gesamtrechnungen. http://www.statistik.gv.at/web_de/statistiken/volkswirtschaftliche_gesamtrechnungen/bruttoinlandsprodukt_und_hauptaggregate/jahresdaten/index.html. Zugegriffen: 5. Apr. 2013.

Statistik Austria. (2013b). Zahl der Unternehmen nach ÖNACE 2008-Abschnitten und Beschäftigtengrößenklassen 2011. http://www.statistik.at/web_de/services/wirtschaftsatlas_oesterreich/branchendaten_nach_beschaeftigtengroessenklassen/index.html. Zugegriffen: 29. Jan. 2014.

Stevenson, H. H., & Jarillo, J. C. (1990). A paradigm of entrepreneurship: Entrepreneurial management. *Strategic Management Journal, 11*(4), 17–27 (Special Issue: Corporate Entrepreneurship).

Stevenson, H. H., Roberts, M. J., & Grousbeck, H. I. (1989). *New business ventures and the entrepreneur* (3. Aufl.). USA: Library of Congress Cataloging-in-Publication Data. Boston: Irwin, Homewood.

Stokburger-Sauer, N., & Eisend, M. (2009). Konstruktentwicklung. In C. Baumgarth & M. Eisend (Hrsg.), *Empirische Mastertechniken: Eine anwendungsorientierte Einführung für die Marketing- und Managementforschung*. Wiesbaden: GWV Fachverlage.

Stokes, D. (2000a). Entrepreneurial marketing: A conceptualization from qualitative research. *Qualitative Market Research, 3*(1), 47–54.

Stokes, D. (2000b). Putting entrepreneurship into marketing. *Journal of Research in Marketing and Entrepreneurship, 2*(1), 1–16.

Stolper, M. (2007). *Market Driving-Konzept: Modellierung und empirische Prüfung von Erfolg und Erfolgsfaktoren*. Wiesbaden: GWV Fachverlage.

Teece, D. J., Pisano, G., & Shuen, A. (1997). Dynamic capabilities and strategic management. *Strategic Management Journal, 18*(7), 509–533.

Van de Ven, A. H., & Poole, M. S. (1995). Explaining development and change in organizations. *Academy of Management Review, 20*(3), 510–529.

Venkataraman, N., & Ramanujam, V. (1986). Measurement of business performance in strategy research: A comparison of approaches. *Academy of Management Review, 11*(4), 801–814.

VHB. (2008). VHB-JOURQUAL 2 – ein Ranking von betriebswirtschaftlich relevanten Zeitschriften auf der Grundlage von Urteilen der VHB-Mitglieder. http://vhbonline.org/service/jourqual/jq2/. Zugegriffen: 1. Juli 2013.

Walsh, M. F., & Lipinski, J. (2009). The role of the marketing function in small and medium sized enterprises. *Journal of Small Business and Enterprise Development, 16*(4), 569–585.

Weiber, R., & Mühlhaus, D. (2010). *Strukturgleichungsmodellierung: Eine anwendungsorientierte Einführung in die Kausalanalyse mit Hilfe von AMOS, SmartPLS und SPSS*. Berlin: Springer.

Weigand, J., & Kreutter, P. (2006). Krisenvorsorge aus industrieökonomischer Perspektive – Dynamisches Wettbewerbsverständnis als Grundbaustein der Krisenprophylaxe. In T. Hutzschenreuter & T. Griess-Nega (Hrsg.), *Krisenmanagement: Grundlagen – Strategien – Instrumente* (S. 67–91). Wiesbaden: GWV Fachverlage.

Welsh, J. A. & White, J. F. (1981). A small business is not a little big business. *Harvard Business Review, 1981*(July–August), 18–32.

Wirtschaftskammer Österreich. (2012a). Struktur ÖNACE 2008, Stand 28.02.2012. http://portal.wko.at/wk/format_detail.wk?AngID=1&StID=372762&DstID=17#Downloads. Zugegriffen: 5. März 2012.

Wirtschaftskammer Österreich. (2012b). Checkliste: Zusendung von Werbe-E-Mails nach dem TKG. http://portal.wko.at/wk/suche.wk?DstID=0&ChID=0&reiter=InternetAktiveInhalte&init=1&itemoffset=0&pagesize=20&details=1&sortierung=TopInhalte&suchbegrifftext=Massenmails&quicksearch_submit=Suchen. Zugegriffen: 17. Sept. 2012.

Wirtschaftskammer Österreich. (2013a). Klein- und Mittelbetriebe in Österreich – Statistische Daten zu KMU, Stand 06.03.2013. http://portal.wko.at/wk/format_detail.wk?AngID=1&StID=356904&DstID=17. Zugegriffen: 24. Juni 2013.

Wirtschaftskammer Österreich. (2013b). Wirtschaftslage und Prognose. http://wko.at/statistik/prognose/staatshaushalt.pdf. Zugegriffen: 26. Apr. 2013.

Wirtschaftskammer Österreich. (2013c). Wirtschaftslage und Prognose, Stand 06.03.2013. https://www.wko.at/Content.Node/Interessenvertretung/ZahlenDatenFakten/Klein-_und_Mittelbetriebe_in_Oesterreich.html. Zugegriffen: 29. Jan. 2014.

Wirtschaftskammern Österreichs Gründerservice. (2013). http://www.gruenderservice.at/startseite.wk. Zugegriffen: 1. Mai 2013.

Zaichkowsky, J. L. (1985). Measuring the involvement construct. *Journal of Consumer Research, 12*, 341–352.

Zeithaml, C. P., & Zeithaml, V. A. (1984). Environmental management: Revising the marketing perspective. *Journal of Marketing, 48*, 46–53.

Zöller, M. (2006). Begriff der Krise und Begriffsabgrenzung. In J. Blöse & A. Kihm (Hrsg.), *Unternehmenskrisen: Ursachen – Sanierungskonzepte – Krisenvorsorge – Steuern* (S. 19–31). Berlin: Schmidt.

Zontanos, G., & Anderson, A. R. (2004). Relationships, marketing and small business: An exploration of links in theory and practice. *Qualitative Market Research, 7*(3), 228–236.

Sekundärliteratur

Bagozzi, R. P., & Baumgartner, H. (1994). The evaluation of structural equation models and hypotheses testing. In R. P. Bagozzi (Hrsg.), *Principles of marketing research* (S. 386–422), Cambridge: Blackwell.

Bain, J. S. (1956). *Barriers to new competition: Their character and consequences in manufacturing industries.* Cambridge: Harvard University Press.

Cantillon, R. (1755). *Essai sur la nature du commerce en general: Traduit de l'anglois.* Londres.

Cantillon, R. (1755/1931). *Abhandlung über die Natur des Handelns im Allgemeinen. Nach der französischen Ausgabe von 1755 ins Deutsche übertragen von Hella Hayek mit einer Einleitung und Anmerkungen zum Text.* Jena: Fischer.

Khandwalla, P. (1977). *The design of organizations.* New York: Harcourt Brace Jovanovich.

Mason, E. S. (1957). *Economic concentration and the monopoly problem.* Cambridge: Harvard University Press.

Netemeyer, R. G., Bearden, W. O., & Sharma, S. (2003). *Scaling Procedures: Issues and applications.* Thousand Oaks: Sage Publications.

Nunnally, J. C. (1978). *Psychometric theory* (2. Aufl.), New York: Mcgraw-Hill.

Robinson, J. P., Shaver, P. R., & Wrightsman, L. S. (1991). Criteria for scale selection and evaluation. In J. P. Robinson & L. S. Wrightsman (Hrsg.), *Measures of personality and social psychological attitudes* (S. 1–15). San Diego: Academic Press.

Weise, G. (1975). *Psychologische Leistungstests.* Göttingen: Hoegrefe.

Sachverzeichnis

© Springer Fachmedien Wiesbaden GmbH 2017

141

J. Schmid, *Entrepreneurial Marketing,* Forschung und Praxis an der FHWien der WKW,
DOI 10.1007/978-3-658-15172-0

The manufacturer's authorised representative in the EU is Springer
Nature Customer Service Centre GmbH, Europaplatz 3, 69115 Heidelberg,
Germany. If you have any concerns regarding our products, please
contact ProductSafety@springernature.com

Printed and bound by CPI Group (UK) Ltd, Croydon, CR0 4YY
30/04/2026
02100216-0007